# 世界主要国家应急管理体系与实践及启示

赵来军　霍良安　〔新〕周慧君　〔澳〕闵　闵 等◎著

科 学 出 版 社

北 京

# 内 容 简 介

本书围绕世界主要国家应急管理体系与实践及对我国应急管理的启示开展研究。研究了北美洲（美国、加拿大）、欧洲（俄罗斯、德国、英国）、亚洲（日本、新加坡、印度）、大洋洲（澳大利亚）四大洲九个国家的应急管理体制、机制和法制，同时对各国主要城市的地震、飓风、火灾、水灾、冰雪、大规模停电等典型突发事件案例进行了分析，提出了各国应急管理体系与实践对我国的启示，并指出了我国与各国开展应急管理合作交流的方向。

本书内容丰富，既有系统的理论性，也有较强的实践指导性，可供政府部门管理人员、企业经营人员和科研机构研究人员参考，也可供公共管理、应急管理、安全科学与工程、系统工程、社会学、心理学等专业的科技工作者和高校师生参考。

**图书在版编目（CIP）数据**

世界主要国家应急管理体系与实践及启示/赵来军等著. —北京：科学出版社，2023.2

ISBN 978-7-03-070078-0

Ⅰ. ①世⋯　Ⅱ. ①赵⋯　Ⅲ. ①突发事件－公共管理－研究－世界　Ⅳ. ①D523.29

中国版本图书馆 CIP 数据核字（2021）第 212963 号

责任编辑：魏如萍/责任校对：贾娜娜
责任印制：吴兆东/封面设计：有道设计

科 学 出 版 社 出版
北京东黄城根北街 16 号
邮政编码：100717
http://www.sciencep.com

涿州市般润文化传播有限公司印刷
科学出版社发行　各地新华书店经销

\*

2023 年 2 月第 一 版　开本：720×1000　1/16
2025 年 6 月第四次印刷　印张：12 3/4
字数：262 000

**定价：152.00 元**
（如有印装质量问题，我社负责调换）

# 前　言

我国是世界上自然灾害较严重的国家之一，灾害种类多，分布地域广，发生频率高，灾害损失重，同时，各类事故隐患和安全风险交织叠加，事故易发多发。各类事故灾害给人民生命财产和社会发展造成重大损失，甚至会危害社会稳定和国家安全。应急管理是国家治理体系和治理能力的重要组成部分。新中国成立以来，我国始终高度重视应急管理工作，应急管理体系不断调整和完善，应对自然灾害和事故灾难的能力不断提高。特别是 2018 年国务院机构改革，将国家安全生产监督管理总局的职责、国务院办公厅的应急管理职责、公安部的消防管理职责、民政部的救灾职责、国土资源部的地质灾害防治、水利部的水旱灾害防治、农业部的草原防火、国家林业局的森林防火相关职责、中国地震局的震灾应急救援职责以及国家防汛抗旱总指挥部、国家减灾委员会、国务院抗震救灾指挥部、国家森林防火指挥部的职责整合，专门成立了应急管理部，这标志着我国开始建立由一个强有力的核心部门总牵头、各方协调配合的应急管理新体制，通过应急力量资源的优化整合，实现应急工作的全灾种管理、全过程管理。应急管理部成立以后，省市县各级政府都陆续成立了新的应急管理部门，新时代中国特色应急管理组织体系初步形成。这次机构改革，应急管理部整合了 11 个部门的 13 项应急管理职责，在新时代应急管理工作新体制、新机制、新要求、新形势下，如何整合和理顺相关部门及其职责，建立健全中国特色的应急管理体系，提升应急管理能力，既是一项紧迫任务，又是一项长期任务。习近平总书记在十九届中央政治局第十九次集体学习会议上强调"充分发挥我国应急管理体系特色和优势，借鉴国外应急管理有益做法，积极推进我国应急管理体系和能力现代化，大力培养应急管理人才，加强应急管理学科建设"[①]。一些国家在长期应急管理过程中，已基本形成具有本国特色的应急管理体系。他山之石，可以攻玉，研究世界主要国家应急管理体系建设和实践中的经验和教训，结合我国的特色和优势，取长补短，可为健全新时期具有中国特色的应急管理体系和提升我国应急治理能力现代化提供

---

[①] 资料来源：http://www.gov.cn/xinwen/2019-11/30/content_5457226.htm。

参考。

本人自 2000 年以来一直从事应急管理方面的研究和教学工作，主持完成国家自然科学基金委员会、全国哲学社会科学工作办公室、教育部、上海市政府相关委办局等资助的 30 余项应急管理课题，取得了一系列创新成果，数十份研究成果被国家和上海市委、市政府采纳，其中 20 多份专报被国家级、省部级领导批示，为完善国家应急管理体系和提高应急管理能力现代化做出了力所能及的智力贡献。本人和霍良安教授、周慧君教授（新加坡籍）、闵闵博士（澳大利亚籍）、张广博士、黄河博士及我指导的多位研究生一起开展了世界主要国家应急管理体系与实践及启示这个课题研究，研究成果既是大家长期对应急管理研究的智慧结晶，也是对我多年来应急管理研究工作的一次总结。

本书剖析了美国、加拿大、俄罗斯、德国、英国、日本、新加坡、印度、澳大利亚九个国家的应急管理体制、机制和法制，同时对纽约、伦敦、东京、墨尔本等主要城市的地震、飓风、火灾、水灾、冰雪、大规模停电等典型案例进行了分析，得出了各国应急管理体系与实践对我国应急管理系统建设的启示，并提出了与各国开展国际合作交流的方向。

全书分为五个部分。第一部分是北美洲主要国家（美国、加拿大）应急管理体系与实践及启示；第二部分是欧洲主要国家（俄罗斯、德国、英国）应急管理体系与实践及启示；第三部分是亚洲主要国家（日本、新加坡、印度）应急管理体系与实践及启示；第四部分是大洋洲主要国家（澳大利亚）应急管理体系与实践及启示；第五部分是世界主要国家应急管理体系与实践对我国的启示。全书共分为 10 章，各章节主要研究内容如下。

第 1 章介绍美国应急管理体系与实践及启示，由霍良安、王倩倩完成。

第 2 章介绍加拿大应急管理体系与实践及启示，由黄河完成。

第 3 章介绍俄罗斯应急管理体系与实践及启示，由赵来军、周奕完成。

第 4 章介绍德国应急管理体系与实践及启示，由霍良安、徐健博、张广完成。

第 5 章介绍英国应急管理体系与实践及启示，由张广完成。

第 6 章介绍日本应急管理体系与实践及启示，由赵来军、周金鹏完成。

第 7 章介绍新加坡应急管理体系与实践及启示，由周慧君（新加坡籍）完成。

第 8 章介绍印度应急管理体系与实践及启示，由赵来军、闵萌萌、金雅军完成。

第 9 章介绍澳大利亚应急管理体系与实践及启示，由闵闵（澳大利亚籍）完成。

第 10 章总结了世界主要国家应急管理体系与实践对我国的启示，由赵来军完成。

本书得到国家自然科学基金重大研究计划项目"非常规突发事件全过程风险认知与多部门协同应对研究"（项目编号：90924030）、国家自然科学基金项目"危险化学品安全监管系统的组织无缝隙化理论及应用研究"（项目编号：70673012）、国家自然科学基金项目"我国大气污染省际联防联控激励机制研究"（项目编号：71373155）、国家自然科学基金项目"基于个体认知的重大突发公共卫生事件网络'不实信息'传播机理与动态管控策略研究"（项目编号：72174121）、国家自然科学基金项目"多层多维网络视角下的'互联网+舆情'扩散机理及动态管控策略研究"（项目编号：71774111）、国家社会科学基金重点项目"跨域大气生态环境整体性协作治理模式与机制研究"（项目编号：18AZD005）、上海市人民政府决策咨询研究重点课题"上海安全韧性城市建设的思路和对策研究"（项目编号：2021-A-033-A）、上海市人民政府决策咨询研究热点课题"上海市高危品安全管理方案研究"（项目编号：2010-R-96）、上海市浦江人才计划项目"城市应急避难场所布局规划与人群疏散模型研究"（项目编号：14PJC073）、上海市"科技创新行动计划"软科学研究计划重点项目"基于减缓健康影响的上海市大气污染削减优化方法、技术与方案研究"（项目编号：14692105800）、上海市科技发展基金软科学研究基金项目"苏浙沪三地危险化学品安全运输区域联控机制与技术支撑研究"（项目编号：09692104000）、上海市发展和改革委员会"十四五"规划平行项目"'十四五'期间上海强化应急管理、保障城市运行安全的目标、思路和重点举措研究"、上海市应急管理局委托项目"世界主要国家及超大型城市应急管理实践及可借鉴经验研究""上海市危险化学品生产安全事故案例与对策研究""上海市零星危险化学品产配运销一体化工程项目研究""上海市预防液氯、液化石油气运输事故及应急处置对策"及上海市高水平地方高校(学科)建设项目（管理科学与工程）的资助。在研究过程中，一直得到上海市应急管理局、上海市民防办公室、上海市科学技术委员会、上海市人民政府发展研究中心等政府部门的大力支持，得到美国康奈尔大学高怀珠教授、加拿大约克大学黄荣兵教授、伦敦大学学院Maziar Nekovee教授、上海发展战略研究所李显波所长等诸多专家的支持和指导，在此一并感谢。

　　本书通过总结世界主要国家的应急管理体系与实践，希望借鉴国外应急管理的有益做法，推进我国应急管理体系和能力现代化。本书可为政府管理部门、企业实践部门、科研工作者及所有对应急管理感兴趣的读者提供参考，为我国应急管理体系建设与发展提供借鉴。书中如有疏漏，热忱欢迎读者批评指正并及时反馈给我们，以便我们及时更正，不断完善和推动应急管理的理论和实践发展。

赵来军

2022年10月6日

# 目　　录

# 第1章　美国应急管理体系与实践及启示

## 1.1　美国应急管理体制

### 1.1.1　总体情况

从 20 世纪 30 年代开始，美国应急管理职权分布在不同部门，到 20 世纪 60 年代末 70 年代初，应急管理指挥分散严重。因此，1979 年 4 月，美国成立了联邦应急管理局（Federal Emergency Management Agency，FEMA）[①]，这既是一个直接向总统报告的专门负责灾害救援的应急管理机构，又是一个突发公共事件应急管理协调的决策机构。2003 年 3 月，FEMA 连同其他 22 个联邦机构一起并入 2002 年成立的国土安全部（Department of Homeland Security，DHS），成为 DHS 4 个主要分支机构之一，但其仍是一个可直接向总统报告、专门负责重特大灾害应急管理的联邦政府机构，由美国总统任命主要负责人。2021 年，FEMA 在全国范围内雇用了超过 2 万名的工作人员，在重大灾害发生时工作人员达到了 5 万名以上[②]。其主要职责包括：在国家遭受攻击时协调应急工作；在国家安全遭受威胁的紧急时期保障政府功能的连续性和协调资源调动工作；在规划、预防、减轻、响应和恢复行动的各阶段对州和地方政府给予支持；在总统宣布的灾害和紧急事件中协调联邦机构的援助；促进有关灾害破坏效应研究成果的实际应用；和平时期出现放射性污染事件时的应急民防协调工作；提供培训、教育与实习机会，加强联邦、州与地方应急官员的职业训练；减轻国家遭受火灾的损失；负责执行地震减灾计划；实施有关灾害天气应急和家庭安全的社会公众教育计划等。

除设在华盛顿特区的总部外，FEMA 还将全国划分为 10 个应急区，分设 10 个区域办公室，各区域办公室负责根据本区域灾害特点组织协调相关应急事务。日常工作主要是与相关州政府合作，协助各州按照 FEMA 的相关技术，建立事故现场指挥体系、制定应急预案、储备应急物资、制定洪水保险政策、进行应急培

[①] 资料来源：https://www.fema.gov。
[②] 资料来源：https://www.fema.gov/about。

训等。在发生重大事故时，该办公室在 FEMA 与州之间发挥联络渠道的作用，同时派官员到现场勘察。在事故处理后，对事故进行跟踪调查并审查经费使用情况。FEMA 的每个区域办公室都设立了区域应急响应协调中心。

FEMA 设有应急行动中心，常年 24 小时不间断运转，监控可能或正在发生中的突发紧急事件，支持区域和现场部门的工作。当应对突发事件时，该中心可将多个联邦机构的工作人员聚集起来，处理紧迫威胁和危害，为指挥现场人员和其他应急行动中心提供协调支持和政策指导。该中心可提供全面的应急管理协调方案、组织应急响应预案的实施、调动国家级力量收集突发事件的信息、利用其绘制的应急响应通用态势图传递突发事件信息。非营利组织代表可参与该中心的工作，以加强这些组织与联邦政府之间的信息交流与合作。当现场尚未建立事件指挥部时，可由应急行动中心指挥战术行动。

FEMA 还管理一个专门的国家应急训练中心（National Emergency Training Center，NETC），设在马里兰州，下设国家消防学院和应急管理学院。

美国已基本建立起一个比较完善的应急管理组织体系，形成了联邦、州、县、市、社区五个层次的应急管理与响应机构。当地方政府的应急能力和资源不足时，州一级政府会向地方政府提供支持。当州一级政府的应急能力和资源不足时，由联邦政府提供支持。一旦发生重特大灾害，绝大部分联邦救援经费将由 FEMA 负责管理的"总统灾害救助基金"提供。美国把应急管理的活动贯穿到四个基本领域，即预防、准备、反应和恢复。预防和准备是灾难发生之前的行为，反应是灾难发生过程中的行为，而恢复则是灾难发生之后的行为。预防阶段在于预防和减少灾难的损失，如在设计建筑物时要考虑恐怖分子发动袭击等因素；准备阶段在于设计反应阶段的应急方案，以更有效地提升应急反应能力，其中包括对应急人员和公众的训练计划，报警系统、通信系统的启用计划；反应阶段是应对灾难采取的行动，包括撤离疏散群众、构筑沙袋和其他设施、保证应急食品和水源的安全、提供应急医疗服务、搜索救援、灭火、防止产生掠夺现象并维护公共秩序；恢复阶段是善后处理，包括提供临时住所、恢复电力供应、拨付小额商业贷款、清理废墟等。

### 1.1.2 分类管理

FEMA 是美国联邦层面的灾害应对和应急管理职能部门，承担全灾种和灾害管理全流程（防灾减灾、应急救灾和灾后恢复重建）的政策制定、联邦救灾资源管理与分配等职能。

FEMA 在 20 世纪 90 年代已经完成了对自然灾害多灾种管理的整合。虽然当

时 FEMA 也参与了恐怖事件的应对工作，但是始终拒绝协调和领导恐怖事件的准
备与应对工作。"9·11"事件之后，美国国土安全和应急管理机构在改革过程中，
希望将新组建的 DHS 建成放大版的 FEMA，复制 FEMA 过去的成功之处。但是
在机构内部整合的过程中，以 FEMA 员工为代表的应急管理专业人士和以执法为
主的其他部门人士很难实现融合，同时大量的经费和资源投入反恐中。在这种情
况下，一些 FEMA 的资深员工纷纷退出 FEMA。最终，DHS 没有实现良好的组织
整合，"卡特里娜"飓风恰好在新旧部门转型的过程中袭击了墨西哥湾地区，
DHS 及 FEMA 的表现使它们遭受大量批评。即使在重组的 DHS 中纳入了反恐职
能，美国也没有完全实现全灾种管理。《全国响应框架》（*National Response
Framework*，NRF）中虽然明确了 DHS 及 FEMA 在灾害管理和反恐中的领导者和
协调者角色，但是 DHS 和 FEMA 的全风险要素管理工作依然没有涵盖突发公共
卫生事件、群体性事件等。

　　在全国突发事件应急反应体系中，应急救援队伍的中坚力量是消防、警察和
医疗部门。参与救援的部门还包括交通、通信、技术工程、森林、红十字会、卫
生、环境、农业、国防等部门。在应对突发事件过程中，美国各级政府之间、同
级政府之间、政府部门与部门之间及政府与军队之间建立了一种分工协作、相互
配合的工作机制，并通过信息网络系统实现信息共享与业务协调。警察局经常与
社区和相关部门沟通，划分互助区，实现协同配合。在突发事件情况下，可以根
据协议主动响应，减少沟通环节和协调成本。当突发事件发生后，应急行动的指
挥权属于当地政府。在地方政府提出援助请求时，上级政府才调用相应资源予以
援助。

　　美国在处置突发事件中积累了丰富的经验，一旦发生天灾人祸，可以迅速采
取规范化模式高效处理。例如，2003 年美国东北部和中西部一些地区发生了历史
上最大规模的停电事故，数千万人的工作、生活受到影响，电脑系统失灵，通信
中断，许多人被困在高楼、电梯、地铁里，人们无法进入家门。事故发生后仅几
分钟，美国联邦政府一级应急机制就马上投入运转，白宫、DHS、联邦调查局和
五角大楼等相关机构很快进入应急状态。DHS 在 45 分钟内确定事故并非由恐怖
袭击造成，并很快通过各种渠道向社会发布消息，起到了安抚人心的作用。

　　联邦政府有相应的法案和制度，对各部门的职责和遇到紧急情况如何应对都
有明确的要求和操作模式，所以一旦遇到紧急情况就能做到心中有数，忙而不乱。
各大城市的应急体系都有很完善的预警系统、科学周密的应急预案。应急预案力
求全面和规范，并明确规定了不同部门在不同事件中的职责，这样就为妥善处置
突发事件赢得了时间。同时，各级政府对照预案加强日常演练，除对警察、消防
等职能部门进行演练外，还定期组织志愿者进行相关知识和技能的培训，并开展

模拟演练。各地做到每年进行一次有针对性的演练。

为满足处置紧急突发事件的必备物资需求，美国在全国各地都建立了应急物资储备仓库，主要储备发电机、防水油布、帐篷、瓶装水、床等物资，以应对突发事件发生时的第一需要。发生灾害时，应急办公室迅速对灾害情况及物资需求做出评估，及时提供物资救助。根据相关法规，应急物资由专人负责，储存在固定地点，一旦接到指令，需要在 12 小时内分发到指定地点。同时，政府利用商业运作模式进行应急管理，由生产或经营厂家管理和维持，需要时以电子订单通知固定或不固定的厂家，一般要求厂家在 24 小时或 36 小时内送达指定地点。为保证储备物资有效性，要求各地定期核销，及时更新应急物资，联邦政府则负责拨付应急物资所需资金。一般而言，在发生自然灾害、技术事故、恐怖袭击等各类重大突发事件后，一律由各级政府的应急管理部门统一调度指挥。

### 1.1.3 分级负责

2004 年，美国发布了《国家突发事件管理系统》(*National Incident Management System*，NIMS )[①]，它是美国应急管理体系建设的落脚点和工作抓手。NIMS 以应急准备和应急响应框架为重要基础，规定了一系列标准化的框架结构，适用于全国各级政府的应急管理，促进不同管辖人和不同专业领域之间的整合与衔接，共同应对突发事件。

NIMS 根据事件复杂性，如影响范围和严重程度等，将突发事件分为五级，第五级为最轻微的事件，第一级为最严重的事件。不同级别的突发事件，由相应级别的政府机构指挥处置（图 1.1）（黎伟和蔡冠华，2013）。突发事件发生后，一般由"911"电话接警，地方政府启动预案，调动地方资源实施应急救援；如果

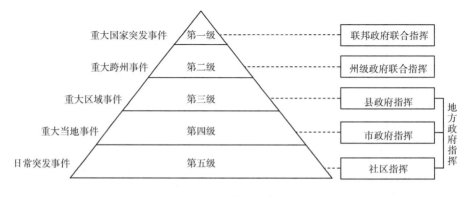

图 1.1 美国突发事件的分级响应

---

① 资料来源：https://www.fema.gov。

需要州救助，则通过本地应急协调中心请求动用州应急资源进行援助；如果灾害程度超过州救援能力，则通过区域响应协调中心协调应急资源，直至请求总统宣布由联邦政府部门实施援助。

　　NIMS 包括应急准备、信息通信管理、资源管理、指挥管理、日常管理维护等 5 个部分，其中指挥管理部分又包含突发事件指挥系统（incident command system，ICS）、多部门协调系统（multi-agency coordination system，MACS）和公共信息系统（public information system，PIS）3 个系统。ICS 是一个管理系统，将设施、装备、人员、程序和通信集成到一个通用框架内，对突发事件实施有效统一指挥和行动管理。从组织结构上，ICS 采用"1+3+4"的模式，设一名指挥官，并将指挥组织划分为指挥成员和参谋成员。指挥成员的任务是协助指挥官，主要包括 3 个职位，即新闻官（public information officer，PIO）、安全官（safety officer，SO）、联络官（liaison officer，LNO）。参谋成员负责应急过程涉及的功能职责，主要由 4 个部门组成：行动组（operations）、计划组（plans）、后勤组（logistics）和财务与行政组（finance）（图 1.2）（马奔等，2010）。ICS 的重要机制是联合指挥与协调，当突发事件涉及多个部门或多个辖区时，为更好地协调应急资源和行动，指挥体系各个组织可由多个政府机构人员组成，可由多个部门人员联合指挥。这种联合指挥的方式大大促进了应急指挥的协调性和资源配置的统筹性。

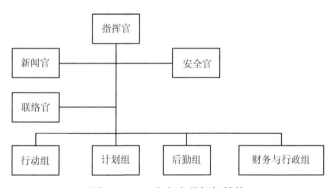

图 1.2　ICS 应急人员框架结构

　　各级应急管理办公室下设 24 小时值守中心和应急运行中心（emergency operation center，EOC），具体负责日常运行和应急工作，牵头负责紧急事件的指挥及救援力量和应急资源的调度。在发生重大突发事件需要多个部门协同应对时，各部门派代表在应急指挥厅内进行资源调度指挥，EOC 的人员进行相关协调工作。

　　ICS 是一个主要面向现场应急的应急指挥体系，指挥员负责组织应急活动，但并不负责政策层面和全局性重大策略的制定。比如，在州一级，指挥员上层还有 EOC 和政策层（州长及高级幕僚）。换句话说，指挥员及向下的指挥体系部分偏重应急的前方工作，须向后方的 EOC 报告有关情况和现场信息；EOC 对应 ICS 的组织结构设置相应的工作人员，在应急组织上形成与现场的映射关系，提供各类协调和资源支持，并将重要事项提请政策层决策。无论是 EOC 还是指挥员都必须遵循政策层的原则目标，并形成执行方案、具体实施。

联邦政府指定 DHS 作为人为和自然灾害及紧急事件的核心机构。同时，FEMA 虽已并入 DHS，但仍可作为直接向总统报告、专门负责重特大灾害应急的联邦政府机构而存在，职能得到进一步加强，局长继续由总统任命。

（1）FEMA 有"总统灾害救助基金"的支配权，同时该局还负责部署和维护联邦突发事件应急支持小组。

（2）FEMA 在全国设有 10 个地区办事处。

（3）各州、县和较大的市政府分别设立专门负责各类灾害应急管理工作的机构。

（4）《国家应急预案》中规定了 15 项紧急支持功能，每项功能一般由 1 个协调机构、1 个牵头机构和若干个支持机构完成。对于有多个组成要素的功能，每项组成要素都会有 1 个牵头机构。

美国联邦、州、地区（县、市、社区）一般都把应急指挥中心理解为应急设施，平时由综合性应急管理机构负责管理和维护，不配备专职人员，不负责处理普通公众的报警、求助电话，仅作为灾害应急过程中地方政府官员协商、协调应急救援活动的场所。美国联邦、州、县、市、社区综合应急管理机构的一般配套设施，有综合性的应急指挥中心，如 FEMA 的国家应急行动协调中心、各地区办事处的地区应急行动协调中心、加利福尼亚州政府应急服务办公室的应急指挥中心和洛杉矶市应急准备局的应急指挥中心。

美国救援队伍建设采取职业化和志愿相结合的方式，在救援队伍的选拔和认可上实施全国一致的培训和考核标准，应急救援队伍主要包括以下几个方面。

（1）突发事件管理小组。FEMA 建立了 4 级培训考核制度，参加突发事件管理小组，需逐级通过培训并经考核合格。按能力高低，突发事件管理小组共分 5 类，能力最强的为第 1 类，能全面执行事故指挥系统的所有职能。全美共有第 1 类小组 16 支，第 2 类小组 36 支。

（2）消防、医疗、警察和海岸警卫队等专职应急救援队伍。

（3）社区应急救援队。FEMA 采纳洛杉矶市消防局的做法，自 1994 年起就在全国积极推动社区应急救援队建设。目前，全美已有几百个社区建有社区应急救援队，成员主要来自各社区组织和企事业单位，接受过基础应急救援技能训练，参与本地区的应急救援活动。

美国以应急区域的各个地方政府为节点,形成扁平化应急网络,各应急节点的运行均以 ICS、MACS 和 PIS 为基础。以灾害规模、应急资源需求和事态控制能力作为请求上级政府响应的依据。

（1）上级政府或周边地区提供的增援到达该辖区后,接受该辖区地方政府的领导和指挥。

（2）联邦和州政府应急管理机构只是该网络节点之一,主要为地方政府的应急工作提供支持和补充。

（3）联邦、州政府应急官员到达现场后,并不取代地方政府的指挥权,而是根据地方政府的要求,协调相应资源,支持其开展应急救援活动。

（4）跨区域应急时,联邦或州政府负责组织相关部门和地区拟定应急救援活动的总体目标、应急行动计划与优先次序,向各地区提供增援,但不取代地方政府的指挥权。

美国的联邦、州、县、市、社区都有紧急救援专业队伍,它们是紧急事务处理中心实施灾害救援的主要力量。联邦紧急救援队伍被分成 12 个功能组:运输组、联络组、公共设施和公共工程组、消防组、信息计划组、民众管理组、资源人力组、健康医疗组、城市搜索和救援组、危险性物品组、食品组、能源组,每组通常由一个主要机构牵头。各州、县、市、社区救援队也有自己的功能组,负责地区救援工作。

2011 年日本大地震后,美国政府总结其自身应急管理工作和日本政府地震应对中存在的问题,正式树立了"全社会参与"的理念,把全国应急准备工作作为基本战略和具体目标,重新构建了规范性、指导性和支撑性文件体系等（游志斌和薛澜,2015）。

经过多年的改进和加强,美国已基本建立起一个比较完善的应急管理组织体系,形成了联邦、州、县、市、社区 5 个层次的管理与响应机构,比较全面地覆盖了各个领域。作为联邦制国家,美国各州政府具有独立的立法权与相应的行政权,一般都设有专门机构负责本州应急管理事务,具体做法不尽相同。以加利福尼亚州为例,加利福尼亚州通过实施标准应急管理系统,在全加利福尼亚州构建出 5 个级别的应急组织层次,分别为州、地区、地方、县和现场。其中,州一级负责应急管理事务的机构为州应急服务办公室,主任及副主任由州长任命。州应急服务办公室又将全加利福尼亚州 58 个县划分为 3 个行政地区。同时,为了通过互助系统共享资源,又将全加利福尼亚州划分出 6 个互助区,将员工分派到不同行政区办公,以便协调全州 6 个互助区的应急管理工作。地方一级主要是指由市政府负责管理和协调该辖区内的所有应急响应和灾后恢复活动。县一级机构主要是作为该县所有地方政府应急信息的节点单位和互助提供单位。现场一级主要是指由一些应急响应组织对本辖区事发现场的应急资源和响应活动进行指挥控制。事实上，加利福尼亚州地区一级的应急仍然由州政府机构来负责，而县一级的应急需要依托该辖区内实力较强的地方政府，如旧金山县依托旧金山市，洛杉矶县依托洛杉矶市（中国安全生产科学研究院赴美考察团，2006）。

总体上讲，美国灾害应急组织体系由联邦、州和地方政府（市、县）四级构成。当事故发生后，应急行动的指挥权属于当地政府，仅在地方政府提出援助请求时，上级政府才调用相应资源予以增援，并不接替当地政府对这些资源的处置和指挥权限，但是上一级政府有权在灾后对这些资源所涉及的资金使用情况进行审计。应急救援队伍的中坚力量是消防、警察和医疗部门。在联邦应急反应体系中，参与救援的部门主要包括交通、通信、技术工程、森林、FEMA、红十字会、卫生、环境、农业、国防等部门。

美国各级政府的应急管理部门中，大多建有 EOC 及备用中心，以便在发生灾难时相应部门的人员进行指挥和协调活动。中心一般配有语音通信系统、网络信息系统、指挥调度系统、移动指挥装备、综合信息显示系统、视频会商系统、地理信息系统、安全管理系统等，并考虑安全认证、容积备份和技术支持等问题。运行中心主要作为应急基础设施而存在，由政府一级的应急管理部门负责维护和保养，经费主要来自上级政府和本级政府，中心除作为应急设施外，同时还作为演习和训练的场所。以加利福尼亚州应急服务办公室为例，该办公室管理的运行中心建成后，共指挥过六次重大事故应急救援，每年举行一次重大应急救援演习和若干次小应急救援演习，并为应急指挥人员提供训练和培训。EOC 中心的建筑一般都相当坚固，并采取各种措施来保证中心及内部应急人员的安全。加利福尼亚州应急服务办公室 EOC 建设过程中，就在固有防震级别的基础上加设了加固框架。洛杉矶市应急准备局的 EOC 则设在地下三层，备有多路通风系统及氧气供应系统。

### 1.1.4　纽约市应急管理实践

美国应急管理机制是建立在地方政府（市、县）、州政府和联邦政府共同分担应急管理职责的基础上，由下而上滚动的三级反应机制，突发事件发生后的第一应急单位是地方政府。

纽约市应急管理办公室（Office of Emergency Management，OEM）是纽约市应急管理的常设机构，也是纽约市应急管理的最高指挥协调机构。首先，OEM 与纽约市警察局、纽约市消防局及纽约市医疗服务机构通力合作，共同设计并组织实施对各种突发事件的应急处置方案。其次，OEM 与许多州和联邦政府机构有日常合作关系，包括 FEMA、国家气象服务中心（National Weather Service，NWS）、司法部（Department of Justice，DOJ）及能源部（Department of Energy，DOE），彼此互通信息，协调规划方案，共同进行培训和演习活动等。此外，OEM 还与私营部门，如爱迪生电力公司，以及非营利机构如美国红十字会通力合作，以保证纽约市的商业活动和居民生活能够在各种危机中尽快恢复正常（图 1.3）（王菲，2011）。

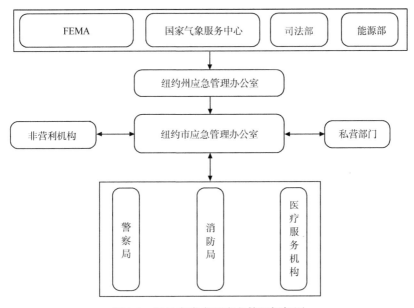

图 1.3  纽约市常态下应急管理框架图

OEM 所定义的突发事件几乎涵盖了所有可能对人们的生命和财产安全造成威胁的事件，包括建筑物的崩塌或爆炸、一氧化碳中毒、海岸飓风、传染性疾病暴发、地震、炎热酷暑天气、严寒天气、龙卷风、雷电、暴风雨、火灾、有毒或者化学物质泄漏、放射性物质泄漏、公用设施故障、社会秩序动荡、恐怖袭击等。

突发事件监控中心是应急管理办公室的信息枢纽，突发事件监控中心每天 24 小时有人值班。监控人员通过广播和计算机支持的网络，时刻关注着涉及公共安全的众多机构所接收到的信息，并负责将这些信息传递到市政府、邻近的县和州政府、联邦政府的有关机构、有关的非营利组织、公共设施的经营方及医院等医疗机构。

应急管理办公室负责在突发事件或者灾害事件爆发时，通过以下方式协调各个机构之间的活动：在第一时间赶到事件发生的地点；对事件的情形进行评估；调配资源，协调满足各个方面的需求；充当突发事件处理指挥员的角色，协调各事件处置参与部门。当小规模的事件发生时，应急管理办公室的决策人员和执行人员通过一系列的工具，对事态发展的情形进行评估，听取现场处置人员的报告，并负责调配资源以更好地处置突发事件。当规模比较大的突发事件爆发时，将启动应急处置指挥中心。纽约市的高层官员，以及州、联邦和私营机构的有关人员会共同在指挥中心协调突发事件处理工作。应急处置指挥中心配备了最先进的通信设备和抢险救援装备。

应急管理办公室与公众之间的信息沟通包括两个方面：一是加强公众平时的教育，帮助他们为可能出现的突发事件做好准备，从而使得他们在事件发生的时候从容应对，减少损失；二是在突发事件发生时，向公众传递重要的信息。

纽约市突发事件管理系统（Citywide Incident Management System，CIMS）以 NIMS 为模板组建。CIMS 对各个政府机构在突发事件处理中的角色和责任进行明确界定，并制定一整套反应和处理程序，用以指导有关机构有序应对各类突发事件。

"9·11"事件发生后，纽约市、纽约州的各相关部门和机构分别在市长和州长的领导下，协同展开应急救援行动。其中，纽约市消防局、警察局和卫生局是救援行动的主要力量，迅速开展了大规模的高效救援行动。

## 1.2　美国应急管理机制

美国的自然灾害应急响应框架采用国家—州政府—市政府三级管理体制，应急救援一般遵循属地原则和分级响应原则。自然灾害应急管理具体由 FEMA 负责总指挥，在全国设立了 10 个应急管理分局。在美国现行的联邦体制下，国家级主要是由 FEMA 牵头组织和协调相关部门制定灾害应急管理方面的政策和法律，组织协调重大灾害应急救援，提供资金、物质及科学技术方面的信息支持，组织开展应急管理的专业培训，协调外国政府和国际救援机构的援助活动等。联邦政府的国家海洋与大气管理局、国家疾病预防控制中心、国民警卫队、运输部、航空管理局、农业部、红十字会等部门，也承担着自然灾害应急管理等方面的管理职能（图 1.4）[①]。

---

① 资料来源：https://www.fema.gov/about/history。

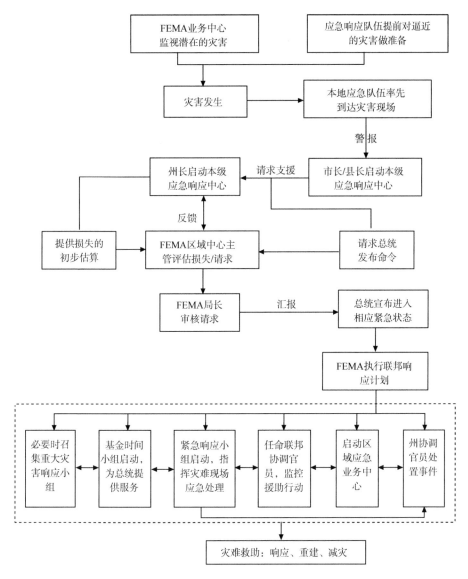

图 1.4　美国自然灾害应急响应框架

　　FEMA 并非对每次灾害都做出反应，只有当某灾害超过一个州的承受能力且州长提请联邦救助时才会行动。处理各种自然灾害问题的主要责权在州一级，并且可通过专门授权，向州属各城市分权。州政府主要负责制订州一级的应急管理和减灾规划，运用税收和增加公益金的手段从事自然灾害管理活动，包括兴修水库、堤防、海塘，投资与划分灾害风险区，绘制风险图，预报灾害和社会教育等计划。同时，各个州政府建立州级的应急处理中心，在自然灾害发生时监督和指挥地方应急机构开展工作。地方政府（主要县、市级）承担灾害应急一线职责，具体组织灾害应急工作。根据灾害应急管理职责和运作程序，当灾害发生时，首先由所辖地政府开展灾害应急工作，当灾害发展到超过其应急管理权限和应对能力时，逐级报上一级政府负责接管灾害应急工作。

美国自然灾害应急管理措施具体分为减灾措施—灾前准备—应急响应—灾后重建四个环节。

减灾措施主要指联邦和地方政府通过制订一系列减灾计划和措施，以减少和排除灾害对人民生命财产的影响。例如，设计和建设防灾减灾工程，对各种灾害易发区的建筑物和设施是否按照国家标准建设进行日常检查，并责成有关方面对存在的问题进行整改，在各种灾害易发区开展政府支持的灾害保险等。

灾前准备主要包括提供应对各种自然灾害的技术支持，建设灾害监测预警系统，建立灾害服务信息迅速传播的平台和工作机制；建设必要的应急避难场所，做好灾害公共卫生、医疗、救助抢险等应急准备；在全国广泛开展灾害应急知识培训、灾害应急演示、防灾科普教育等。

应急响应主要指灾害预计发生或已发生时，通过政府的组织管理，及时调配资源紧急应对灾害，主要包括协调各级政府、各个部门进行救援，组织人员紧急转移，加强灾情的评估及预测，迅速、科学地评估灾害影响程度，紧急调配设备、队伍、资源应对灾害等。

灾后重建包括为灾后受害者提供紧急的临时性安置建设，根据灾情及时提供救灾资金，进行灾后重新规划、恢复重建及各种灾后保险赔偿等。

# 1.3　美国应急管理法制

## 1.3.1　横向方面

从 20 世纪 90 年代至今，美国联邦政府应急预案经历了从《联邦响应计划》修订为《全国响应计划》，再到建立《全国响应框架》的过程。1992 年出台的《联邦响应计划》是联邦政府最早出台的应对突发事件的操作性文件，主要阐述了应急管理中联邦层级的政府及其部门应发挥的作用及相应的责任，规范了联邦政府如何在一个重大灾害中，运用联邦政府 27 个单位（其中包括唯一的民间团体美国红十字会）主导实施应急支持功能，依法协助和支持州及地方政府的灾害应急工作。

2004 年 6 月，美国 DHS 制订了《全国响应计划》，该计划强调综合全国力量应对所有重大危害；把反恐计划、应对核生化威胁计划、保护基础设施计划等内容纳入全国响应框架范畴；注重预防、准备、响应、恢复等环节全过程的管理；规范了联邦向州、地方政府提供应急支持的框架；阐明了使用联邦授权的应急程序和机制，力图使 DHS 部长成为国内各类灾害管理的首席联邦官员。

2008 年 1 月，美国联邦政府将《全国响应计划》改进为《全国响应框架》。《全国响应框架》的出台有利于加强国家有效应对突发事件的基本能力，进一步加强应急响应中的协调，以便能快速开展响应和恢复工作。同时，《全国响应框架》行文清晰，易于理解，有利于州政府、地方政府和部落政府、私营部门、非政府组织和联邦政府的各部门厘清各自的职责。《全国响应框架》与美国国土安全大战略紧密结合，力图加强政府间信息的共享和研判，促进国土安全的整体风险管理工作，规范国家、州、部落和地方应急准备工作，保证联邦政府投资能够解决最优先性的安全问题（Hu et al.，2014）。

《全国响应框架》《全国灾害恢复框架》《全国事故管理系统》对美国应对突发事件的各个环节、联邦政府和州及地方政府的职责、应急的主要工作机制都做了统一、规范的界定，简单明确，操作性和实用性强。《全国准备指南》确定和规范了正式的准备目标、灾害场景、通用任务清单、目标能力清单等相关的具体准备工作。

### 1.3.2　纵向方面

第一个层面是国家法律，最重要的法律是《罗伯特·斯坦福灾难救济与紧急救助法》（1988 年），该法规定联邦政府要对受灾影响大的州、当地政府等提供灾难与应急救助。其他比较重要的法律有：①《美国全国紧急状态法》（1976 年），主要规定总统在紧急状态下的权力；②《国土安全法》（2002 年），主要规定建立 DHS，负责应急准备、响应恢复等工作；③《情报改革及恐怖主义预防法》（2004年），主要是授权 DHS 建立全面的通信网络，加强通信安全；④2006 年出台《后"卡特里娜"应急管理改革法》，该法修改了《罗伯特·斯坦福救灾与应急救助法》和《国土安全法》有关规定，强化了响应与应急，使国家能够更加有效地应对灾难。另外，美国各州依照《联邦民防法》《罗伯特·斯坦福救灾与应急救助法》《国土安全法》等联邦法律，开展应急管理方面的立法。例如，加利福尼亚州的《应急服务法》，该法在应急准备、应急响应、灾害救助等方面都做了详细规定。由FEMA 于 2018 年发布的《2018—2022 年战略规划》，对未来五年的应急管理工作方向和目标提出了整体思路和方案。

第二个层面是总统指令，美国应急方面的总统指令是针对某一方面事项提出要求或做出规定，由总统签发，具有法律效力。例如，《国内突发事件管理》（总统指令第 5 号，2003 年）要求加强国内突发事件管理，建立全面系统的国家突发事件管理体系。《国家准备》（总统指令第 8 号，2011 年）对给国家安全造成最大威胁的各种情形采取预防、保护等措施。《提高关键基础设施的安全性和恢复力》（总统指令第 21 号，2013 年）明确联邦政府及相关部门的职责，建立更加有效的合作伙伴关系。

第三个层面是主管部门发布的政策和指南文件。美国 DHS 及 FEMA 根据法律要求，将法规进一步细化和明确，制定出台了很多涉及应急响应、沟通联络、通信等方面非常具体的政策和指南文件，与国家法律和总统指令共同构成完备的应急管理法规框架。例如，2011 年 8 月 DHS 发布《美国应急通信系统全生命过程计划指南》，规定了通信系统的生命周期管理，包括计划、购买、实施、支持与维护、处置等。

# 1.4　美国应急管理案例

## 1.4.1　"卡特里娜"飓风

2005 年 8 月底形成的"卡特里娜"飓风是美国历史上最具破坏性的自然灾害。在整个应急救灾过程中，直接暴露出美国联邦、州和地方政府在对严重突发事件的准备工作和对这些事件的响应能力方面存在着显著缺陷(孙亮和顾建华,2008)。

1. "卡特里娜"飓风形成过程[①]

1) "卡特里娜"飓风预报期

2005 年 5 月 16 日，美国海洋与大气管理局( National Oceanic and Atmospheric Administration，NOAA )下属的美国国家气象局（ National Weather Service，NWS ）局长 David L. Johnson（大卫·L. 约翰逊）陆军准将发布了 2005 年大西洋飓风展望，开始启动全国飓风准备周活动。

2) "卡特里娜"飓风初期

2005 年 8 月 23 日美国国家气象局报告，从第 10 号热带低气压残留云系发展而来的第 12 号热带低气压在巴哈马群岛附近生成。美国飓风中心随后发布了第 1 期警报，报告了该风暴的移动路径。

2005 年 8 月 24 日，第 12 号热带低气压加强为热带风暴，并命名为"卡特里

---

① 资料来源: The Federal response to Hurricane Katrina: lessons learne，网址为 http://library.stmarytx.edu/acadlib/edocs/katrinawh.pdf。

娜",为 2005 年飓风期第 11 个命名的风暴。美国应急管理局启动由本局、气象局及州和地方官员组成的飓风联络小组。该小组部署国家飓风中心帮助协调联邦、州和地方应急管理机构的预警工作,并提出最新预报。同时通知 FEMA 第 9 区办公室做好风暴可能会影响密西西比州或佐治亚州的准备工作。北方司令部也发出预警命令,准备一旦需要就向国防部请求物资支持。

2005 年 8 月 25 日"卡特里娜"风暴的强度在这一天继续加强,风暴潮已逼近佛罗里达东南部沿海区域。美国东部时间下午 3 时 30 分,"卡特里娜"风暴强度达到 1 级飓风级别,预报将在佛罗里达登陆。墨西哥湾沿海各州从飓风接近首次登陆点的 8 月 25 日开始成立紧急响应小组,宣布进入紧急状态,重新部署救灾物资,安排疏散和避难所,开始全面的应对准备工作。

2005 年 8 月 26 日凌晨,"卡特里娜"飓风经过佛罗里达时强度短时减弱为热带风暴,东部时间早上 5 点,"卡特里娜"再次加强为 1 级飓风。

2005 年 8 月 27 日拂晓前加强为 3 级飓风,云系范围在一天内几乎增大了一倍。国家飓风中心预报飓风强度将继续加强为 4 级。

2005 年 8 月 28 日,在 6 小时内,"卡特里娜"飓风的强度从 4 级增大到 5 级,"不但强度极大,而且范围异常广"。

3)"卡特里娜"飓风危机

2005 年 8 月 30 日新奥尔良洪水迫使奥尔良堂区应急行动中心关闭,洪水使人们无法向新奥尔良的警察局和消防调度中心寻求帮助,无论"911"求救电话还是公共安全机构的无线电通信都处于瘫痪状态。此外,路易斯安那州用于互助通信的中枢系统——800 兆无线电系统也停止工作。

在受飓风影响的地区,州和地方应急人员努力履行应急响应任务。各级政府数以千计的消防员、警察、医护人员,与公民志愿者一起,冒着生命危险从被洪水淹没的建筑物内抢救人员和动物。来自海岸警卫队、应急管理局城市搜救特遣队、国防部及其他机构的联邦搜救力量与州和地方应急人员一起,投入了对数万人的抢救任务。

在国家响应计划框架内,美国应急管理局被授权作为主要机构,通过第 9 应急支持工作小组协调城市的搜救行动,但由于国家响应计划重点只在城市搜救,加上搜救队伍在洪水环境下的训练不充分,也不连续,设备缺乏,在"卡特里娜"飓风期间,国家响应计划无法做到对所有联邦政府的搜救力量进行预先安排,做出计划并最终整合。比如,内务部拥有船只操作及实施民事搜救的丰富经验和技术,但内务部不是正式的第 9 应急支持工作小组成员,其部署浅水搜救船的提议从未达到可操作阶段。如果将内务部编入第 9 应急支持工作小组,则该部的水上搜救力量就可能有效地加入响应行动。

2005 年 8 月 30 日新奥尔良情形进一步恶化，州和地方官员开始组织全城大规模的人员撤离。鉴于路易斯安那州和新奥尔良市都没有登陆后的撤离方案，州和地方官员与应急管理局、国防部和交通部共同实施了这次登陆后的撤离行动。

2005 年 8 月 31 日上午，路易斯安那州州长布兰科与得克萨斯州州长佩里达成协议，将新奥尔良体育馆内的几千人转移到休斯敦圆顶棒球场。

2005 年 8 月 31 日晚上，大量联邦政府租用的大客车开始到达新奥尔良体育馆。起初，避难人员登车后都直驶休斯敦。但随着休斯敦圆顶棒球场开始满员，联邦和州的官员确定了在多个州及哥伦比亚特区的其他接收地点。国防部、交通部与州和地方官员一起向灾民提供饮用水和食物，还制订了新奥尔良其他 3 个地方的灾民撤离计划。

2005 年 9 月 2 日上午，约 1.5 万人从体育馆撤离，约 5500 人仍留在馆内。由于体育馆和会议中心的人数在飓风登陆后不断增加，使得有关确切的人数报告不断变化。

2005 年 9 月 4 日，DHS 报告说，体育馆和会议中心的灾民已全部撤离，但其他流离失所的灾民还在涌入上述两地，需要时还要撤离。在地面撤离的同时，DHS 协同交通部和国防部成功进行了空运撤离行动，共撤离了 2.4 万多人，成为美国本土历史上最大规模的非军事空运行动。

联邦机构在州、地方政府及私人部门的配合下协调了空运撤离。在联邦航空管理局恢复了对新奥尔良国际机场的空中交通管制及跑道运行后，交通部协调私人航空公司和国防部的交通指挥所，开始了大规模空运撤离行动。交通部邀请美国主要航空公司的工会组织——航空运输联合会到全国应急协调中心，帮助协调自愿参加救援行动的航空公司。

在"卡特里娜"飓风期间，墨西哥湾沿岸地区的执法机构面临着无数的考验。一旦飓风影响减小，就有人在一些区域开始抢劫，也发生了针对执法人员与其他应急响应人员的暴力犯罪事件。实际发生并觉察到的公共安全问题妨碍了联邦应急响应的速度与效率，甚至临时中断了救灾工作的进程，同时延缓了搜救行动，推迟了通信设施的修复，妨碍了医疗救护任务。

4）"卡特里娜"飓风灾后恢复

在一周危机过去以后，联邦、州和地方政府开始转向更有组织、更为长远的响应工作。当灾区的需求下降、大量的物资流向灾区时，联邦政府开始致力于解决在飓风登陆第一周暴露出来的影响应急响应的主要问题。墨西哥湾沿岸地区几个州的联合现场办公室在其后的几周里，加强了先前缺乏的联邦协调和管理工作。

2005 年 9 月 5 日，DHS 部长切尔朵夫任命萨德·艾伦中将为联邦副主管。那时,路易斯安那州联合现场办公室还设在离新奥尔良 8 英里①远的路易斯安那州应急行动中心附近。

2005 年 9 月 6 日,分别代表司法部和 DHS 的两位高级联邦执法官员在新奥尔良建立了执法协调中心,帮助协调新奥尔良市和周边堂区的执法人员行动。至此,在整个应急过程中,新奥尔良地区第一次有了统一的执法指挥机构。该机构由新奥尔良警察局、路易斯安那州警察局、国民警卫队及全体联邦执法人员组成。协调工作改善了,联邦执法援助增加了,新奥尔良的社会治安和保卫得到了加强。DHS 的公共事务办公室于 9 月 6 日在巴吞鲁日建立了联合信息中心,及时和准确地发布联邦响应、救灾情况,以正视听。

2005 年 9 月 7 日,萨德·艾伦中将在新奥尔良设立了联合现场办公室前线指挥部,通过靠近灾害现场建立统一的联邦指挥机构,提高了联邦响应的效率。应急管理局宣布设立快速援助计划以加快向"卡特里娜"飓风灾民提供援助,使得灾民登记人数从 2005 年 9 月 5 日的 261 946 人上升到 10 天后的 100 万人之多。

2005 年 9 月 9 日,经 DHS 部长切尔朵夫任命,萨德·艾伦中将代替 FEMA 局长布朗,成为负责"卡特里娜"飓风事件的联邦主管,而布朗局长回到华盛顿继续履行 FEMA 局长职责,不再指挥现场救灾行动。

2005 年 9 月 10 日,应急管理局的城市搜救队完成了整个密西西比州的任务,两天后,在路易斯安那州的搜救工作也宣告结束。

2005 年 9 月 12 日,国防部表示新奥尔良的犯罪活动已非常少,军队的存在阻止了犯罪的实施。新奥尔良于 2005 年 9 月 12 日结束了主要的地面搜救,此后两周开始进入建筑物搜寻幸存者和遇难人员。

2005 年 9 月 13 日,新奥尔良市报告执法和军事人员已成功重建起该市的安全状态。安全状况的改善和更多联邦人员的部署加速了新奥尔良的搜救行动。

2005 年 9 月 17 日,飓风登陆后不到 3 个星期,应急管理局向所有 50 个州及哥伦比亚特区共拨出 10 亿美元援助款。

2005 年 9 月 21 日,萨德·艾伦中将除了担任联邦主管外,还被任命为联邦协调官。最终证明萨德·艾伦中将的任命对加强联合现场办公室和整个联邦的响应行动至关重要。

2. "卡特里娜"飓风应急处理的启发

1) 全国应急准备工作

在联邦政府对"卡特里娜"飓风的响应期间,主要的问题是全国应急响应缺

---

① 1 英里=1609.344 米。

乏统一管理，联邦政府内的指挥管理架构不明确，对应急准备计划的了解不到位，区域性的计划与协调不充分。联邦政府应该与 DHS 共同努力修订现行应急计划，确保建立有效的运作体制，规划并建立一个综合性的全国应急准备体系，并建立对所有全国应急准备工作明晰且具可操作性的工作流程。

2）应急响应全过程管理

在"卡特里娜"飓风登陆后，由于缺乏预先计划，加上协调不足，联邦政府在帮助新奥尔良及整个墨西哥湾沿岸最易受灾地区的撤离工作时的表现不佳。联邦政府应急行动缺少计划中的关键要点，如撤离路线、通信设备、交通工具、撤离者安排预案等。例如，交通部应协调其他联邦政府相关机构，在重大灾害使州和地方政府瘫痪的情况下，没有做好大规模群众撤离行动的各项准备工作。整个搜救工作表明，在应急管理局城市搜救队、海岸警卫队及军队之间需要建立更好的协调。建议由 DHS 牵头对现行政策和程序进行政府部门间的评估工作，以确保对联邦政府搜救资源的整合（佚名，2005）。

几乎从"卡特里娜"飓风登陆起，新奥尔良地区的法治和秩序便开始恶化。司法部应协调 DHS，对在应急响应期间向州和地方执法与刑事司法体系提供支持的联邦职责进行评估，在此基础上制订行动计划、程序和政策，以确保有效的联邦执法响应。

"卡特里娜"飓风带来了极大的公共卫生与医疗问题，在各级政府中存在的问题降低了公共卫生和医疗援助应急行动的影响范围和效率，卫生与福利部应协调 DHS 及其他国土安全合作者，加强联邦政府在危机发生时提供公共健康和医疗支持的能力。需要改进对公共健康资源的调度、指挥和管理，制订周密的计划，对行动资源增加资金投入，并加快推进共享型电子健康记录系统广泛使用。

DHS 应制订综合性信息传播计划，以更好地在灾前、灾中和灾后的不同时期，向美国公众公布灾难的实际情况，指导他们的行为并使他们消除疑虑。

3）应急灾后恢复

"卡特里娜"飓风对墨西哥湾沿岸地区的许多重要基础设施部门产生了严重影响，尤其是能源部门。DHS 应与私人部门合作修订《全国响应计划》，并最终形成临时全国基础设施保护计划，以快速评估某次灾害对关键基础设施的影响程度。应将评估的结论体现在全国响应和决定响应行动的优先次序中，并支持基础设施的恢复工作，以拯救生命和减轻灾害对全国的影响。

目前全球最前沿的城市防灾减灾理念是在面对台风、洪水等突发事件时，城市做出迅速响应、较快适应、动态反馈并维持城市的基本运行，快速恢复其功能的城市形态，即"韧性城市"。在遭遇罕见的"桑迪"飓风袭击后，纽约推出了《一个更强大、更具韧性的纽约》实施计划，重点防控洪水和风暴潮。

### 1.4.2　纽约市大停电事件

1. 纽约市大停电事件概述①

2003 年 8 月 14 日，美国东部当地时间下午 4 时左右，美国及加拿大发生了历史上最大规模的停电事件。这次事件覆盖范围极广，囊括了共用同一个供电网络的美国纽约、底特律及加拿大多伦多、渥太华等地，这些地方同时受到此次停电事件影响。停电持续时间近 30 个小时，影响区域面积达 9000 多平方公里②，影响了约 500 万人口的正常生活。尤其在纽约市，居民用电、地铁及机场的运营都受到极大影响。在停电事件刚刚发生时，许多纽约市民涌上街头，街道和城市交通秩序陷入了混乱甚至瘫痪的境地。同时，在这场停电事件中，由于通信基站停电导致手机无法使用，纽约居民不得不在付费公共电话前排起长队。这起停电事件让整个纽约市都陷入了黑暗、无序和恐慌之中。尽管如此，在当时十分混乱的情况下，纽约市高效、完善的公共危机管理模式发挥了重要角色。凭借优越的政府的公共危机管理能力，纽约市动用了全社会的资源力量，29 个小时后危机终止。2003 年 8 月 15 日美国东部当地时间晚 9 时许，纽约市电力全面恢复，城市恢复了正常运转。有关资料反映，停电当晚只是在纽约市区发生了盗窃等社会治安类案件，而整个纽约城市内只拘留了 800 多名犯罪嫌疑人，这比平时纽约市平均每天拘留 900 多人还要少。

2. 纽约市大停电应急处理启发

1) 完善的组织与指挥系统

纽约市的事故灾害管理的组织与指挥系统在公共危机的应对和处置工作中卓有成效，纽约先前就已经根据包括政府绩效考核在内的相关法律，以其城市政府的公共危机管理办公室为中枢核心，搭建并完善城市公共危机管理框架，该框架早已投入使用，并随时处于预备状态。在停电事件发生后，纽约市公共危机管理办公室迅速启动了其下属管理的紧急行动中心，第一时间完成了对市属警察、消防和医疗等部门的协调和临时整合工作。与此同时，纽约市公共危机管理办公室与纽约城市各类自治组织强强合作，同气连枝。此外，纽约市公共危机管理办公室平时良好的沟通合作机制在此时得以有效发挥积极作用。

2) 信息公开透明

纽约市政府对停电事件的反应相当迅速，纽约时任市长迈克尔·布隆伯格在

---

① 资料来源: *Enhancing New York City's Emergency Preparedness*。

② 1 公里=1 千米。

纽约全市大停电仅 30 多分钟后，就举行了新闻发布会和记者招待会，及时通过应急部门提供电力的电台广播等各类媒体向纽约市民及美国公众公布有关信息，彻底打消了城市居民在停电之初，误以为可能是发生了恐怖袭击的疑虑，缓解了人们的紧张情绪。停电事件结束后，迈克尔·布隆伯格还多次通过媒体联系指导纽约市民如何及时应对这一类城市公共危机事件。纽约市政府处理城市公共危机的镇定和真诚的态度，以及对停电危机事件信息的及时准确发布，对于提高城市居民克服困难的决心和信心是一剂强心针。

3）公共危机管理理念渗透

纽约市良好的城市公共危机管理理念已经渗透进城市居民的意识和城市文化之中。停电事件发生伊始，广大纽约城市居民便表现出了良好的素质，经过暂时性的慌乱之后，即表现出一种遵守秩序、乐观积极和团结协助的精神。从根本上说，这样一种从容不迫地面对公共危机的态度，其实在很大程度上要归功于纽约城市政府平时所一直宣传提倡的公共危机意识理念。面对前所未有的停电危机，纽约城市政府、企业、社区、非政府组织和城市居民等全社会力量各尽其责、团结一致、从容有序地应对，才能够快速将纽约从这场停电危机中解救出来。

4）全社会型城市政府的公共危机管理模式

纽约市建成了有效的全社会型城市政府的公共危机管理模式。发达国家的城市一向以市民自治文化自居。除了政府居中主导现代化城市政府的公共危机管理工作外，城市居民也应该通过企业、非政府组织、城市居民自治组织等各类社会组织真正介入管理工作中，形成全社会型城市公共危机管理模式这一大特色。这种全社会型的管理模式，其更深的含义在于，在城市公共危机中，政府为城市和社会提供正常的秩序、法律和协调服务，指导城市政府的公共危机管理工作；而城市居民则在合理范围内，通过各种有效渠道积极参与城市政府的公共危机管理工作，担当起一个公民的责任。这是一种相互作用，即一座城市的法治观念和人文精神可以在城市公共危机管理工作中得到培养和巩固（唐桂娟，2017）。

5）完备的事后总结评估机制

纽约城市政府的公共危机管理工作有着较好的事后总结评估机制。停电事件结束后，纽约市长迈克尔·布隆伯格立刻指定有关机构组成了专门的公共危机应对工作小组，主要针对此次停电事件中纽约城市政府的公共危机管理模式及能力做总结和评估，涵盖城市公共危机反应处置、市政交通通畅等城市秩序维持、政府对市民的保护、必需基础设施的运作能力、决策者第一时间获取信息的能力及城市居民健康和安全保障等六个方面。该小组对报告进行了详细分析，对今后加强纽约城市政府的公共危机管理模式提出了新的要求。

# 1.5　美国应急管理启示及国际合作交流方向

## 1.5.1　应急管理启示

美国的应急管理体系改革历程和我国有很多相似之处，都是重大突发事件驱动的体制机制变革，都是从部门分散管理、单项应对，逐步向统一指挥、综合应急转变，都是致力打造科学合理、权责一致、高效顺畅的应急管理体系，都有专门的应急管理部门，也都在不断地探索和完善过程之中。

美国既有的应急管理体系是一个自上而下的系统，是一个集成的、有序的、标准的运行架构，各类政府部门、社会组织和救援力量按照既定规则参与突发事件处置，对我国的应急体系建设和完善具有参考价值（李雪峰，2013）。

1. 借鉴纽约韧性城市应急管理模式

面对挑战，城市的应急管理者需要转变之前的工程思维，转向韧性城市建设的多维度思考。目前，纽约已经在实施《一个更强大、更具韧性的纽约》城市建设规划，通过韧性城市应急管理系统建设，合理准备、缓冲和应对不确定性扰动（王曼琦和王世福，2018）。国际组织也在韧性城市建设过程中发挥了重要作用，如联合国减灾署的"让城市具有韧性"计划、洛克菲勒基金会的"全球 100 个韧性城市"计划，在全球范围内推动韧性城市建设。

我国韧性城市建设目前处于起步阶段，但随着风险社会下安全需求加剧，韧性城市的建设迫在眉睫。对我国特大型城市而言，建设韧性城市是当前的首要目标，需要制定因地制宜的策略，并由政府各部门联动合作，保障政策有效落实。构建我国特大型城市韧性城市应急管理的五大要素为：应急事故灾害明晰，制定因地制宜的方针策略；部门联动，引导多维韧性的规划实践；引资创新，建立复合多级的筹资体系；数媒介入，推动科学有效的公众决策；文化导向，提升价值认同的城市活力。同时，借助人工智能时代的信息技术，通过构建信息平台、预测预警系统等，可以使突发事件应对方（包括政府、市民和社会组织）提前准备，提高风险认知，做到"不惊、不慌、不乱"，从而提高整个社会集体认知的"韧性"。韧性城市理论指导下的城市社会安全事件应对，要从传统的"经验预测"转变到"技术监测指导下的风险评估"。充分运用新一代互联网、物联网、大数据、云计算和智能传感、遥感、卫星定位、地理信息系统等技术，创新应急管理手段，提升公共安全管理数字化、网络化、智能化水平[①]。

---

[①] 资料来源：https://www.mem.gov.cn/xw/ztzl/2020/xxgcwzqh/qwjd/zjjd/202012/t20201208_374880.shtml。

**2. 借鉴美国《国家突发事件管理系统》的成功经验**

美国把应对突发事件当成政府最重要的一项管理职能，以政府行政首长担任最高领导，全面领导应急工作，将应急管理纳入政府日常管理。同时，在发达国家，民众也通过非政府组织介入管理，政府和社会团体共同承担责任，便于引导公众积极支持和参与，最终提高政府的应急管理效率和效果。

以纽约为例，纽约城市政府的突发事件应急管理的组织与指挥系统在突发事件的应对和处置工作中卓有成效。以纽约的突发事件应急管理办公室为中枢核心，搭建完备有序的城市突发事件应急管理框架，投入使用并随时处于预备状态。

**3. 借鉴统一管理应急模式**

在新形势下，应急管理的难度越来越大，技术要求越来越高，重视应急管理研究、人才培养和应急物资储备是各国普遍的经验。美国等西方发达国家具有完善的人才培训制度和专门的应急救援队伍，拥有充足的应急保障资金和物资储备，同时不断改进技术装备和应急通信系统，为应急管理的有效实施提供了可靠保障。

我国应该以组建应急管理部为契机，整合各行各业各个部门的应急资源，解决过去突发事件应对中条块分割、部门分割的问题，不断积累和优化突发事件的应急处置经验。注重突发事件临时性指挥机构的全周期管理，统一启动的标准，固化工作的模式，积累应对的经验，为今后类似突发事件的应对提供参考模板，避免不必要的试错。

**4. 借鉴政府主导、全社会参与的应急模式**

工商企业、社会组织广泛参与城市政府的突发事件应急管理，建立政府与社会组织的合作伙伴关系，是西方国家突发事件应急管理全社会参与网络的一个特色。纽约市政府危机管理办公室在公共部门外，还牵头联系了私营部门特别是企业、非政府组织等各类社会资源，对其进行整合。

我国的应急管理还是以政府为主，推进非公共部门参与应急体系，包括企业和非政府组织，构建全社会参与的应急管理模式，加强主体多元化、区域合作化的合作方式，提高民众在突发事件面前的自我救助能力，保证城市突发事件结束后能够尽快恢复正常。

重视通过教育、培训及演练，培养社会的危机防范意识和民众应急反应能力，把突发事件应急知识的宣传和必要的应急演练作为政府日常工作中的一项重要任务，并使其经常化、制度化和法定化。充分利用各个城市都设有的专业训练中心，开展突发事件预防与应急教育和训练，提高社会民众的安全防范意识和应急反应能力（朱启晗，2018）。

### 5. 借鉴完备的法律体系

西方一些发达国家大多建立起了以宪法和紧急状态法为基础、以应急专门法律法规为主体的一整套应急法律制度。纵观国外有关政府应急管理的法治建设，有两种立法模式：一是紧急状态法与突发事件应对法分别立法，如美国于 1976 年通过的《全国紧急状态法》；二是紧急状态法与一般突发事件应对法合并立法，如日本于 1961 年出台后又几经修订的《灾害对策基本法》。总的特点是，政府应急管理机制通过一系列相互配套的法律、法规加以规定。将政府应急管理纳入法治化的轨道，是世界各国建立政府应急管理机制普遍遵循的一项原则。

在《中华人民共和国突发事件应对法》的基础上，完善具有我国特大型城市特点的应急管理法律法规、加强与细化法律条款、严格规范执法工作环境等，形成一系列城市突发事件应急管理理念和文化，指引政府在突发事件应急管理工作中，提升工作效率（丁留谦等，2018）。

## 1.5.2　国际合作交流方向

FEMA 所属的应急管理学院（Emergency Management Institute，EMI）在培训方面形成了系统的培养方案和一整套课程体系，值得借鉴。EMI 位于马里兰州的埃米茨堡，与同隶属于 FEMA 的国家消防学院（National Fire Service，NFS）共用一个校园。1979 年 3 月，联邦政府收购圣约瑟夫学院，作为全国应急培训中心（包括国家消防学院和应急管理学院两家机构）的校园，开始着手建立培训型应急教育课程体系，并举行系列应用培训，如消防官员短期培训班与消防管理课程班，后来逐渐从实践培训开始进入高等教育领域。EMI 目前设有远程教育部、减灾部、使命支持部、响应与恢复重建部、准备部、整合应急管理部 6 个部门。该学院有 70 名员工，包括应急管理专家、培训专家和支持人员等。另外，学院还有合同雇员，合同雇员绝大多数具有应急管理背景和专门知识，包括应急管理专家、培训专家、联邦和各州应急管理的实际工作者，如州应急演练的负责人等。EMI 以"支持 DHS 和 FEMA 为目标，提升全美各层级政府官员的应急能力，预防、准备、应对、保护、恢复重建和减缓所有美国人民身上的各种灾害和危机的潜在影响"为宗旨，EMI 的办学目标包括五个方面：①提升州、地方政府和部落官员的能力；②提高应急管理人员的能力；③支持《全国事故管理系统》《全国响应框架》《全国准备指南》的执行；④增强个人、家庭和特别需求人群的准备应对能力；⑤运用结果导向的业务方式来实现 EMI 的使命。EMI 的培训对象包括六类：

①FEMA 的全职雇员；②FEMA 的待命/灾害应对雇员；③州、地方政府和部落官员；④DHS/其他联邦政府部门人员；⑤相关职业领域的成员；⑥高等教育机构。EMI 的课程覆盖了从各类灾害应对计划到联合应急管理的各种议题。课程教学形式多样，包括桌面推演、功能演练、全面演习等方法，从而提高教学的实用性和实战性。

1983 年美国北得克萨斯大学设置了美国第一个应急管理本科专业。2000 年"9·11"事件后，美国的应急管理教育呈现井喷式发展，政府开始积极推动建立"防灾型社区"为中心的公众安全应急教育体系，并高度重视应急学历教育，相继在几所高校设置了应急管理、国土安全、反恐减灾、企业危机管理等专业。"9·11"事件之后的 3 年间，开展了 100 多个学术、学位项目，后续又跟进 100 个项目，这些新的项目在很大程度上推动了应急管理专业高等教育课程体系的发展。

美国 FEMA 最新数据显示，截至 2021 年 9 月，美国高校设置应急管理（emergency management）专业的共有 276 所，设置相关专业的有 756 个。其中涉及应急管理规划（emergency management programs）相关专业的有 331 所、涉及国土安全规划（homeland security programs）相关专业的有 265 所、涉及公共健康医疗相关专业（public health，medical，and related programs）的有 31 所、涉及国际减灾与人道主义救援（international disaster relief/ humanitarian assistance）专业的有 19 所，以及涉及其他相关专业的有 81 所，如表 1.1 所示①。

表 1.1　美国应急管理专业相关分布

| 涉及专业 | 院校数量/所 |
| --- | --- |
| 其他国家应急与灾难管理相关专业（emergency and disaster management programs in other countries） | 26 |
| 应急管理规划（emergency management programs） | 331 |
| 高等教育规划（executive education programs） | 3 |
| 国土安全规划（homeland security programs） | 265 |
| 国际减灾与人道主义救援（international disaster relief/humanitarian assistance）专业 | 19 |
| 公共健康医疗相关专业（public health，medical，and related programs） | 31 |
| 其他相关专业（related programs） | 81 |

目前这些高校在应急管理专业方向设置了博士、硕士、学士、副学士学位，同时设置了硕士研究生学历、本科学历、独立专业学历和只提供一门或多门应急管理课程的专业培训，如表 1.2 所示。

① 资料来源：https://training.fema.gov/hiedu/collegelist/。

表 1.2　美国高校应急管理专业设置层次

| 专业设置层次 | 院校数量/所 |
| --- | --- |
| 副学士学位（associate's degree） | 61 |
| 学士学位（bachelor degree） | 231 |
| 证书项目（certificate programs） | 113 |
| 博士 （doctoral level） | 19 |
| 硕士（masters level） | 307 |
| 其他（one or more courses） | 16 |

美国应急管理专业的学位学历教育已经广泛展开，除了学科教育，还有应急管理理论、技能等专业培训。通过长期的学位教育来培养应急管理人才，从而使其既具有处置突发事件的相关技能，又具备扎实的理论基础，进而有效处置突发事件，规避次生灾害的发生。

美国政府应急管理的工作经验丰富，美国政府官员和学者对于加强应急管理方面交流的意愿强烈，因此，可从以下几个方面开展合作：一是风险预警。EMI开发了灾害风险管理信息系统，以及风险评估的数据模型，可借鉴其研究成果。二是决策协调。美国雪城大学马克斯维尔公民与公共事务学院（The Maxwell School of Citizenship and Public Affairs，Syracuse University）对于危机决策问题有着独到的研究，杜兰大学（Tulane University）抗灾领导力学院对于领导力的研究也有着丰富的经验，可与这些学校开展相关方面的长期国际交流与合作。

实际上，美国政府与高校等科研机构在应急管理领域的合作非常广泛，具体包括应急管理项目，国家安全项目，公共卫生、医疗和相关项目，国际救灾/人道主义援助，其他国家的紧急和灾害管理项目，高管教育项目等。以应急管理项目为例，其既包括博士、硕士、本科学位培养模式，同时也包括课程短期的培训计划。表 1.3 展示了马里兰大学应急管理领域的相关培养计划与项目明细①。

表 1.3　马里兰大学相关应急管理项目

| 应急管理项目（中文） | 应急管理项目（英文） |
| --- | --- |
| 应急管理研究生学位 | graduate certificate in emergency management |
| 国土安全部理学学士 | bachelor of science in homeland security |
| 公共安全管理理学学士 | bachelor of science in public safety administration |
| 公共安全管理理学学士，辅修应急管理 | bachelor of science in public safety administration with a minor in emergency management |

① 数据来源：https://training.fema.gov/hiedu/collegelist/#pubHealthPrograms。

| 应急管理项目（中文） | 应急管理项目（英文） |
|---|---|
| 公共安全管理理学学士，辅修国土安全 | bachelor of science in public safety administration with a minor in homeland security |
| 理学学士，辅修应急管理 | bachelor of science with a minor in emergency management |
| 理学学士，辅修国土安全 | bachelor of science with a minor in homeland security |
| 国土安全管理研究生学位 | graduate certificate in homeland security management |
| 信息技术理学硕士，国土安全管理专业 | master of science in information technology with specialization in homeland security management |
| 突发事件管理专业管理学硕士 | master of science in management with specialization in emergency management |
| 国土安全管理学硕士 | master of science in management with specialization in homeland security |
| 智能管理专业的管理学硕士学位 | master of science in management with specialization in intelligence management |

总结 EMI 的培训模式，可以得出以下结论。

第一，应急管理学院这样的应急管理培训机构应该由政府举办，围绕国家和社会安全战略开展教学培训。

第二，公办应急管理培训机构应该成为培训教育中心和应急管理学术研究的发动机，推动或率领应急管理学术研究发展。

第三，公办应急管理培训机构应该以提高政府（官员）应对突发事件的能力为首要目标，首先培训政府官员和职业应急管理工作者；同时负责提升全社会应对突发事件的能力，将培养对象扩展到各种社会成分。

第四，应急管理培训的课程体系应该围绕应急管理的专业领域构造展开，包含所有的应急管理过程中的环节和方面；其内容要根据不同培养对象的需要从意识、知识、理论、技能到实践（实习）做分层次、递进性安排。

第五，应急管理培训教育的模式要多元化，充分利用互联网等远程教育和现代教育手段，在培养方式和教学方式上适应现代社会的要求。

第六，应急管理培训教育具有鲜明的公益性，几乎完全由政府财政支持，免费为社会服务。

# 第 2 章　加拿大应急管理体系与实践及启示

## 2.1　加拿大应急管理体制

### 2.1.1　总体情况

1. 概述

加拿大是英联邦国家，联邦和地方的政府结构层级可分为联邦、省和地区（federal/ provincial/ territorial，FPT）三级：联邦层面上，加拿大联邦政府负责国家财政、金融、国际事务，并协调各省的合作关系；省级层面上，加拿大省级政府负责教育、医疗、公共安全、社会服务和政府管理等工作；地区层面上，各市等地区政府负责本区域内的公共交通、城市规划建设和公众基本生活保障等工作。基于联邦制，各类政府部门间不存在明显的上下级关系，即联邦、省和地区政府之间的工作大多基于"协议"或"合作"模式。为此，充分调动各类政府部门的职责能力，进而形成应急管理合力，是加拿大应急管理的关键。国家层面上，应急管理属于加拿大公共安全部（Public Safety Canada）的职责范畴。2003 年，加拿大政府组建联邦公共安全部，形成了以国家公共安全及应急管理为核心的联邦公共安全管理部门。2005 年，加拿大联邦《公共安全和应急准备法（2005）》颁布，详细明确了联邦公共安全部的职责权力。

法制健全是加拿大应急管理的重要优势，各级政府均已制定出详细的应急管理法律法规，涉及预案制定、应急团队建设、应急资源筹备等众多环节。完善的应急管理标准保证了加拿大应急救援联动机制的有序性和高效性。其中，《应急管理法》（*Emergency Management Act*）明确了加拿大应急管理系统中相关责任人的职责。与此同时，加拿大政府在长期应急管理实践中认识到，无论是政府还是社会各界，在应对各类突发事件时，必须有一个科学严密的应急管理框架，以确保各方在应急管理行动中协调一致，形成合力。基于此，加拿大政府出台《加拿大应急管理框架》（*An Emergency Management Framework for Canada*），成为指导加拿大全国应急管理的重要纲领性文件。

### 2. 联邦/省/地区治理结构

联邦政府致力于与各省和地区达成合作，以在灾害发生时提供相关支持。为此，最新的《加拿大应急管理框架》于 2017 年再次修订，并批准为第三版，该框架为一系列协作性应急管理举措提供通用方法。由于加拿大绝大多数应急事件本质上是地方性的，由市政当局和社区管理，或在省/地区一级进行管理，每个 FPT 政府均对加拿大应急管理和公共安全负责。基于此，加拿大应急管理框架进一步明确 FPT 政府间的合作，确保采取协调一致的互补行动，共同构建 FPT 应急管理治理结构（图 2.1）。部长位于 FPT 应急管理治理结构的顶层；副部长位于该结构的第二层，通过确定优先级和指派负责应急管理的高级官员（senior official responsible for emergency management，SOREM）来负责行动计划，从而执行部长级决定；工作组向负责应急管理的 FPT 高级官员汇报，汇报工作内容和结果及提交建议；负责应急管理的 FPT 高级官员与加拿大灾害风险规避咨询委员会平台之间没有报告关系，但这两个机构密切合作，共同推进减少灾害风险和应急管理任务。

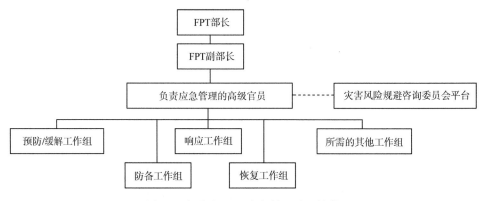

图 2.1　加拿大 FPT 应急管理治理结构

资料来源：https://www.publicsafety.gc.ca/cnt/rsrcs/pblctns/2017-mrgnc-mngmnt-frmwrk/index-en.aspx

加拿大公共安全部门与其他联邦政府机构、省和地区应急管理组织、急救团队和志愿组织及其他利益相关者和社区保持着伙伴关系网络，支持全社会的应急管理方法，充分利用和发挥全国的资源和能力。与此同时，加拿大公民均需发挥作用，建设具有韧性的社区，防止灾难产生，或从灾难中快速恢复。其中，省和地区应急管理组织（Emergency Management Organizations，EMO）主要涉及 13 个：阿尔伯塔省、不列颠哥伦比亚地区、曼尼托巴省、新不伦瑞克省、纽芬兰与拉布拉多省、西北地区、新斯科舍省、努勒维特地区、安大略省、爱德华王子岛省、魁北克省、萨斯喀彻温省、育空地区。加拿大公共安全部门在全国省份和北部设有 12 个地区办事处。它们分为 5 个区域：大西洋、魁北克、安大略、大草原地区以及不列颠哥伦比亚省和北部。这些办事处在建立和维护应急管理伙伴关系及社区支持方面发挥着重要作用。《加拿大应急管理框架》明确规定，FPT 三级政府都具有应急管理和保障公共安全的责任，应充分尊重和保障各级政府在应急管理方面的责任和权力，以加强 FPT 政府之间的合作，确保不同政府之间能开展更为协同和互补的应急行动。

### 3. 应急管理职责界定

《应急管理法》明确所有利益相关者在加拿大应急管理系统中的职责[①]，它强调了相关部长的领导作用和职责，包括协调政府机构之间的应急管理活动及与各省和其他机构的合作。该法案还规定了其他联邦部长的职责。其中，该法案从三方面对加拿大应急管理结构中最高层级部长的职责进行详细定义，即总体方面、加拿大方面和美国方面。与此同时，法案也对其他层级部长职责进行定义。

1）最高层级部长职责——总体方面

最高层级部长的领导权一方面通过协调政府机构体现；另一方面通过与各省和其他机构合作开展应急管理活动体现。

2）最高层级部长职责——加拿大方面

（1）制定政府机构准备、维护、测试和实施应急管理的政策、计划和其他措施。

（2）就制订、维护、测试和执行应急管理计划向政府机构提供建议。①分析和评估政府机构制订的应急管理计划。②监测潜在的和实际的紧急情况，并向部长提供建议。③协调加拿大政府对紧急情况的反应行动。④与各省政府机构协调应急管理相关活动，支持各省应急管理活动。⑤与各省制订计划安排，根据《议会法》就紧急状态进行有效磋商。⑥根据《国防法》第六部分，在紧急情况下向省提供援助，包括提供财政援助和调动加拿大部队为民政服务。⑦根据省的要求，向省提供除财政援助以外的其他援助。⑧当某省具备这几种情况时，向该省提供财政援助：根据法案第七部分，该省紧急情况对于联邦政府来说严重程度较高；部长按照法案被授权提供协助；该省已请求援助。⑨根据加拿大外交关系政策参加国际紧急情况管理活动。⑩制订必要的计划安排，在紧急情况下维持宪政的连续性。⑪建立有关应急管理的政策和计划。⑫进行演习并提供与应急管理有关的教育和培训。⑬促进制定应急管理的通用方法，包括制定标准和最优做法。⑭进行与应急管理有关的研究。⑮提高公众对与应急管理有关事项的认识。⑯促进信

---

息共享，加强应急管理。

3）最高层级部长职责——美国方面

经与外交部部长协商，部长可与美国有关当局制订联合应急管理计划，并根据这些计划，协调加拿大对美国应急情况的应对措施，并为应对这些紧急情况提供援助。

4）其他层级部长职责

（1）部长根据政策和计划等实施相关工作，包括针对这些风险制订应急管理计划；维持、测试和执行这些计划；就计划进行演习和训练。

（2）部长应将下述几个方面纳入应急管理计划：协助省政府及通过省政府协助地方当局的任何计划；任何联邦-省级区域的计划；紧急情况下确保政府机构运作连续性的计划；发生战争或其他武装冲突情况下，支持整体防御工作、支持加拿大军队和加拿大盟国的武装部队进行军事行动、为履行加拿大对盟国的军事和内战义务做出贡献、减轻外国武装冲突对加拿大的影响。

（3）省应急情况。除非省政府请求援助或与省达成协议要求或允许援助，否则政府机构不得对省应急情况做出回应。

#### 4. 分级分工

加拿大三级应急管理体制中的联邦层级，设置了公共安全部负责联邦应急管理，聚焦民众及其社区的安全问题，预防和应对各种突发事件和灾难，包括自然性灾害、人为性灾害及技术性灾害等。其下属的政府行动中心（Government Operations Centre，GOC）处于国家应急管理体系的核心位置，负责监督和协调联邦政府的应急处理。中心在全国设立若干区域办事处和卫星办事处，就近处理任何与国家利益相关的事件和紧急情况，向应对中心提供区域应急业务支持。各省区市也都有专门的危机应对机构，负责各自区域内的危机应对和为本省政府应对危机提供支持。例如，安大略省就设有应急管理局和省紧急事件应对中心。上述机构主要是协调机构而不是权力机构。根据加拿大法律，国际事件和战争事件由联邦政府负责处理，各省配合支持；公共安全事件和公共秩序事件一般由各省、市负责处理，必要时联邦政府予以协助（李素艳，2011）。

法律还明确规定，每个人、每个家庭均有责任和义务参与应急计划，承担事件发生后72小时内的自救和互救工作。目前加拿大已经形成了比较成熟的以家庭和企业单位自救为核心，市、省和联邦政府为后援的应急管理责任分担体制。

### 2.1.2 分类管理

加拿大应急管理体系强调全灾种应急管理方法。加拿大政府意识到自然和人为灾害在日趋都市化的社会中普遍存在，西方恐怖袭击在全球范围内也会持续存在，所有这些活动均对加拿大国民带来重要影响。基于此，加拿大的应急管理采用覆盖全部灾害的应对方式，以处置各种形式的自然灾害和人为灾难。加拿大应急管理部门制定的"全灾种应急管理方法"在其应急管理中着重强调"预防和缓解"环节。

基于地理和气候特点等因素，加拿大成为自然灾害频发国家，政府在其应急管理官网上着重强调关注以下九种自然灾害：①大地震；②洪水；③冰雹；④冰山、海冰和雾；⑤滑坡和雪崩；⑥龙卷风；⑦海啸和风暴潮；⑧火山喷发；⑨冬季风暴。为应对自然灾害，加拿大应急管理工作的重点内容包括：①建立社会责任机制。加拿大各级政府虽然立法规范了各自的职责，但并没有把所有责任大包承揽，而是在全社会形成了各行业、各部门乃至各个家庭共同承担防灾、减灾责任的社会机制。在这种责任机制下，行业、部门根据自身特点制订防灾、减灾战略，部署和安排防灾减灾工作，与气象部门和专业研究单位建立委托咨询的服务关系。例如，电力、交通、农业、森林等部门均建立了各自的防灾、减灾委托研究服务体系。这种责任机制充分发挥了部门、行业的作用，使防灾、减灾更具针对性，更行之有效。②准确发布气象信息。及时向公众发布自然灾害信息，这对启动社会责任机制和社会服务体系，减少灾害损失至关重要。根据加拿大《突发事件管理法》，政府必须及时向公众发布自然灾害和突发事件信息，在政府的指挥、协调团队中，设有专人负责向公众发布信息。加拿大不仅通过互联网、报纸、电视、广播等渠道发布自然灾害信息，并广泛开展应对自然灾害的全民教育，使民众及时了解各种自然灾害所带来的危害（徐艳文，2016）。

值得注意的是，加拿大政府官方网站提供了"加拿大灾难数据库"（Canadian Disaster Database，CDD），该数据库包括了自 1900 年以来直接影响加拿大，并符合某些其他条件的各种灾难清单[①]。

### 2.1.3　分级负责

由于灾害大多在地方范围内发生，紧急情况下，一般由自治市一级/省一级/地区一级首先做出紧急反应。若省级或地方政府在紧急事件或灾害应急响应中需要获得超出本地范畴的资源，联邦政府将及时回应省或地区政府所提出的援助请求。基于联邦制，各类政府部门间不存在明显上下级关系，即联邦、省或地区政府之间的工作开展大多基于"协议"或"合作"的模式展开。

加拿大应急事件处置的最主要原则是尽可能地由地方政府处理，各级政府根

---

① 资料来源：https://www.publicsafety.gc.ca/cnt/rsrcs/cndn-dsstr-dtbs/index-en.aspx。

据下级政府请求，逐级响应。即使知晓有紧急事件发生，但若没有接到下级请求时，上级只是观望和准备。只有当地方政府无力解决而请求救援时，上级政府才会调用相应的资源进行援助和协调，但并不接替当地政府的指挥和决策。应急事件基本上是由事发地政府处置，上级政府只起辅导性作用。地方政府和联邦政府间不是从属关系，而是一种合作关系。

### 2.1.4 多伦多市应急管理实践

#### 1. 应急管理概述

多伦多市面临众多自然灾害，如极热和极冷，洪水，以及严重的风、冰和暴雨。由气候变化带来的环境风险将继续加剧，未来几年极大可能出现更频繁的极端天气。除了自然灾害，还存在着其他潜在技术和人为危害，包括停电、核事故、火车出轨、恐怖袭击（包括网络攻击）、火灾、爆炸及人类健康（大流行病/流行病）等紧急情况。由于年龄、社会经济水平、健康状况、语言能力和社会联系程度的差别，某些居民比其他居民更容易受到这些事件的影响。当这些危险发生并且社区现有资源能力不堪重负时，就会发生紧急情况。多伦多市应急管理办公室（Toronto Office of Emergency Management，TOEM）与其他部门、机构和公司协调应对突发事件的准备、响应和恢复。市政工作人员在 2019 年审查《紧急社会服务政策》，以进一步展开更新。首席防灾官在 2019 年向市议会提交防灾战略，该战略将应急管理作为一项重要内容。

市政应急管理计划受《紧急情况管理和公民保护法》的约束，该法要求安大略省市政当局制订应急计划、培训和演习计划、进行公众教育并进行危害识别和风险评估。《多伦多市法规》第 59 章规范着市政应急管理计划，并代表多伦多市应急管理计划委员会（Toronto Emergency Management Program Committee，TEMPC）承担运营责任，该委员会由市长主持，成员包括市政府部门、机构和公司的高级管理人员。

TOEM 维护着多伦多市的应急行动中心（Emergency Operations Center，EOC），可以在发生紧急情况时将其激活。各部门和相关机构训练有素的员工均被部署，以确保对事件的协调响应。在多伦多市，应急等级分为四级，即正常、事件、紧急情况、重大紧急情况，如表 2.1 所示，当没有紧急情况时，它保持就绪状态，一旦发生突发事件，EOC 依据分类情况被激活。

表 2.1　多伦多市应急等级及应急行动中心激活情况

| 级别 | 反应 | 案例 |
|------|------|------|
| 0 级<br>正常 | EOC 保持就绪状态 | — |
| 1 级<br>事件 | 如果受影响的部门或公司等有要求，OEM 协调员将监控事件 | 局部停电 |
| 2 级<br>紧急情况 | 事件需要 OEM 的支持和 EOC 的激活 | 大火灾 |
| 3 级<br>重大紧急情况 | 受影响的部门、应急服务机构与 OEM 协调员联络，激活 EOC | 遍布全市的强风暴<br>（如 2013 年冰暴） |

资料来源：https://www.toronto.ca/city-government/council/2018-council-issue-notes/emergency-management/

多伦多市的紧急计划概述了各部门的角色和职责，并提供了应急响应框架。OEM 根据多伦多市政策负责提供紧急社会服务。此政策允许在没有其他支持来源的情况下为因紧急情况而流离失所的居民提供长达 14 天的服务，如住宿和个人支持。在某些情况下，只要居民符合低收入标准，就可以延长 14 天的期限。对于小规模的紧急情况，如房屋火灾和停电，将在应急现场提供服务。大规模紧急情况可能需要启动紧急接待中心，通常是诸如社区中心之类的城市设施。OEM 会协调多伦多市的特殊事件应急预案计划，以确保大型事件具有适当的紧急预案，并且事先与紧急服务和市政部门协调信息。

1）能力建设

OEM 负责多伦多市企业业务连续性管理计划，以确保各部门制订有效的计划，在发生故障时继续或恢复其业务。

应急管理培训计划可确保市工作人员及市级机构和公司人员有资格被分配到 EOC 中工作，并协助应急响应。定期进行紧急演习，以使员工能够练习和使用 EOC 系统和工具。

2）韧性和社区参与

OEM 与首席韧性官员（chief resilience officer，CRO）密切合作，在韧性城市战略计划（resilience strategy）中融入应急管理相关建议，并将韧性理念应用到 OEM 工作中。

OEM 加强与私营部门及社区和邻里组织的社区参与，以改善公共教育、地方防备，并在紧急情况下更好地满足弱势群体的需求。

2. 多伦多市电力应急管理实践

多伦多市电力系统的应急管理具有显著代表性，以下从多伦多市电力应急响应法律体系及多伦多市电力应急响应程序两方面介绍多伦多市的应急管理实践

（杜凤君，2013）。

1）多伦多市电力应急响应法律体系

多伦多市电力应急响应法律体系主要由三部分构成：《市政法》《危机应对行动管理法案》《应急响应计划》。后者作为响应中的行动指南，为响应工作提供具体的指导框架和步骤，确保各责任部门均能有效参与和利用资源，切实保证城市居民的人身和财产安全。其法律依据是多伦多市《市政法》第59章和《危机应对行动管理法案》。多伦多市电力应急响应系统的建立也是基于多伦多市《市政法》第59章的规定，它要求市政当局必须制定危机应对管理系统来统一管理、协调各个部门的危机应对工作，该条款从综合应对的高度对电力应急响应给予了指导。《危机应对行动管理法案》对应急响应系统的具体内容给出了指导方案：开始需要制订一套操作性强的应急响应行动计划，继而建立参与人员的训练和演习方案，同时加强对公众的公共安全知识普及。在制定应急响应系统的过程中，市政当局必须识别和评估可能对公共安全造成威胁并可能形成危机事态的危险因素，以及在危机事态中有可能被危及的公共服务设施等。应急响应系统的法案是强制性的，市政当局必须执行训练和演习方案，确保响应行动的参与人员能够准备充分，且每年必须审核并根据需要进行修改。

2）多伦多市电力应急响应程序

（1）应急事件信息的通告。一旦发现潜在的电力危机事件，电力危机管理办公室将会按照应急响应预案中所确定的程序，通知责任管理人员和工作部门。根据停电事件的严重程度划定级别，如果达到一定的严重程度，多伦多市危机管理项目委员会的成员将会被召集到危机处理中心，以指挥和协调危机处理工作。

（2）应急响应程序的启动。首先，危机管理办公室根据对事故的监控观察决定启动应急程序后，通知多伦多市危机管理项目委员会成员，迅速召集他们到危机处理中心集合。然后，各责任部门将会接到通知，并由负责人迅速启动相应应急处理程序，并按照法律规定承担本部门在此次应急响应中的职责。另外，各责任部门可以根据情况启动自身的应急响应中心，以在应急响应现场提供有效的指导和协助。其次，多伦多市危机管理项目委员会基于已经收集到的信息对事故情况进行评估，进而决定进行响应所需要调动的资源。另外，多伦多市危机管理项目委员会的有关成员，将向市长报告对于停电事故的评估，这些信息将会被用于决定是否有必要向公众进行此次事故的宣告。根据危机管理法案的规定，当危机事故发生之后且未向公众宣布之前，警察局根据应急响应程序，采取行动保护多伦多市民的生命财产安全。

（3）电力危机事件的宣告。市长及相关部门在认为必要且不与有关法律冲突的情况下，为了有效地保护多伦多市市民的生命健康和财产安全，可以宣布突发事件，并采取适当的行动；在多伦多市解除危机之后，由市长宣布多伦多市突发事件的正式结束。

（4）电力应急响应的行动。多伦多市危机管理项目委员会的控制团队设在危机操作中心，负责确定危机应对的需要和优先次序，协调各种危机反应行动；控制团队在其他有关委员会成员的协助下，负责涉及城市资源调拨和分配政策、管理层面的工作；通信团队根据有关要求，指示媒体和有关工作人员通告危机事件的情况和处理工作；一旦危机处理任务或者生命抢救任务结束，危机处理团队将被解散，工作的重点将从危机应对转移到危机后的复苏工作上。

多伦多市处理电力突发事件主要呈现出了四大特点。一是严格按照法定程序，始终在立法规定的约束范围内展开工作，加拿大政府依法从政，依法管理的观念较强，突发事件均纳入法律体系内进行审视，从制度上保证危机响应的有效经验不断积累。二是对应急响应有明确的界定，在危机事件发生后，先进行调查和评估，对所发生的事件划定等级，再根据不同情况启动应急响应程序。三是各救援部门的职责明确。警队的主要职责是：迅速奔赴事故现场，与其他部门紧密合作，共同参与各种救援行动，同时设立警戒线保护事故现场，收集并发布伤亡信息，防止犯罪活动，采取临时措施恢复正常秩序；消防总队的主要职责是：搜索和救援幸存者，消除和预防潜在的火灾，处理危险品并保护环境，做好警戒线内的安全管理；急救中心的主要职责是：救死扶伤，为应急响应中的伤者提供治疗、安抚和照顾，提供适当的运输及医疗人员、设备及资源等。四是注重各职能部门间的合作，多伦多市应急管理系统中，消防总队、警察局和急救中心共同组成了一个联合应急响应控制中心，现场指挥官通过这一控制中心进行协调和命令，大大提高了应急效率。不论是负责统揽全局的高级官员还是现场指挥官和一线救援人员，均强调各部门的协调，以期收到更好效果。

## 2.2　加拿大应急管理机制

### 2.2.1　四项核心工作

加拿大政府明确了加拿大应急管理的四项核心工作，即预防和缓解、应急准备、应急响应、灾后恢复。此四项核心工作可按顺序进行或同时进行，但彼此并不独立。传统的应急管理一直重点关注准备和响应活动，但目前的风险环境要求将重点转向主动预防、缓解工作和前瞻性恢复措施上来。加大减灾方面的投资有助于预防灾害，或在事件发生时大幅度减少社会、经济、文化遗产和环境损失。前瞻性恢复措施不仅可以使社区从灾害中恢复过来，而且更有利于重建，以减少危害的影响程度。加拿大应急管理的这种演变与国际减少灾害风险的概念相一致，联合国将其定义为"系统地分析和减少灾害的因果关系要素"[①]。

1. 预防和缓解

灾前采取积极主动的措施可以消除或减少灾害的影响和风险，如实行土地使用管理、公众教育和加强防洪堤坝等防护设施。预防和缓解的措施既可独立采取，也可与其他各个方面的因素综合起来进行考虑。

加拿大应急管理部门强调全灾种应急管理方法，全灾种应急管理方法着眼于自然和人为（有意和无意）产生的所有潜在风险和影响，以确保为减轻一种风险做出的决策不会增加面对其他风险的脆弱性。

加拿大灾难风险规避平台（Disaster Risk Reduction，DRR）于 2009 年建立，它具有国家监督和领导力，由 700 多名成员组成，包括从地方到国家的政府、部门和组织。

（1）宣传教育的广泛性。加拿大政府多种渠道全方位地对全体国民进行应急方面的宣传和教育，注重强化民众的应急救灾意识。安大略省金斯顿市的消防与救援中心不仅每月印发一期宣传手册给民众，而且还通过电台、电视台进行每月的应急专题报道。滨顿市运用多种语言印制各种宣传册，他们甚至不放过任何一个宣传的机会和角落，如在小商店门口的广告栏里都有相关内容的宣传。政府还通过家庭、学校及社会公共组织等对幼儿和青少年开展形式多样的逃生演练和救护教育。有的制作专门的电脑游戏，让孩子们在娱乐中接受教育；有的建立专门的教育和体验场所，如在滨顿市火灾和应急服务中心就有模拟儿童家居的火灾教育场所，孩子们通过体验"真实"的火灾隐患现场，不仅能学到关于火灾的知识，而且也能掌握火灾隐患识别和处置的技能（李素艳，2011）。

（2）准确发布气象信息。加拿大经常遭遇雪灾，为此，加拿大电视台气象预报频道每天 24 小时连续播报当地和全国气象信息与主要道路的路面情况，遇到特殊气象情况，该频道还及时发布气象警告。另外，北美气象预报网也实时发布气象预报信息，包括当地气象预报、每小时气象变化预报、14 天气候变化趋势、政府发布的气象警报、雷电警报、气象统计信息、主要高速路的路面信息、机场气象预报、公园和滑雪场等各种旅游景点的气象信息预报，以及流感分布信息和紫外线强度等信息。加拿大媒体还经常向公众介绍防范冰雪天气知识。例如，进入冬天前，要给汽车更换雪胎；跑长途时，及时查看天气预报和路况、合理安排旅程；汽车内要常备水、急救药物、手电筒和打火机等；后备箱要常备防冻液、小

---

① 资料来源：https://www.publicsafety.gc.ca/cnt/mrgnc-mngmnt/index-en.aspx。

桶汽油、雪铲和小包装的盐或沙子；若有暴风雪预报，尽量少开私家车，多坐公交车，并储备 48 小时用的食物、药品和水等。这种多渠道自然灾害预报系统为民众及时了解灾情，发动民众投入减灾、抗灾发挥了重要作用（徐艳文，2016）。

（3）开展减灾领域研究。加拿大有 10 多个关于气候、环境和应急工程方面的国家级研究机构，每年国家投入大量经费支持研究开发（杨少军和陶元兴，2009）。此外，加拿大还成立了以保险业为主要服务对象的独立、非营利防灾减灾研究所。这个研究机构除从政府得到经费外，更多的是通过会员制等方式从社会得到经费支持。研究所的研究领域包括地震、雷电、冰暴、水灾、干旱、飓风、龙卷风、森林火灾、冬季暴风雪等自然灾害，并承担了"政府在减少自然灾害损失服务中的角色""灾害风险管理决策支持系统""在极端自然灾害下如何减少对房屋的破坏"等很多防灾减灾的研究课题（徐艳文，2015）。

**2. 应急准备**

事前做好准备以随时应对各种灾难。通过预先采取的措施控制各种灾难的后果，如编制应急计划、拟定互助协定、制订资源（含人力）和设备清单及设计演练方案等。

（1）应急管理计划。《应急管理计划指南》是联邦机构履行应急管理职责的关键工具。

（2）应急管理培训。自 2012 年加拿大应急管理学院关闭以来，加拿大公共安全部通过与加拿大公共服务学院建立新的学习合作伙伴关系，继续在应急管理培训中发挥领导作用，联邦雇员能够接受应急管理课程学习。为了支持更广泛的应急管理学习，该部门正在与加拿大公共服务学院合作，探索扩大培训机会的方法。

（3）应急管理的演习。国家演习计划包括：应对全灾害（all-hazards）和重大国际事件的国内外演习；通过对联邦政府经验的不断总结，以跟踪现有能力和反应力的改进；通过多种方式展开与演习相关的教育和训练。

**3. 应急响应**

灾难发生之时或之后应立即采取行动，并控制其后果。例如，通过紧急公众通信、搜索和救援、紧急医疗救助和疏散等，以减少灾难带来的损失。

（1）政府行动中心隶属于加拿大公共安全部门，为联邦政府、各省和地区及其他参与方提供响应协调支持。其具体工作包括：①监控和报告；②国家级态势感知；③预警和综合风险评估；④国家级规划；⑤政府整体响应管理；⑥对高级官员的支持。

（2）专业救援队伍。加拿大组建了专门的应急救援人员队伍。救援人员专业划分很细，涉及消防救援、建筑物倒塌救援、水（冰）上救援、狭窄空间救援、高空救援及生化救援等。各类专业救援人员不仅要进行实际救援训练，而且还必须学习相关的理论课程，如安大略省警察必须学习发达国家通用的事故管理系统（incident management system，IMS）课程。

（3）城市搜救（urban search and rescue，USAR）是一组专门的救援技能总称，这些技能已整合到团队中。团队资源包括搜索、医疗和结构评估能力。重型 USAR 则负责更为复杂的搜救工作。

（4）国家搜寻和救援秘书处（National Search and Rescue Secretariat，NSS）负责与联邦、省、地区的合作伙伴关系管理，以及协调加拿大的搜寻和救援（search and rescue，SAR）工作。同时在搜寻和救援社区及其 18 000 名训练有素的 SAR 志愿者中促进互操作性和协调性。

4. 灾后恢复

在灾后，迅速采取重建或恢复措施，使灾害损失尽快降低到可以接受的水平。具体的措施可以是返回疏散人员、进行心理创伤救助、恢复重建、对经济影响进行研究及提供财政援助等。立足于长远的灾后恢复有助于未来的灾害预防和缓解。

发生重大自然灾害后，加拿大政府应对各省和地区资金需求的主要手段是《灾难资金援助安排》（Disaster Financial Assistance Arrangements，DFAA）。同时，联邦、省、地区政府也可以提供其他几种形式的援助，以满足特定需求或援助受灾的特定经济和社会部门。

## 2.2.2　应急管理原则

加拿大应急管理涉及九项重要原则，这些原则是《加拿大应急管理框架》的核心所在，包括责任、全面性、伙伴关系、行动的一致性、基于风险、所有灾害、韧性、清晰的沟通、持续改进[①]。这九项原则反映了加拿大应急管理的本质，并形成了应急管理关键的理念和目标，这些原则必须作为一个整体，以便实现其预期的目的（姚国章和谢润盛，2008）。

1. 责任

应急管理所有参与方在加拿大社会的各个层面均各司其职、各负其责。各方

---

① 资料来源：https://www.publicsafety.gc.ca/cnt/rsrcs/pblctns/2017-mrgnc-mngmnt-frmwrk/index-en.aspx。

的具体职责由法律和政策框架等确定。加拿大应急管理的责任由加拿大 FPT 三级政府及其合作伙伴共同承担,公民个人也有做好应对灾害的责任。省和地区政府有责任在各自管辖权限范围内进行应急管理,联邦政府在国家一级的应急管理中行使领导职责,并负责联邦所管辖领域内的土地和财产的应急管理。

### 2. 全面性

FPT 三级政府都采取全面性的应急管理方法。这一方法是积极主动的,它面向所有的灾害、集成了基于风险的措施、维系了与社会各个方面构成的伙伴关系,还协调和平衡了预防与缓解、应急准备、应急响应和灾后恢复四大功能。

### 3. 伙伴关系

所有加拿大的公民和组织都必须参与到应急管理的活动中来,包括公民个人、社区、自治市、联邦、省和地区政府、土著居民、紧急事件第一响应者、私人部门(包括商业和工业)、志愿者、非政府组织、学术界及国际盟友等。基于有效合作、协调和沟通的良好伙伴关系是 FPT 三级政府应急管理体系的一个关键组成部分。

### 4. 行动的一致性

应急管理需要合作和协调,确保所有合作伙伴最有效地利用资源和实施应急管理活动。在各个层面上互为补充的应急管理体系可以提供协调一致的努力,以便及时有效地对灾害采取预防和缓解、应急准备、应急响应和灾后恢复等措施。行动的一致性建立在明确和恰当的角色、责任、权力分配和各应急管理参与成员能力的基础上。

### 5. 基于风险

这一原则强调预先评估发生各种灾害的可能性,以确定解决脆弱性和风险的最佳平衡与功能集成。风险管理活动就是通过对构成风险的各个维度进行全面分析,以改进决策。这些活动包括对成因、发生概率和后果严重程度等方面的分析研判。把降低风险的措施置于更为重要的地位,是一种能够遏制由于偏重应急准备和应急响应措施而引起灾害发生所带来的社会、经济损失的可持续方法。

强调面向前端的预防和缓解灾害措施可增加对灾害的抵抗。因为即使许多危险不能阻止,也可以阻止其形成灾难。在展开相应的应急管理行动之前,可由专门的机构对一个特定区域或一个特定组织的危险、威胁、风险和与人相关的脆弱性进行系统评估。不完善的风险管理可能会对社会、社区、团体或个人产生极其不利的后果。经过验证的、灵活的、有效的基于风险管理的办法可使应急管理活动、程序和体系有针对性地适合特定的环境，并能接受既保持谨慎又处于相对安全的风险状态。

### 6. 所有灾害

在每一个加拿大司法管辖的区域内，应急管理所采用的是应对所有灾害类型的方法，不管是自然还是人为因素引起的各种事件和灾难均应纳入其中。灾害是造成各种潜在危害和损失的根源。紧急事件和灾难的产生，就是因为灾害与脆弱性相互作用产生的严重后果超出了可以承受的时间极限及可以应对的能力范围。

在加拿大，与应急管理相关联的自然灾害和灾难包括极端自然事件，如洪水、飓风、风暴潮、海啸、雪崩、泥石流、龙卷风、野外森林火灾和地震；与应急管理相关的人为灾难既包括各种反映人类冲突的蓄意事件，如恐怖主义事件或网络攻击，又包括因人为或技术事故、故障引起的电力中断及某个关键基础设施（如金融、供水和电信）的瘫痪。此外，各种生物灾害，如影响动物或人类健康，可能引起大范围流行的危险疾病也是加拿大应急管理部门所必须关注的。每种灾害均应由相关部门进行监测并做出评估，以期能对各种灾害进行排序，让社会降低对特定灾害的潜在的脆弱性。通过集成的方式对所有与灾害相关的风险进行评估，就可使旨在减少人员、财产、环境和经济脆弱性的各种努力变得更加广泛有效。

### 7. 韧性

韧性是指一个系统、社区或社会通过坚定的努力、竭力复原或通过改变以达到或维持一个可接受的功能水平，以适应灾害所造成的无序状态的能力。应急管理的目的是要加强公民、应急响应者、组织、社区、政府、系统和社会总体上阻止灾害演变成为灾难的能力。韧性通过在人力和环境改造两个方面创造或者加强社会能力，以缩小脆弱性或降低灾害演变成灾难的可能性，从而能够更有效地面对、适应和处置各种灾难，并能从各种灾难中恢复和汲取教训。

### 8. 清晰的沟通

FPT 三级政府的目标是尽量公开应急管理过程中所做的各项工作。有关机构之间在紧急事件发生的前、中、后保持清晰通畅的沟通，是做好应急管理工作的关键之一。在紧急事件发生之前，沟通的目的着重在两个方面：一是有关应急管理的公共教育，以提高公众对危险、风险和脆弱性的认知；二是强调预防、缓解和应急准备措施，并提供应急管理各个方面的信息，提醒公众可能的灾难迫在眉睫。这些沟通在短期、中期和长期的复原过程中都具有很强的指导意义。

### 9. 持续改进

基于已发生事件的事实和定性的资料所总结出来的教训和所产生的知识，可用来指导未来的应急管理实践行动，并可进行广泛的分享。紧急事件或灾难发生过后，有一个系统的方式可用来从经验中汲取教训、提高学习的效果，并改进应急管理的实践和流程。从实践中总结经验、汲取教训，反过来再去指导实践，这是一个持续改进的过程，必须形成一种机制，确保加拿大 FPT 三级政府应急管理的能力和水平得到不断的提升。

## 2.2.3　标准化和效率化

加拿大应急管理的标准化和效率化保证了应急管理机制的有效性，涉及机制运行的标准化及联动机制的效率化（李素艳，2011）。

### 1. 机制运行的标准化

为保证应急管理在各部门运行的有效性，整个系统都是在标准化的机制下运行的。这些标准由法律、政府或标准协会提供，涵盖预防减灾、准备、处置和恢复的各个过程。在指挥、运转、计划、后勤、财务的各个方面都有标准化的运行程序。文本材料也有通用的表格、术语代码、文件格式和运行手册等。例如，不列颠哥伦比亚省就规定，应急指挥中心建设、应急物资调度、信息收集与处理、通信联络、指挥人员必备食品、救援人员服装等都要有统一的规定。标准化的机制运行大大提高了应急管理的效率。

### 2. 联动机制的效率化

（1）接报平台的统一性管理。遍及全国各地的 911 电话是政府设立的紧急事件接警中心，警察、火警、匪警、医疗急救服务等报警都由 911 提供。911 接到报警后，距报警位置最近的警车、消防车、救护车从各自的值班位置同时出动去现场，由最先到达现场的人员负责指挥处理，确保报、接、救得准确和快捷。

（2）联动救援的高效性管理。在紧急事件处置中，相关职能部门人员，如市长、主要行政长官、消防队长、警察总长和应急医疗服务组组长等各方代表迅速集中到紧急事件处置中心，进入各自的代表席位，自动生成一个委员会，宣布进入紧急状态，并进行应急决策。他们与公共服务总经理、社区服务协调员、媒体联络员一起成立一个小组，共同合作指挥应对灾难。这些人员在应急救援中指导他们各自的机构积极参与应急；为应急团队提供支持；给市长提供建议；选择某些区域、街道为重点住宅区；将居民转移到避难所；风险存在时有权终止水电服务；有权支配郡、市的专项资金，以用于百姓的衣食住行；制订行动规划方案和决策；为大众提供灾难发展动态；安排相邻郡、市、省的救援；请求非政府组织支持；事故之后提供分析报告等，多部门的联动提高了救援的效率。

### 2.2.4　应急管理网站建设

加拿大应急管理网站建设得系统且完善（表 2.2），网站核心建设内容体现出加拿大应急管理的主要工作和关注重点（如四项核心工作：预防和缓解、应急准备、应急响应、灾后恢复）。

**表 2.2　加拿大应急管理网站主要内容**

| 一级栏目 | 二级栏目 |
| --- | --- |
| A 防灾减灾（Disaster Prevention and Mitigation） | $A_1$ 减灾简介（About Disaster Mitigation） |
| | $A_2$ 加拿大国家减灾战略（Canada's National Disaster Mitigation Strategy） |
| | $A_3$ 加拿大减少灾害风险平台（Canada's Platform for Disaster Risk Reduction） |
| | $A_4$ 国家减灾计划（National Disaster Mitigation Program） |
| B 应急准备（Emergency Preparedness） | $B_1$ 应急管理规划（Emergency Management Planning） |
| | $B_2$ 应急管理培训（Emergency Management Training） |
| | $B_3$ 应急管理练习（Emergency Management Exercises） |
| | $B_4$ 能力改进（Capability Improvement Process） |
| | $B_5$ 灾害的风险评估（All-Hazards Risk Assessment） |
| | $B_6$ 国家公共警报系统（National Public Alerting System） |
| | $B_7$ 化学、生物、辐射、核和炸药恢复能力（Chemical, Biological, Radiological and Nuclear and Explosives Resilience） |
| | $B_8$ 通信互操作（Communications Interoperability） |
| | $B_9$ 对公共安全官员的支持（Support for Public Safety Officers） |
| | $B_{10}$ 应急管理公众意识贡献计划（Emergency Management Public Awareness Contribution Program） |
| C 应急响应（Responding to Emergency Events） | $C_1$ 政府行动中心（Government Operations Centre） |
| | $C_2$ 城市搜救计划（Urban Search and Rescue Programs） |
| | $C_3$ 国家搜救秘书处（National Search and Rescue Secretariat） |
| D 灾后恢复（Recovery from Disasters） | $D_1$ 灾难援助项目（Disaster Assistance Programs） |
| | $D_2$ 灾害财政援助安排（Disaster Financial Assistance Arrangements） |
| E 加拿大的自然灾害（Natural Hazards of Canada） | — |

续表

| 一级栏目 | 二级栏目 |
|---|---|
| F　应急管理模范服务奖<br>（Emergency Management<br>Exemplary Service Award） | — |
| G　本土社区的应急管理<br>（Emergency Management in<br>Indigenous Communities） | — |

资料来源：https://www.publicsafety.gc.ca/cnt/mrgnc-mngmnt/index-en.aspx[2022-06-10]

完善的网站建设对我国应急管理具有一定借鉴意义。一方面，应急管理网站能够明确展示本国应急管理机制及相关部门和责任人的职责和关联，促进应急管理工作的顺利开展；另一方面，加拿大应急管理体系强调全民动员抗灾。完善的应急管理网站可促进民众对本国应急管理体系和机制的了解，且网站内容包括了抗灾志愿者招募、专业培训、日常管理条例等，为提高公民的抗灾防灾意识和技巧、建立一支救灾抗灾的常备军奠定了基础。

### 2.2.5　灾难援助响应队

灾难援助响应队（Disaster Assistance Response Team，DART）是一个由来自加拿大全球事务部的军人和平民组成的多学科组织，可快速在世界各地部署，援助范围包括自然灾害和重大人道主义危机（付辉，2017）。DART 由加拿大政府于 1996 年成立，总部位于安大略省的金斯顿，其年度预算为 500 000 加元，在特定的灾难事件中，国会可临时拨款数百万加元为 DART 的灾难援助行动提供资金支持。

DART 的主要职责包括：与国家、地方政府和非政府机构合作，以稳定灾情；防止灾难引发的次生灾难；为国家和国际人道主义援助组织在受灾地区的部署和长期恢复计划的准备争取时间。DART 提供的援助工作主要包括四个方面：提供初级医疗救护、生产安全饮用水、修复基础设施和建立应急通信站。

在受灾国或联合国发出请求后，加拿大政府决定是否派遣 DART 的过程中，加拿大政府通常首先派遣三人战略支持小组（strategic support team，SST）前往受灾国。SST 成员分别来自外交与国际贸易部、加拿大国际开发署和国防部。对于所有的 DART 任务，外交与国际贸易部是牵头部门并代表加拿大政府。SST 评估受灾国情况并向加拿大政府提交建议，再由政府决定是否派遣 DART 至受灾国提供灾难援助响应。如果政府同意提供援助，DART 可向受灾地区部署并提供长达 60 天的援助，并与地方当局和其他国际组织机构协同合作，直至当地政府和国际组织有能力承担起灾后恢复和重建职责。

# 2.3　加拿大应急管理法制

从联邦到省、市，均有各自的应急管理法律法规，包括从预案制定到预案修正；从培训到救援；从机构设置到机制建设；从政府职责到应急服务。应急管理体系的各个环节、各个层面工作都做了明确的法律规定，内容涉及面广，具体详细。

## 2.3.1　横向方面

从 1988 年到 2007 年的 20 年间，加拿大政府先后出台了《突发事件准备法》《突发事件管理法》《加拿大环境保护法》《环境突发事件条例》《环境应急事件条例》《国家防灾减灾战略》《公共安全和应急准备法（2005）》等重要法律，这些法律从不同角度就应对自然灾害和突发事件的规范管理做出明确规定，使防灾、减灾、救灾工作有法可依（徐艳文，2016；沈龙，2009；杨少军和陶元兴，2009）。

为配合联邦政府统一行动，加拿大各省政府也都制定了相应配套法规，如安大略省 2004 年制定了《安省突发事件管理法》，2006 年修改颁布了《突发事件管理和公民保护法》；曼尼托巴省 1987 年出台了《紧急措施法》。

2007 年 8 月，加拿大政府通过了《应急管理法令》。该法令突出四个特点：反映现代应急管理的重要因素，如减灾、预防、准备，应对和恢复，以及重要基础设施保护；强调政府应急管理活动协调和整合方法的必要性；加强与其他司法管辖部门、私营及志愿领域的合作，推动信息共享机制；保护私营领域向政府提供的重要基础设施信息。

2008 年 1 月，加拿大公共安全和应急部发表《国家减灾战略》，目标是将减少灾难风险作为一种生活方式，保护生命和建设可持续社区。指导原则为保护生命、保卫社区、公平、可持续、灵活和分享。

加拿大市级政府在应对自然灾害方面也有明确规定，如多伦多市政府规定，在市政府铲雪服务不能覆盖的市中心地区的住户和商户，对及时铲除房屋附近的冰雪承担相应的法律责任等。

## 2.3.2　纵向方面

《应急管理法》明确了加拿大应急管理系统中相关责任人的职责。强调了公共安全和应急管理部长的领导作用和职责，包括协调政府机构之间的应急管理活动及与各省份和其他单位的合作。而其他联邦部长的职责亦在该法案中得到明确。

《加拿大应急管理框架》成为指导加拿大全国应急管理的行动纲领。目前，这一框架在加拿大应急管理的实践中发挥着十分重要的作用。该框架所概述的基本概念和原则均是从加拿大应急管理活动实际所采取的措施中总结出来的，它支持法律和政策框架、程序、标准及其他措施，以促进和激励所有加拿大的应急管理合作伙伴能更好地协作，使加拿大变得更为安全。这个框架将根据环境的动态变化做出修订，FPT 三级政府每隔五年将共同检查框架，以确保其在加拿大的管辖区域内，能伴随着应急管理的演化，继续保持其应有的准确性和相关性。

2019 年，联邦、省、地区部长会议上批准并发布了《加拿大应急管理战略规划：迈向韧性的 2030 年》(Emergency Management Strategy for Canada: Toward a Resilient 2030)，该规划绘制了未来一段时间内，加拿大各类政府加强协调合作和引导应急管理合作伙伴参与应急工作的行动路线图[①]。该规划核心目标为进一步推进最新《加拿大应急管理框架》和《2015—2030 年仙台减灾框架》的落实，明确联邦、省、地区政府及社会各组织机构在应急管理工作中的分工和职责，以及到 2030 年实现加拿大全社会整体灾害应对，在防灾减灾、应急准备、应急响应和应急恢复等方面的韧性提升。该规划包含五项重要内容，即以全社会应急管理合作提升灾害抵御韧性、提高各组织机构灾害风险认知理解、促进全社会防灾减灾工作发展、提升灾害响应协调和相关创新能力、强化灾后重建降低灾害长期影响（吴大明，2019）。

### 1. 以全社会应急管理合作提升灾害抵御韧性

各类政府和社会各组织机构都是应急管理工作的重要参与者，均应主动充分承担各自在应急管理工作方面的职责。因此，在全面识别各参与者角色和职责的基础上，进一步梳理其在应急管理工作中相互合作的关系，在以政府为主导的前提下，积极将各组织机构的发声建议纳入应急管理决策中，具体如下。

（1）加强各类政府与其合作伙伴的合作关系，进一步明确各方在应急管理工作中的职责定位。

（2）各类政府应指明各方参与应急管理工作的路径，并赋予其一定的职责权限。

（3）各类政府支持其合作伙伴利用现有的合作网络、框架和体系等，来加强彼此应急管理的合作。

---

① 资料来源：https://www.publicsafety.gc.ca/cnt/rsrcs/pblctns/mrgncy-mngmnt-strtgy/index-en.aspx。

（4）各类政府应鼓励应急管理合作伙伴将灾害抵御韧性和气候变化等影响因素纳入政策完善内容。

以上工作的实施和开展，将达成两个结果：①各类政府与偏远公众社区建立应急管理需求交流机制；②各类政府应充分考虑环境影响复杂性和持续性、防灾韧性和合作伙伴影响等因素，进而完善相关工作。

### 2. 提高各组织机构灾害风险认知理解

信息共享对于保障公众安全、提高社区灾害抵御韧性和开展科学风险评估具有十分重要的意义。建立公开和包容的对话机制，使各方准确获知各类风险信息，提高情报获取及时性及决策准确性。联邦政府应加强与偏远社区合作，加大对相关信息（如文化差异、风险暴露、灾害风险、社区脆弱性等）的收集力度，全面掌握各地区基本情况和潜在风险。此外，各省和地区政府应完善本地区的灾害风险和地区脆弱性档案，公开灾害风险信息，使各合作伙伴和广大公众及时了解掌握风险灾害，进而制定相应的灾害防范措施对策，具体如下。

（1）各类政府应就灾害风险和最佳实践做法交换信息，在基于证据决策的基础上，对各类风险按等级排序。

（2）各类政府应制定灾害风险意识战略，培育社区灾害风险感知能力，提前做好准备来减小灾害影响。

（3）各类政府加强与其合作伙伴的合作关系，强化公众灾害风险意识。

（4）政府应赋予偏远社区更多的应急管理权限，并将地域传统文化、不同意识形态和教育计划等纳入应急管理工作范畴。

以上工作的开展，将达成两个结果：①各类政府将结合实际来完善公众灾害风险感知方法，提高公众灾害风险意识，扩大应急管理合作伙伴范畴；②各类政府在尊重隐私和安全的基础上，鼓励支持公众获取更多社区灾害风险信息。

### 3. 促进全社会防灾减灾工作发展

以往经验和研究表明，应急管理最有效的方式是防灾减灾工作的积极开展，包括工程减灾措施（如建造泄洪道）和非工程减灾措施（如保险激励）。同时，防灾减灾工作的开展也有助于灾害抵御韧性和灾害预测水平的提升，具体如下。

（1）各类政府应鼓励非工程减灾措施的实施，并加强工程减灾项目的投资力度。

（2）各类政府应加强对其合作伙伴的防灾减灾工作普及，营造并维系应急管理适应灾害风险持续演变的工作格局。

（3）各类政府应加强与私营部门的合作，创建惠及全社会的私营洪水灾害保险模式，并明确激励措施。

（4）各类政府根据其职责，授予辖区社区制定基于实证的减灾措施和规划的权力，并通过项目开展降低灾害风险。

以上工作的开展，将达成两个结果：①通过社会各界共同努力和相关最佳实践信息的分享，促进工程和非工程减灾措施的工作开展，并确保其合理性和互补性；②各类政府之间相互协助，制定防灾减灾综合财政投入的方法和措施。

### 4. 提升灾害响应协调和相关创新能力

各类政府的应急准备工作对于保障公众安全至关重要，这也是灾害响应和恢复行动开展的重要基石。首先，应将工作重点放在加强应急管理合作伙伴的培育，以及通过教育使更多的公众参与进来；其次，将工作的重点放在预案演练完善上，各类政府组织开展的应急演练有助于全灾种应急预案验证，并促进合作伙伴关系的加强；最后，公众沟通也有助于应急准备工作的开展，且更能提高个人应急韧性水平。在此基础上，形成应急管理多方合力，这体现在应急防灾减灾和应急准备工作的参与支持、应急演练实践表现和灾后恢复的效果。具体如下。

（1）各类政府应鼓励其合作伙伴提升应急准备和应急响应的能力。

（2）各类政府应与其合作伙伴建立可完全交互操作的应急管理系统。

（3）各类政府应与其合作伙伴共同参与应急演练，通过创新和科技发展来促进各类政府应急能力提升。

以上工作的实施和开展，将达成三个结果：①各类政府与其应急管理合作伙伴共同开发可交互操作的公共安全通信系统；②各类政府与合作伙伴开展应急演练，验证应急预案的有效性；③各类政府应鼓励制定公共警报和公共安全通信的通用准则。

### 5. 强化灾后重建降低灾害长期影响

"重建更美好"是一个具有前瞻性和有计划的灾后恢复方式，在灾后恢复重建的同时，能够解决潜在的社会经济问题，并提高灾后社区整体韧性。"重建更美好"也是《2015—2030年仙台减灾框架》的一项关键原则，它将灾后恢复视为社区重建的重要契机，在吸取教训和创新工作的基础上，对新建基础设施项目进行投资，从而实现更高质量的恢复重建。通过合作伙伴的支持，受灾社区能够在短期内更快地恢复，并逐步形成更高的灾害抵御韧性，降低了社区应对未来灾害的脆弱性。"重建更美好"不局限于基础设施建设，也包括与应急管理和防灾减灾相关的法律、政策、规划（计划）、程序和项目等的完善和创新，具体如下。

（1）各类政府应与其合作伙伴及社会其他部门合作，辨识社区灾前和灾后脆弱性，进而优化灾后援助的方式。

（2）各类政府鼓励其合作伙伴之间在灾后恢复和防灾减轻工作中建立紧密联系，健全和创新"重建更美好"及相关工作机制。

（3）各类政府通过灾后评估和合作伙伴经验交流来总结实践经验和教训，并将其纳入综合应急管理预案的完善。

通过以上工作的实施开展，达成三个结果：①各类政府将努力为公众提供可持续的、及时的和可获取的灾后财政援助；②各类政府分享灾害应对经验教训，组织其合作伙伴开展应急演练，并探索最佳实践方法经验的平台；③基于其职责定位，各类政府探索财政之外的灾后援助方式。

基于《加拿大应急管理战略规划：迈向韧性的 2030 年》主要内容，可明确该规划的五个重要特点。

（1）注重全社会各方力量的参与协作。

（2）注重对应急管理全过程各阶段的韧性建设与完善。

（3）注重对应急管理协调的完善和创新。

（4）注重对应急管理全社会的灾害风险普及和宣教。

（5）注重对应急管理灾后恢复重建工作的长远布局和谋划。

与此同时，为了进一步落实该规划，各类政府负责应急管理的责任人将制订《各类政府应急管理行动计划》，明确其职责定位及如何推进相关优先工作。同时，各类政府的应急管理负责人将每年组织开展一次战略规划实施评估工作，检查各项工作推进落实情况，分享经验教训，并对相关工作进行整改完善。另外，《加拿大应急管理战略规划：迈向韧性的 2030 年》将每五年更新一次，以确保其适用性和实用性。

## 2.4　加拿大应急管理案例

### 2.4.1　案例简介

2003 年 8 月 3 日，加拿大不列颠哥伦比亚省发生了严重的森林火灾。发生在城市与野外交界处的火灾，刷新了当时加拿大森林火灾的最高纪录。在不列颠哥伦比亚全省范围内，雷击和人类活动曾造成超过 2500 次山林大火。有些大火甚至持续几天和几周燃烧，并大规模地增长和引发新的山火，给救援工作带来了巨大的挑战。

### 2.4.2　应急处理

#### 1. 预防方面

早在火灾前，该省已建立了一套可行的应急准备预案。根据事故指挥系统模型，已启动了大不列颠哥伦比亚省应急管理系统，该系统联通联邦最高一级政府，受联邦政府指挥，但又有相应的责任权限，这使得政府有效地提高了火灾事故的应急能力。在火灾事故开始之际，政府便有所行动，着重组织指挥，并克服与媒体打交道的困难，将信息及时发布给市民，使居民收到准确及时的灾害最新信息。政府负责开展公众教育计划，广泛宣传教育。教育的对象普及到儿童及成人。市和地区政府定期向处于山林与居住区交界地带的居民散发宣传材料。而当地的安全机构则负责向每个市民派发及更新宣传教育材料。教育活动使居民认识到边界山火的风险和他们的责任，做好预防和应对的准备。

#### 2. 响应方面

此次火灾之前，在大不列颠哥伦比亚省从没有如此大规模地撤离。当地的非政府组织，包括加拿大救世军组织、圣约翰救伤队等，迅速出动，积极为救灾行动及安置受灾人员提供援手。志愿者自发帮助居民和企业撤离，同时市民自身积极配合政府的疏散命令也使火灾没有造成严重的伤害或生命损失。事件中还出动了大量的消防志愿者，这些志愿消防队员是由政府号召的，平时会定期、不定期地联合社会各界进行综合模拟训练，进行培训的费用由市和区政府承担。该省的应急法案中明确规定，必须平等对待志愿者，将志愿者视为有价值的团队成员，在发生紧急事件时充分发挥效用。另外，为紧急应对大范围的森林火灾，对应急和消防的相关设施采取限制征税制度，减轻生产相关设施和材料的企业压力，保障应急资源充足充分。另外，为了保证紧急情况下的通信，全省建立了一个与媒体通信的特别部门，包括其他相关的主要利益相关者都应该参与进去。这个小组的成员定期接受政府的危机沟通训练。

#### 3. 恢复方面

这次火灾事件所造成的破坏规模巨大、后果严重，针对公众所关注的问题，大不列颠哥伦比亚省政府在 2004 年再次对这次火灾展开审查。该审查由省政府成立，目的是对灾害紧急响应进行总体评价，并为未来火灾季节提供建议。在公众咨询阶段，审查小组收到众多响应，包括超过 400 份报告、意见书和信件。审查涉及公众和利益相关者反应的一系列问题：森林管理、应急准备和规划、消防、紧急中心、撤离、安置工作和灾后恢复。审查的重点是对灾害应急的各项要素进行评估，包括多项内容：评估各级政府在事件中的作用和责任，规划能力和执行水平；评估通信设备结构和公共信息沟通与交流，以确定信息发布的及时性和交流的效果；评估志愿者在火灾响应中的作用，这项评估涉及志愿者的支持和能力问题。加拿大政府通过对这些项目进行评估和分析，同时听取来自社会各界的广泛意见，汲取经验并加强应急管理。在评估完成后，将评估报告向公众公开。审查与公众咨询在加拿大全国多地进行，广泛收集资料和意见。灾后，民众普遍反映，政府对灾后恢复的工作较为积极，对火灾所造成的损害及时进行修补。联邦政府也履行其责任，对各省和公民提供自然灾害时的财政援助，适当精简机构，简化注册手续和程序，使灾民能更快地获得生活必需品。另外，在灾后恢复中，政府有针对性地制定利率制度，加强房屋和社区建造来鼓励和奖励保险企业。此外，大不列颠哥伦比亚省的每一个紧急情况管理计划都包括应急委员会代表组成的地方政府、志愿者和供资机构、省应急计划、当地宗教界人士和受影响的居民。对于每次的自然灾害，指定的领导机构专门设立一个特别的省级保护机构，负责募捐活动和分配所得款项。这些措施有效地支持了灾后恢复的工作。

## 2.5 加拿大应急管理启示及国际合作交流方向

### 2.5.1 应急管理启示

目前我国应急管理体系正处于快速发展阶段。然而，应急管理是项长期且艰巨的工作，我国依然需要进一步完善应急管理法律法规。《应急管理法》《加拿大应急管理框架》《加拿大应急管理战略规划：迈向韧性的 2030 年》等是加拿大重要的纲领性文件，可为我国完善应急管理法律法规提供参考和借鉴。其中，《加拿大应急管理战略规划：迈向韧性的 2030 年》是立足加拿大应急管理工作经验现状基础上，对未来应急管理工作发展趋势和重点方向提出的规划框架。我国可参考和借鉴该战略规划中的五大核心内容，进一步完善我国的应急管理建设。

（1）明晰我国全社会各方力量参与应急管理责任，从四项核心工作（预防和缓解、应急准备、应急响应、灾后恢复）切入，明确各方力量的责任和义务，并调动全社会成员参与应急管理工作的积极性。

（2）强调我国应急管理所有相关部门间的协调发展合力，加大协调工作力度，梳理并明确各方力量职责，制定高效协调办法和规章制度，形成完善的应急管理协调机制和法制。

（3）强化应急管理韧性建设，加强教育和培训以普及应急管理韧性理念，提高个人和社区的紧急事件应对能力，实现强有力的灾害"第一响应者"应急管理能力。

（4）注重应急管理闭合圈建设，从多维度多角度强调应急管理的各阶段/流程的重要性，加强各阶段/流程能力，并完善之间协调效果，实现高水平闭合圈建设，提升应急管理整体实力。

（5）应急管理防灾减灾软件和硬件建设两手抓，不仅应急管理工程建设需全面开展，与之相关的金融保险制度和模式也应大力完善，探索软硬件协同发展的创新制度为我国应急管理提供强有力支撑。

### 2.5.2　国际合作交流方向

加强国际合作交流是完善和发展我国应急管理体系的重要路径。加拿大应急和灾害管理相关院校及相应教育项目名称如表 2.3 所示，这些机构均可作为我国未来应急管理国际合作交流的目标机构。例如，通过加强高等院校间关于应急管理的研究合作和交流，探究国际前沿的应急管理模式和手段；而与国际相关机构建立应急管理培训项目，可进一步提升我国应急管理专业人员的国际化能力水平。

表 2.3　加拿大应急和灾害管理相关院校及相应教育项目

| 院校名 | 具体项目名 |
| --- | --- |
| 布兰登大学（Brandon University） | 应用灾害和应急研究的理学士/文学士（bachelor of science or bachelor of arts in applied disaster and emergency studies） |
| 卡普顿大学（Cape Breton University） | 应急管理技术学士（bachelor of technology in emergency management） |
| 百年理工学院（Centennial College） | 应急管理证书项目（emergency management certificate program） |
| 乔治布朗学院（George Brown College） | 应急管理证书（emergency management certificates） |
| 不列颠哥伦比亚司法学院（Justice Institute of British Columbia） | 应急和安全管理研究学士（线上）（bachelor of emergency and security management studies-online） |
| | 应急管理证书项目（emergency management certificate program） |
| | 应急管理演习设计证书项目（emergency management exercise design certificate program） |
| | 应急和安全管理线上学习学历（online diploma in emergency and security management） |
| 北阿尔伯塔理工学院（Northern Alberta Institute of Technology） | 灾害和应急管理文凭（disaster and emergency management diploma） |
| 皇家汉梁大学（Royal Roads University） | 灾害和应急管理研究生文凭（graduate diploma in disaster and emergency management） |
| | 灾害和应急管理文学硕士（master of arts in disaster and emergency management） |

续表

| 院校名 | 具体项目名 |
|---|---|
| 瑞尔森大学（Ryerson University） | 城市灾害和应急中的生存项目（survival in urban disasters and emergencies） |
| | 应急和灾害管理（线上）（emergency and disaster management-online） |
| 约克大学（York University） | 应急管理专业证书（professional certificate emergency management） |
| | 灾害和应急管理文学硕士（master of arts in disaster and emergency management） |
| | 灾害和应急管理的研究生项目（graduate program in disaster and emergency management） |
| | 应急管理证书（EM certificate） |
| 不列颠哥伦比亚理工学院（British Columbia Institute of Technology） | — |

　　其中，约克大学文理学院（Faculty of Liberal Arts & Professional Studies at the York University）下属的行政研究学院（School of Administrative Studies）设置了"灾害和应急管理"的学士和硕士学位授予点。与此同时，约克大学作为加拿大在灾难与应急管理领域极具代表性的高等院校，组建了一支具有实力和活力的研究团队，核心成员如表 2.4 所示。我国应急管理相关部门也可与此类研究专家建立合作关系，从学术领域和应用领域共商中国应急管理革新思路和模式；加大中国应急管理相关院所建设及专业团队培育，也是我国应急管理未来的发展方向。

表 2.4　约克大学"灾害和应急管理"团队

| 姓名 | 单位 |
|---|---|
| Harris Ali | 环境研究学院（Faculty of Environmental Studies） |
| Peter Timmerman | |
| Paul Wilkinson | |
| Ali Asgary | 行政研究，文理学院（Administrative Studies, Faculty of Liberal Arts and Professional Studies） |
| Abdullah Dasci | |
| David Etkin | |
| Kaz Higuchi | |
| Rongbing Huang | |
| James Kilgour | |
| Lilia Malkin-Dubins | |
| Aaida A. Mamuji | |
| Ken McBey | |
| Niru Nirupama | |

续表

| 姓名 | 单位 |
|---|---|
| Ron Ophir | 行政研究，文理学院（Administrative Studies, Faculty of Liberal Arts and Professional Studies） |
| Hassan Qudrat-Ullah | |
| Jack Rozdilsky | |
| Cristóbal Sánchez-Rodriguez | |
| Kelly Thomson | |
| Walter Perchal | 社会科学，文理学院 （Social Sciences, Faculty of Liberal Arts and Professional Studies） |
| David Mutimer | 国际与安全研究，文理学院 （International and Security Studies, Faculty of Liberal Arts and Professional Studies） |
| Lillie Lum | 护理，卫生学院 （Nursing, Faculty of Health） |
| Mary Ann　Jenkins | 地球与空间科学，理学院 （Earth and Space Science, Faculty of Science） |
| Qiuming Cheng | 地理，文理学院 （Geography, Faculty of Liberal Arts and Professional Studies） |
| Costas Armenakis | 加拿大自然资源 （Natural Resources Canada, Ottawa） |
| David Baumken | 北约重要资源计划和传播委员会 （NATO's Vital Resources Planning and Communications Committee） |
| Anthony Masys | 国防部 （Department of National Defence） |
| Ioan Nistor | 渥太华大学 （University of Ottawa） |
| Peter Penz （退休） | 环境学院 （Faculty of Environmental Studies） |
| Kumaraswamy Ponnambalam | 滑铁卢大学 （University of Waterloo） |

资料来源：https://dem.gradstudies.yorku.ca/faculty/

# 第3章 俄罗斯应急管理体系与实践及启示

## 3.1 俄罗斯应急管理体制

### 3.1.1 总体情况

俄罗斯政府面对复杂的国内外形势，按照协同有序、统一有效的规则，1994年1月10日，当时的叶利钦总统发布总统令，成立俄联邦民防、紧急情况与消除自然灾害后果部，简称紧急情况部，以对俄罗斯进行全灾种应急管理。该部通过总理办公室可以请求获得国防部或内务部队的支持，拥有国际协调权及在必要时调用本地资源的权限。紧急情况部被认为是俄罗斯政府五大强力部门之一（国务院办公厅赴俄、日应急管理考察团，2007）。俄罗斯在应对各类突发事件的过程中，逐步建立了以总统为核心主体、以负责国家安全战略的联邦安全会议为决策中枢，以紧急情况部等相应部门为主力的预防和消除紧急情况统一国家体系（Unified National System for Prevention and Elimination of Emergencies，USEPE），简称统一国家体系。

紧急情况部设一名部长和九名副部长，下辖部长办公室、内部安全总局、信息政策部、人事政策部和控制审计部等部门；通过干部政策司、信息政策司、民防和公民保护司、监督和预防司、行动管理司、后勤和技术保障司、教育和科学技术司等12个司发挥制定系统内干部政策、推动系统内技术改进、管理民防工作、预防灾害事故、消除紧急情况、管理救援力量和民防部队、编制预算、后勤保障、起草法律法规等职能；通过监督监察局、水上设施人员安全局、航空和航空救援技术局等7个局，监督和检查紧急情况下系统资金使用情况，保障救援行动安全有效，组织水上搜救并对内河近海航行作业的小型船只进行监管。以中心城市为依托，紧急情况部在全国范围内设立了9个大区，负责89个州的灾害救援（罗楠等，2017）。俄罗斯紧急情况部承担的职能范围很广，如制定和落实相关政策、提供民防和紧急搜救服务、提供救灾支持、开展消除灾害后果活动、监督相关资金使用、向国外提供人道主义援助等。该部建有异常强大的应急专门力量。2002 年原属内务部的 20 余万消防队伍转属该部，使其人数陡增一倍。如今辖有 40 万常态化应急救援力量，作为独立警种按部队建制统一管理，并拥有国家消防队、民防部队、搜救队、水下设施事故救援队、小型船只事故救援队、心理医疗救助队等多支专业力量。其中仅航空救助队就拥有固定翼和旋转翼机 70 余架，还可得到内务部、国防部及其所属武装力量的协助。上述力量接受紧急状态民防学院、国家消防学院等 8 所院校的专业培训。据外电报道，该部在俄境内可实现 3 小时集结，在全球可实现 24 小时开赴（刘庆，2018）。

俄罗斯的应急组织由俄罗斯紧急状态预防和响应的统一国家体系构成，同时建立了"大总统""大安全""联合行动""联合应急""以人为本"的应急管理体制。

总统在预防和消除紧急情况统一国家体系中不仅作为国家元首执行立法机构的决策，而且是整个体系的核心主体，直接决策重大灾难救援行动。根据有关法律，总统在涉及国家安全事务领域有权制定国家安全政策方针、批准国家安全战略、组建并领导联邦安全会议、规定总统直属政府部门的相关职责、批准国家或地区进入紧急状态、批准消除各类紧急情况的措施。

联邦安全会议统一部署预防和消除紧急情况行动。该机构是俄罗斯国家安全决策的最高机构，也是总统行使权力的工具，总统是安全会议主席。安全会议核心人员包括常务委员和委员。常务委员包括联邦安全局局长、总统办公厅主任、国家杜马主席（即下议院主席）、总统环保和运输事务特别代表、内务部部长、外交部部长、联邦委员会主席、安全会议副主席、政府总理、对外情报局局长、安全会议秘书和国防部长 12 人；委员包括圣彼得堡市长、海关总署署长、武装力量总参谋长、总统派驻联邦大区代表、紧急情况部部长、国民近卫军总司令、总检察长、安全会议副秘书、财政部部长、莫斯科市长、政府副总理、司法部长共 12 人。

### 3.1.2　分类管理

统一国家体系包括横向和纵向两个维度，以紧急情况部为组织核心、多层级多单位协同进行灾害防治和应急管理（黎昕和王晓雯，2010）。横向设立预防、救灾和消防安全政府委员会。日常情况下，紧急情况部部长任主席，每月召开一次会议，保障统一国家体系正常运行。成员包括国防、内务、工贸、交通、卫生等

36 个职能部门相关负责人，各部门均有应急救援力量；纵向建立联邦、联邦主体（州、共和国、边疆区等）、各市区政府、经济主体（企事业单位）四级管理体制（原为五级管理体制，2018 年取消联邦区级紧急情况管理机构和危机管理中心，由联邦区首府紧急情况总局代行日常管理职能），每个层级均设有相应的跨部门协调机构、常设管理机构和日常值守机构，拥有快速应对紧急情况的常备力量、装备和资源，保障统一国家体系高效运转。在统一国家体系下，国家为消除紧急情况提供财政物资保障。

跨部门协调机构：统一国家体系成立各级跨部门协调委员会，负责调集和指挥协调各部门系统内力量和资源以消除紧急情况。平时为虚设，定期召开联席会议，重在防范；发生紧急情况时，立即转为实体，会商决策，调配资源，重在救援。

常设管理机构：联邦层面设立紧急情况部，联邦主体设立紧急情况总局，市区政府设立紧急情况保护处，经济主体设立保卫处，负责紧急情况常态管理和组织协调，拥有应对紧急情况的常备力量和资源。

日常值守机构：联邦层面设立国家危机情况管理中心，联邦主体设立地区危机情况管理中心，市区设立值班调度处（112 应急值守中心），经济主体设立值班调度科（值班员），24 小时值守，负责信息交互、预防与消除紧急情况、辅助决策等，俄罗斯统一国家体系结构如图 3.1 所示。

### 3.1.3　分级负责

在俄罗斯应急管理领域，突发事件有"紧急事件"的称谓。根据俄罗斯联邦法案，"紧急事件"被定义为在一个特定的区域发生的情况，如意外事故、自然灾害可能造成或有造成人员伤亡，损害人类健康或环境，有显著财物损失和侵犯人民生活的事件。

为了建立了统一的方法来评估自然和人为事故灾害的等级，确定突发事件的区域边界并适当应对，《俄罗斯联邦关于保护地区及其居民免自然及人为突发事件侵害的联邦法》明确了突发事件的分类（安娜，2013）。

突发事件可以按照三个基本原则来划分：流行规模、发展速度和性质起源（安娜，2013）。

根据流行规模，所有的突发事件可分为：当地性、市政实体、市政实体间性、区域性、跨区性及联邦性，如表 3.1 所示。

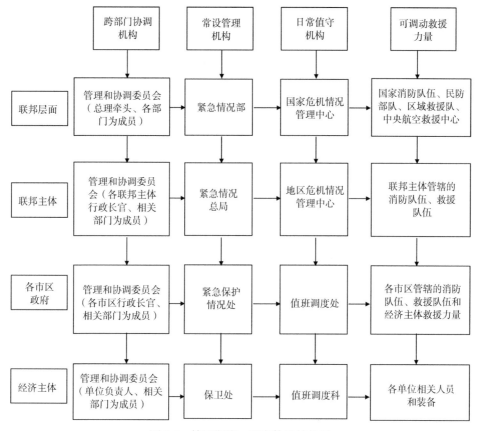

图 3.1　俄罗斯统一国家体系结构图

表 3.1　俄罗斯按流行规模划分的突发事件分类

| 分级 | 伤亡人数（死亡及受伤）/人 | 直接经济损失 | 紧急区 |
|---|---|---|---|
| 当地性 | ≤10 | ≤10 万卢布 | 突发事件的现场境内 |
| 市政实体 | ≤50 | ≤500 万卢布 | 1 个住区或城市领域内 |
| 市政实体间性 | ≤50 | ≤500 万卢布 | ≥2 个住区或城市 |
| 区域性 | 50~500 | 500 万~5 亿卢布 | 1 个联邦主体 |
| 跨区性 | 50~500 | 500 万~5 亿卢布 | ≥2 个联邦主体 |
| 联邦性 | ≥500 | ≥5 亿卢布 | |

　　速度是突发事件流行强度的一个重要组成部分，也是破坏因素影响的突发性程度指数。每种突发事件都有自己独特的危险扩散速度。根据发展速度，突发事件可以分为以下几种。

　　（1）突然（爆炸、交通事故、地震等）。

（2）快速（火灾、气体排放剧毒物质、流体事故、泥石流等）。

（3）中度（放射性释放、公用设备系统事故、洪水等）。

（4）慢性（污水处理厂的事故、干旱、流行病等）。

根据性质起源（导致突发事件的紧急情况类型和种类），突发事件可以分为：人为突发事件（包括放射性物质喷射，生物有害物质喷射，突然倒塌的建筑物、构筑物，电力系统事故，公用工程系统事故等）、自然突发事件（包括地质灾害、气象灾害、水文灾害）及生态突发事件。

俄罗斯应急管理预案体系的编制和执行有四个级别：联邦、联邦主体、地方和站点级别。

联邦一级覆盖整个俄罗斯联邦境内；联邦主体一级涵盖俄罗斯联邦境内的几个区域主体；地方一级涵盖俄罗斯联邦境内的一个区域（市、定居点）；站点一级涵盖俄罗斯联邦境内的生产或社会活动中某个具体场所。

统一国家体系领土子系统的建立是为了在联邦主体的领土内预防和消除突发事件。该子系统按照这些领土（区、市等）各自的行政区形成单位，以联邦主体的紧急委员会作为协调机构。所有子系统都包括：协调机构，民防与突发事件管理机构，日常管理机构，资源、财政和物质资源的储备，通信、预警和信息支持系统。联邦子系统由联邦当局所有管辖的部门和机构成立，承担俄罗斯紧急情况部的交予工作，以俄罗斯政府的跨部门突发事件预防和响应的委员会作为协调机构。

统一国家体系的每个层级，都按照日常（平常）准备阶段、预警（预备）阶段、应急（异常）阶段的模式开展日常应急工作（姚国章，2006）。

日常准备阶段：包括制定生活社区紧急事件的应急预案（如一些小的突发事件及一些不会破坏通信和造成重大损失的骚乱），对周围环境的监测和对危险设施的监控，制订处理意外事件的应急计划，设立并增加应急救援服务基金、应急救援人员的培训和公共信息支持等。

预警阶段：包括拟定统一国家体系的子系统及其基本功能，在紧急事件发生前进行准备工作（如化学药品和其他的救援物质都应该提前准备好）。

应急阶段：由统一国家体系的组织构成，主要是在事故发生前、事故期间和事故后立即采取行动。其目的是发挥预警、疏散、搜寻和营救及提供医疗服务等紧急事务功能，使人员的伤亡和财产损失减少到最小，尽可能减缓和消除事故对社会与环境的负面影响，如图3.2所示。

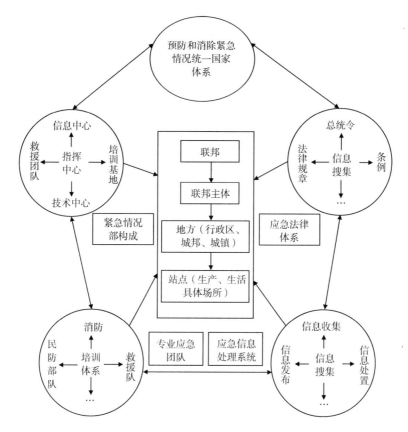

图 3.2　俄罗斯应急管理预案体系分级管理

## 3.2　俄罗斯应急管理机制

俄罗斯应急管理机制主要包括预警机制、信息收集机制、应急响应机制、恢复重建机制、社会动员机制、心理帮助机制及信息发布机制。

### 3.2.1　预警机制

突发事件预防是灾难发生之前进行的一系列活动，旨在尽最大可能减少突发事件发生的风险及如何在其已发生的情况下，保护人民的健康与生命，减少对环境的损害和物质损失的规模。俄罗斯突发事件预警机制主要包括三个组成部分：监测系统、安全数据库和安全教育体系。

一是监测系统。自然和人为灾害的监测和预报，是由许多机构和组织采取不同的方法和工具进行的。总的来说，国家监测系统在一定程度上能独立，同时在组织结构和功能相互关联的部门和区域系统间（子系统、单位、机构等）能综合。它包括：全俄罗斯自然与人为突发事件预测和预报中心；自然和人为突发事件监测区域和地方中心；俄罗斯民防的监控网络和实验室管制；国家统一自动化的辐射控制系统；国家统一环境监测系统等。

二是安全数据库。安全数据主要由《俄罗斯联邦自然和技术灾害及灾害风险地图集》（简称《风险地图集》）与安全数据表组成（安娜，2013）。

俄罗斯政府汇集不同层次和领域的专家、学者及从事应急灾害预测的从业人员，于2005年4月初次编制了《风险地图集》。现在《风险地图集》已成为俄罗斯应急管理预案体系的主要组成部分。《风险地图集》给联邦、地区、市级专家和科学家、保险公司、投资管理者带来很大帮助。

三是安全教育体系。俄罗斯政府实施以预防为主的政策，非常重视安全教育工作。在普通中学和大学里开设安全专业课程"生命安全基础"。除此之外，所有的教育机构必须进行演练。俄罗斯现在还有"青少年救生员学校"，这所学校的主要目的是教育青少年在紧急情况下，掌握可以保证安全的行为并在极端情况下学会生存，以及协助城市相关的服务部门以确保公共安全。

除了监测系统、安全数据库及安全教育体系，预警体系还包括工业安全声明、危险生产设施许可证制度、危险生产设施运作中损害责任保险、在紧急情况中保护领土与人民的国家鉴定及防止突发事件的监督与控制制度。

### 3.2.2　信息收集机制

2008年，根据"俄联邦降低自然和人为灾害事故风险和后果的计划"，俄罗斯建立了国家危机情况管理中心，且在各区域中心也设立该中心的分支机构。成立国家危机情况管理中心的目的是要形成统一的信息空间，有助于完善俄罗斯全国危机情况预防和应对体系，在发生紧急情况时增强政府各部门之间的协作。

### 3.2.3　应急响应机制

应急响应机制是指在突发事件中，为了挽救人民的生命和保护他们的健康、减少对环境的损害和物质损失的规模及防止灾区扩大，采取应急救援工作和其他紧急性的行动和措施。其中应急救援工作主要包括搜寻受害者，并为他们提供医疗救助。

在进行应急救援工作中，应急响应机制起非常大的作用，即管理俄罗斯联邦紧急状态预防和响应统一国家体系的能力、资源。

突发事件应急响应管理从突发事件发生时起，到突发事件消除后结束。它通常按日周期进行。每个周期包括：收集情况动态的信息，情况的分析、评估，做出结论、提出建议、决定开展工程，组织各个相关的部门协同合作，确保行动能力。

一是收集情况动态的信息。大部分信息来自上级主管部门和其监测控制机构，但最完整和最通用的数据的主要来源是下属的情报。

二是情况的分析、评估。专家对灾害救援需要的能力和资源与实际上存在的能力进行比较、计算，并选择最佳的解决问题的方案，其结论和评价报告上交给应急响应机构的领导，供决策使用。

三是做出结论、提出建议、决定开展工程。做出关于在紧急区开展搜索、救援和其他紧急行动的决定是应急响应机制管理的最基础环节。

四是组织各个相关的部门协同合作。组织协同合作时，给每个队伍明确工作边界；确定时间和地点从而联合实施关键和紧急的应急行为；在相邻区域，确定一个交换有关事态发展和工作成果的数据系统及建立紧急互助的程序。

五是确保行动能力。目的是能在紧急区圆满地完成任务，给救援队伍提供各方面的保障，例如，勘探保障、交通运输保障、工程保障、道路保障、水文气象保障、技术保障、财务和医疗保障。

### 3.2.4　恢复重建机制

救援工作与其他应急活动完成后，开始实施紧急维修工程，紧急维修工程是一组由专门的单位开展的活动。在此阶段，各机构开始进行恢复国家经济运作的工作，包括进行修复或建设临时住房、恢复电力和供水、搭建公共服务设施等。

### 3.2.5　社会动员机制

为了解决突发事件导致的社会安全问题，俄罗斯成立了"俄罗斯救援联盟"，该组织救援人员在发生突发事件时，参与相关保护领土与人民的应急工作。

### 3.2.6　心理帮助机制

俄罗斯紧急情况部的心理服务团包括紧急心理援助中心的人员和它的七个分行及当地机构、消防和救援队、部队、俄罗斯紧急情况部下属的学校和组织的心理专家。

俄罗斯紧急情况部的心理服务主要有两个任务。第一，给俄罗斯紧急情况部的人员（救援人员、消防员、医生、潜水员和其他专业人士）提供心理支持。心理支持指的是专业地选择、心理准备、校正和恢复心理健康，帮助他们解决在履行专业职责时出现的问题。第二，给受紧急情况影响的人群提供紧急心理援助。

### 3.2.7 信息发布机制

突发事件的信息包括：预测突发事件信息、已发生突发事件信息，以及关于各地区的辐射、化学、火灾与生态安全的信息。

联邦国家权力机关等组织都必须及时、准确地通过媒体或使用专门的地方报警系统，告知公众相关信息，隐瞒、逾期提交或者提交虚假信息将按照俄罗斯法律承担相应的责任。

## 3.3 俄罗斯应急管理法制

1994 年，统一国家体系的建立促进了应急管理法制的各个级别的完善。具体如图 3.3 所示。

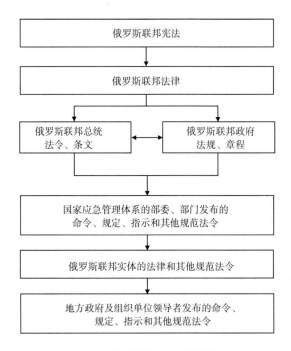

图 3.3 俄罗斯应急法制结构图

### 3.3.1 横向方面

现在俄罗斯应急法制比较健全，如表 3.2 所示。俄罗斯在立法方面的改革主要有两个方面。一是针对新出现的危险源（包括有害材料）出台新的法律和法案来降低危害，此外，还不断修订现有的各种应急和减灾法规；二是立法改革意味着协调现行的法案并将其专业化，可以更好地明确各个联邦实体和相关服务机构的职责并协调它们之间的工作。国家应急法制基础主要由 1991 年的《俄罗斯紧急情况法》、1994 年《俄罗斯联邦关于保护地区及其居民免受自然及人为紧急情况侵害的联邦法》和 2001 年的《俄罗斯联邦紧急状态法》组成。该法律规定了紧急状态范围、预防和应急措施等内容（迟娜娜和邓云峰，2004）。该法律属于宪法性法律，如果紧急状态地区法律与紧急状态法相抵触的时候，紧急状态地区法律可以被总统终止。这为紧急状态下行政权力和立法权力的特殊使用提供了法律依据。1995 年 7 月，俄罗斯通过了《事故救援机构和救援人员地位法》，法律规定在发生紧急情况时，联邦政府可借助该法律协调国家各机构与地方自治机关、企业、组织及其他法人间的工作，规定了救援人员的救援权利和责任等；1997 年俄罗斯政府颁布实施了《危险生产项目工业安全法》，对控制工业领域的各种危机做了详细规定；2001 年通过的《俄罗斯联邦紧急状态法》，对紧急状态的各种法律问题做了详细的规定；2008 年发布了《俄联邦降低自然和人为灾害事故风险和后果计划》[①]；2012 年通过了《关于批准俄罗斯联邦民防、紧急情况和消除自然灾害后果部的行政法规，履行国家监督消防安全要求实施的职能》；2017 年通过《关于烟火组合物和含烟火组合物的产品安全性》[②]，规定了烟火产品的相关要求、生产、运输、储存、销售、操作、处置的过程及其识别规则，以保护人类生命和健康。除了这些法律外，俄罗斯紧急状态法律体系包括上百部联邦法律和规章，上千条区域性条例及数百个联邦紧急状态管理部门发布的内部命令。这些法案为应急管理政策的出台与实施提供帮助，更好地协调各个行政机关之间的工作。目前，俄罗斯形成了以《俄罗斯联邦紧急状态法》为根本大法，其他 150 多部联邦法律和规章、1500 多个区域性条例及大量的总统令、政府令为具体规定的应急法律体系，已经成为开展应急管理行动的制度依赖（黄杨森和王义保，2020）。

表 3.2　俄罗斯应急管理主要法律

| 年份 | 法规 |
| --- | --- |
| 1991 | 《俄罗斯紧急情况法》 |
| 1994 | 《俄罗斯联邦关于保护地区及其居民免受自然及人为紧急情况侵害的联邦法》 |
| 1995 | 《事故救援机构和救援人员地位法》 |

---

① 资料来源：https://www.mchs.gov.ru/dokumenty/federalnye-zakony/3107。

② 资料来源：https://www.mchs.gov.ru/dokumenty/federalnye-zakony/630。

续表

| 年份 | 法规 |
|------|------|
| 1997 | 《危险生产项目工业安全法》 |
| 2001 | 《俄罗斯联邦紧急状态法》 |
| 2006 | 《俄罗斯联邦反恐怖主义法》 |
| 2008 | 《俄联邦降低自然和人为灾害事故风险和后果计划》 |
| 2009 | 《交通干线、工业与地方管线分布安全专业技术规程》 |
| 2012 | 《关于批准俄罗斯联邦民防、紧急情况和消除自然灾害后果部的行政法规，履行国家监督消防安全要求实施的职能》 |
| 2017 | 《关于烟火组合物和含烟火组合物的产品安全性》 |

### 3.3.2　纵向方面

纵向划分包括国家层级和莫斯科层级。适用全国和莫斯科的规范性法律有《俄罗斯紧急情况法》。2006 年《俄罗斯联邦反恐怖主义法》，进一步完善了俄罗斯以及莫斯科的紧急状态法律体系。

# 3.4　俄罗斯应急管理案例

当地时间 2018 年 12 月 22 日中午 12 时 04 分左右，俄罗斯彼尔姆边疆区一在建钾盐矿井因建筑材料起火引发火灾事故，9 人遇难。事发矿井深约 500 米，起火位置距地表 300 多米。事发时，井下共有 17 人作业，其中 8 人成功升井，9 人被困。由于起火后井下温度高、烟雾大，救援队多次试图下井营救但均未成功。据负责建设矿井的俄罗斯乌拉尔钾肥公司发言人介绍，初步判断火灾是由建筑发泡胶和建筑垃圾起火引发。

矿井火灾事件发生后，俄罗斯各跨部门委员会的组织系统各就其位，启动俄罗斯联邦紧急状态系统：执行国家在紧急状况发生区域的专业技术、管理与指挥；准备与执行紧急状况相关的合法经济条例；准备紧急情况应对有关的救援或武装力量；信息收集、程序交换，公布紧急状况区域的有关情况；预测与评估可能造成的社会和经济后果及影响结果；启动紧急情况应对的储备资金和物资等。

### 3.4.1　高层迅速表态

彼尔姆边疆区行政长官列舍特尼科夫说："总统致电，要求我提供有关彼尔姆矿难事故的报告，并详细告诉他事件如何发展。现在有两个主要任务，一个是尽可能地为遇难者家人和亲属提供最大程度的援助，另一个是尽可能全面、客观地调查事故发生的原因。"俄罗斯总统普京 2018 年 12 月 23 日下令调查事故原因并向已故矿工亲属提供最大程度援助。

### 3.4.2　调动医疗力量，全力救治伤员

紧急情况部、内务部及彼尔姆边疆区政府出动约 1000 人参与救援行动。同时，急救研究所立即启动紧急预案，陆续接收受伤病员。社会和司法中心也开通热线电话，对受害者及其家属提供心理辅导。为了最大限度地提高矿井搜救工作的强度，紧急情况部增加了在地下工作的军事化救援部门。紧急情况下，矿井中的烟雾和不稳定岩石等威胁依然存在。因此，矿井内的所有工作，特别是搜救工作中的安全技术都受到严格管理。

### 3.4.3　出台补偿措施

俄罗斯紧急情况部部长弗拉基米尔·普赫科夫宣布："在矿山火灾中丧生的人的家属都将获得赔偿"。他还表示："鉴定程序现在已经开始，已经组织医生和心理学家向死伤者和死伤者的家庭提供安抚工作，并且已经开始向死伤者和死伤者的家庭提供物质援助。"死者家属将获得 300 万卢布的赔偿，其中联邦预算各赔偿 100 万卢布，地方预算各赔偿 100 万卢布，矿业公司还将支付 100 万卢布。此外，该矿的管理者承诺承担埋葬死者的费用。每隔三个小时，相关负责人就会与矿井矿工和矿工家属会面。

俄罗斯联邦应急管理局的心理学家、彼尔姆边疆区代表、矿山管理局的代表、医疗工作者、保险代理人都参与了这项工作。专家收集有关协助和支持矿工的搜救行动、赔偿和保险程序等相关信息。俄罗斯联邦应急管理局心理援助中心和俄罗斯联邦应急管理局科米总局的心理学家正在与矿工家属合作，给他们相应的心理援助和支持。

### 3.4.4　加强安全防范

紧急情况部负责人说："紧急情况部正在彼尔姆建立一个特殊的储备金，以在紧急情况下覆盖整个地区。"他指示后勤和装备部部长尼古拉·格雷楚什金为应急救援部队配备所需的一切。

# 3.5　俄罗斯应急管理启示及国际合作交流方向

## 3.5.1　应急管理启示

俄罗斯的应急管理体系有几个鲜明特点。一是组织严密,其实行的是自上而下逐级负责的垂直管理体系。二是权力集中,总统具有应急管理的绝对领导权,直接领导俄罗斯应急管理决策中枢——联邦安全会议。各地区层级也由区域首长直接领导应急管理工作。三是救援力量强大。除了国家消防队、搜救队、水下设施事故救援队等多支专业应急救援队伍外,由现役军人组成的民防部队也受紧急状态部直接指挥。俄罗斯应急管理体系有鲜明的政治特征,与其经历前苏联解体、车臣分裂等重大危机事件有不可分割的联系。俄罗斯在危机应对中具备健全的组织体系、完备的保障力量,对于我国转型升级中的应急管理体系有重要的借鉴意义。

一是升级我国应急管理组织体系。改革开放以来,中国也初步建立了以《中华人民共和国突发事件应对法》为核心的应急管理法律体系。但总的来看,目前中国的应急管理立法尚不能完全满足日趋重要的应急管理工作。应急管理部的成立,拉开了应急管理从分散到整合的序幕。可在目前的框架下,完善应急协调指挥机构建设,完善机构功能,将不同类型的突发事件纳入同一个应急管理体系框架之内,黏合各个具有应急管理职责的部门,逐步完善升级成为全面的、综合的应急管理体系(韩永红,2011)。

二是重视预警体系建设,加强突发事件监测预警。目前我国尚未建立覆盖全境的统一的自然灾害和其他紧急状况预警系统,拥有的更多是分类型、分区域的预警体系(李思琪,2021)。

三是构建全面应急物资储备体系。我国要加快开展应急物资需求评估,制定科学、合理、经济的应急物资储备清单。健全应急物资实物储备、社会储备和生产能力储备相结合的综合物资储备体系。建设应急物资的仓储、中转、配送设施,提高物流效率,提升响应能力。

四是重视建设跨区域应急联动机制。俄罗斯紧急情况部在全国范围内设立了9个大区,负责89个州的灾害救援。跨区域突发事件处置过程是一个大范围合作过程,协同联动机制在很大程度上决定着应对效果。我国应急管理体系的多区域间应急协作还需进一步加强,需要在突发事件应急管理过程中有效地组织多区域政府建立良好沟通与有效信息共享,整合应急资源、联合行动、协同处置突发事件的规范化运作。

### 3.5.2　国际合作交流方向

1. 全民防备和紧急情况研究所

1976 年 12 月 1 日，根据中央委员会和苏联部长理事会的规定，成立了全苏民防科学研究所。它的任务是进行科学研究，以提高战时国民经济的可持续性。1992 年 12 月 9 日，根据俄罗斯联邦第 968 号政府法令，该研究所改组为全民防备和紧急情况研究所（The All-Russian Research Institute for Civil Defense and Emergencies，VNII GOChS）[①]。这些转变是由于 20 世纪末人为和自然紧急情况的数量和规模增加而引起的。此外，也是为了扩大研究领域，在保护人民免受紧急情况危害的基础上形成新的监管和方法论。

根据 2002 年 8 月 20 日俄罗斯联邦政府的第 619 号法令，该研究所被授予联邦科学和高科技中心的地位，该中心规定生产知识密集型产品，并创造与解决民防、预报、预防和人为紧急情况有关的技术问题。

目前，VNII GOChS 包括实体经济领域的 40 多家科研机构、大学和企业。联盟在防止自然灾害、事故、灾难及消除其后果的创新发展方面处于领先地位。

根据该研究所 2016 年至 2021 年的发展规划，VNII GOChS 的重点领域如下：发展科学基础和方法，以确保个人、社会和国家的综合生命安全；制定民事保护的方法（民防）；制定方法，将无国界医生系统发展为国家灾害和灾害风险管理系统；改善监测和预测紧急情况的科学基础和方法；改进应急系统的科学和方法论依据；为民防部队提供技术和工艺支持；为形成生命安全文化提供科学和方法上的支持。

VNII GOChS 的主要活动如下：为了俄罗斯紧急情况部的利益开展科学活动；根据民防领域的科学技术活动计划，以及保护人口和领土免受紧急情况影响，进行科学研究、实验开发、实验设计、实验技术及设计和探索工作；为俄罗斯紧急情况部在民防和生命安全领域的活动提供科学的方法和信息支持；为预防和消除紧急情况的统一国家系统的理事机构、部队的活动提供科学的方法和技术支持；对紧急情况进行科学的技术预测，制定预防和消除后果的方法；制定民防领域的要求；组织民防领域的产品认证；综合发展战略的改进；为民防领域的人口和专家培训提供科学支持；组织信息交换、方法支持和协调紧急情况的监视行动，实验室控制和预测功能子系统的活动；根据俄罗斯紧急情况部批准的计划，参与和举办国际、全俄和区域性会议、专题讨论会、民防和生命安全领域的展览；对建

---

① 资料来源：https://www.vniigochs.ru/。

筑物和结构进行技术检查，评估其地震稳定性；为联邦国家紧急情况研究所的开发申请专利，参与组织技术手段的生产及技术的传播；开展其他专业课程的教育活动。

该研究所的重要任务之一是扩大国际和俄罗斯科学教育组织的科学合作，可以作为我国合作交流合作的伙伴。

2. 主要应急管理研究的大学

俄罗斯紧急情况部国家消防学院和圣彼得堡国立消防大学可以作为合作交流的主要对象。

1）俄罗斯紧急情况部国家消防学院

俄罗斯紧急情况部国家消防学院创建于 1933 年，是俄罗斯在消防领域培养高级技能专业人才的一所科研教育机构。

学院是在列宁格勒交通工程学院消防保护系的基础上发展起来的。1999 年更名为俄罗斯内务部国家消防学院，2002 年正式更名为俄罗斯紧急情况部国家消防学院。

学院现下设有防火安全系、技术领域安全系、科研人才培养系、指挥人才培养系、教育服务系、发展学院、函授及远程教育学院、物质技术保障部、科学研究与信息组织部、技术部等。

同时学院还开设有本科、硕士、专家及副博士相关专业，如技术操作中的消防安全、国家与市政管理、消防安全、信息交流技术与交流系统、信息系统与技术、法医学、工业防火安全、社会经济系统管理。

2）圣彼得堡国立消防大学

圣彼得堡国立消防大学创建于 1906 年，学校是在消防技术学校的基础上发展起来的。1986 年消防技术学校改建为苏维埃社会主义共和国联盟内务部列宁格勒高等消防技术学校。1988 年学校正式纳入俄罗斯国家消防系统。2002 年根据俄罗斯政府决议，学校更名为俄罗斯联邦民防、紧急情况、消除自然灾害事务部圣彼得堡国立消防学院。2006 年正式更名为俄罗斯联邦民防、紧急情况、消除自然灾害事务部圣彼得堡国立消防大学。学校现设有经济与法律系、消防安全系、科研教育人才培养系，发展学院、生命安全学院、函授及远程教育学院，同时学校在摩尔曼斯克还设有分支机构。

# 第 4 章　德国应急管理体系与实践及启示

## 4.1　德国应急管理体制

### 4.1.1　总体情况

德国是一个联邦制国家,其现代应急管理体系是建立在 1995 年德国联邦政府通过的新民防联合战略的基础上的。2001 年的恐怖袭击和 2002 年的夏季洪灾促成德国联邦和联邦各州之间形成一项旨在加强联邦对各州在和平时期准备和在处理大规模紧急情况下的新民防战略。德国依据法律建立起了完善的应急管理体系,从上到下常设专职机构,明确政府相关职能和部门合作事项,在危机发生时,由相关部门和专业志愿者人员组成抢险救援队伍,构建灾害研究和事故预防机制,普遍重视危机意识培养和全社会的应急培训等。通过一系列的改革举措,德国逐步形成了现行的以州为主、属地管理的应急管理体制,有效应对自然灾害、公共卫生事件、恐怖袭击、社会骚乱等突发事件,显著降低了各种灾害和风险的危害程度。

### 4.1.2　分类管理

根据《德意志联邦共和国宪法》的规定,德国的应急管理分为两个方面:联邦州负责和平时期的灾害管理,联邦政府负责和平时期对各州灾害的援助和战争状态的民事保护。其中,联邦政府可以利用各州的民防资源,并在需要时向各州征调,同时会为各州提供额外的设备、物资和培训,并在各州遇到灾难时提供援助(董泽宇,2011)。

德国联邦政府在战争状态全面负责民防事务,在和平时期主要担负对各州发生的灾难进行援助,以及当灾难超过联邦州应对能力或超出其行政区域时,联邦内政部会建立部际协调小组,同联邦其他部委和其他州联络,确保对受灾州的援助协调。

德国的最高民防部门是联邦内政、建筑和社区部( Bundesministerium des

Innern，für Bau und Heimat，BMI），其监管两个全国性民防机构：联邦民防和灾难援助办公室（Bundesamt für Bevölkerungsschutz und Katastrophenhilfe，BBK）和联邦技术救援署（Technisches Hilfswerk，THW）。其中，BBK 执行联邦具体的民防事务，包括风险管理、预警、生化和核防御，以及应急策略制定、危机管理与演习，公众安全意识教育等；THW 是政府的非营利组织，作为技术和运营机构，其任务主要是在国内外进行紧急情况下的技术救济和援助（图 4.1）。

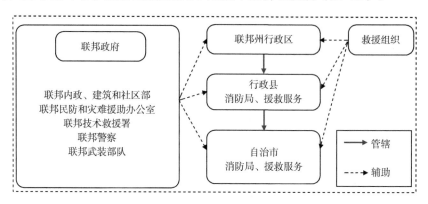

图 4.1　德国和平时期灾难管理结构

在德国的应急管理体系中，各级别组织之间的协调由各自主管部门确定。此外，根据德国宪法，国家在和平时期负责各种灾害的管理，不同类型的灾难之间没有结构性差异。

德国有着庞大并相互协作的突发公共事件应急管理主体。依据德国法律，德国境内发生突发公共事件，警察和救援机构先期到达现场，保护现场、疏散人员、维持秩序。发生较大和特大突发公共事件时，救援组织成立救援指挥中心，一般由内务部部长担当指挥者。

突发公共事件的应对主体有很多，德国技术救援协会隶属于联邦政内务部，该协会下设两所救援技术学校，为德国的突发公共事件应急管理提供了大量的职业工作人员和专业技术指导。柏林消防急救中心担任柏林市的灭火和紧急救援工作。德国还建立了覆盖全国的航空紧急救援体系，由联邦政府国防部、军队、德国汽车协会和德国航空救援等共同组成，能够确保国土内任何一点在 15 分钟内可以得到航空救援服务。救援用直升机服务于其基点医院半径 50 千米的范围，所需费用大部分由个人、组织、机构的捐款支撑运行，其他部分由企业化经营获得（游志斌，2006）。

### 4.1.3 分级负责

在联邦层面上，专职负责应急管理与救援的是联邦内政部直属的两家机构，分别是 BBK 和 THW。BBK 成立于 2004 年 5 月，负责处理联邦政府有关民事保护的任务，包括突发事件预防、关键基础设施、公民医疗保护、民事保护研究、应急管理培训、技术装备补充及公民自我防护等事务，为民事保护提供信息、知识与服务平台。THW 成立于 1950 年 9 月，负责提供技术性较强的现场救援的战术指挥组织，不仅代表联邦政府开展国际人道救援，还根据消防、急救、警察等部门请求实施灾害救助。除此之外，参与应急救援的机构还包括其他联邦部委、联邦军队、联邦警察和联邦刑事调查局等（董泽宇，2011）。

在州层面上，主要由 16 个联邦州内政部统筹负责各种突发事件的应急救援。应急机构还包括州其他部门、州消防队、州警察局、州刑事调查局、技术救援协会、事故医院及各种志愿者救援组织等。

在州以下地方政府层面，27 个行政区政府和行政专区、300 个县、110 个非县管辖市对公民保护承担完全责任，而州政府只是重点负责对县市进行财政支持、资源协调和信息报告等支持性工作。

#### 1. 联邦政府的应急管理组织体系

1）联邦安全委员会

1955 年组建的联邦安全委员会，由联邦内阁直接领导，统筹外交、内政、安全、国防、情报、经济等与国家安全相关的主体部门，协调各部门在安全领域的利益和行动。应急管理作为重要组成部分纳入国家安全的总体框架中。由联邦安全委员会负责制定应急管理方面的总方针，由内政部负责协调各部门间的合作（图4.2）（刘胜湘和许超，2015）。

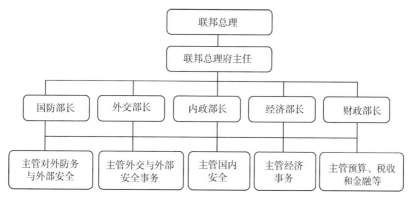

图 4.2　德国联邦安全委员会组织架构图

2）联邦内政部

德国内政部承担联邦政府在治安、网络安全、人口保护和危机管理、移民管理、文化、信息技术与数字化政策、建筑和住房、体育、公共服务等多方面的职能。下属中央司，公共安全司，联邦警察事务司，危机管理与公民保护司（Krisenmanagement und Bevölkerungsschutz，KM），移民、融合、难民与欧洲协调司，基本政策、欧洲与国际发展事务司，公共服务司，行政现代化、行政组织司，体育司，公法，宪法及行政法事务司等十个业务司。其中，KM与公共安全司、联邦警察事务司、移民、融合、难民与欧洲协调司共同组成德国联邦政府国内安全方面的四大支柱。该部还负责管理所属的BBK、THW等与应急管理密切相关的联邦单位（邹露，2017）。

KM的主要职责是在自然灾害、生产安全事故、战争或恐怖袭击、公共卫生事件等突发和意外的紧急情况下，保护民众的安全，并帮助受灾地区和民众恢复正常生产生活秩序。通过协调各级政府、各级消防和援助组织及BBK、THW等部门，有序应对国内的各类突发事件。该司共有100名左右的工作人员，下设六个处：一处为危机管理协调中心；二处为BBK，主要负责民事和公民保护及欧盟和北约事务；三处为THW，主要负责境内外应急处置的技术救援；四处负责通信、煤、电、交通等关键基础设施的保护；五处负责武器、爆炸物及其他特殊安全问题的法规；六处为灾情中心，内设长期服务、日间服务、技术媒介支持服务等部门。

3）"联邦风险分析与公民保护"指导委员会

2009年，为了加强对突发事件风险管理工作的统一领导，联邦政府专门成立了"联邦风险分析与公民保护"指导委员会，内政部、环境部、卫生部、交通部、经济与技术部等与公共安全相关的所有联邦部门都是该委员会的成员单位，由内政部部长牵头负责。

委员会的主要任务包括：制定风险分析的方法框架（损害参数、等级/临界值等）；选择需进行分析的危险；要求各业务机构参加工作组，共同开展风险分析；向工作组发放委托工作任务；评估工作组的成果等内容。同时，委员会下设"联邦风险分析与公民保护"工作组，设在BBK，工作组的主要任务包括：为所选择的危险设计场景；实施风险分析（为各种危险建立相应的风险分析工作小组）；让其他领域的权威专家共同参与（如科学界、经济界等）；总结分析成果上交指导委员会；准备每年上交给联邦议院的年度报告。

4）联邦民防和灾难援助办公室

BBK总部设在波恩，是隶属于内政部的负责民事保护和灾难救助的最高机构。该局人员编制为300人，每年的经费预算在1亿欧元左右（包括行政经费和技术装备、物资储备经费）。

BBK 是德国民事保护的行政管理和信息协调机构，内设七个职能中心和四大部门。七个职能中心为：危机管理与灾难救援中心、危机准备与国际事务规划中心、重大基础设施保护中心、灾难医疗预防中心、民事保护研究中心、培训中心、技术与设备中心。四大部门及其职责分工为：第一部门负责应急管理，主要包括联邦与各州之间的情况通报联合中心、德国灾害预防信息系统，并及时发布灾害警报，在灾害发生后向灾民提供社会心理学的专业辅导；第二部门负责灾害预防、重要基础设施保护，包括灾害风险评估和灾害预防、民事保护的法律规定、危险源和危险区域的申报、重要基础设施的保护和技术研发、媒体关系与政府公共形象；第三部门负责应急管理技术研究与公共卫生防护，主要包括技术研究与灾害文化遗产保护及化学、生物、核与辐射的应急保护措施、公共卫生方面的民事保护（如传染病防控），灾害救援的医药供应及民事保护的经济事项；第四部门负责危机管理、应急规划与民事保护培训学院，主要包括民事保护的教育培训和国际合作交流等工作，编制灾害应对计划，并及时组织跨部门、跨地区的综合演练。

5）联邦技术救援署

THW 侧重于突发事件应对中的现场技术救援，隶属于联邦内政部，总部设在波恩。THW 建立了从联邦到州、地区、地方的四级协调机制，每个层级建立标准化的模块系统，配置相应的办公场所、救援装备和救援人员。除总部外，THW 有 8 个州级总部，66 个地区办公室，668 个地方技术救援小组，救援能力覆盖德国所有的基层行政区。THW 还在不来梅和斯图加特设有 2 个培训中心。全署共有 800 名专职公务员，另有 80 000 名志愿者参与工作。

THW 主要职责是组织、教育、培训公民参与紧急救援工作，强化公民的紧急救援意识，普及和提高救援知识和技能；为公民保护工作提供技术援助；应政府要求进行地方及全国性危机预防；代表德国联邦政府进行国际危机救援。

THW 采用标准化模块系统进行运作。标准化模块有四个层次。第一层次是地方模块，在每个地方技术救援小组实行标准化技术救援装备调配，这是 THW 的基础模块；第二层次是地区模块，主要是针对特殊任务而建立的特殊模块，如防洪、搜救、供电、废墟清理，可在全德 66 个跨县市区域办公室间进行调配；第三个层次是跨州模块，所有技术救援力量可在 8 个跨州间协会层面进行调配；第四个层次就是 THW 总部在全德国范围内进行救援力量的调配。

THW 共有 1000 个专家组和 1440 个救援小组，8400 多辆各型救援车辆，可执行的救援任务包括：应急救援，如搜救、滑坡体清除、防洪等；临时通信和后勤保障，如建立和运行业务中心、建立临时电信系统、建立和运作后勤中心、为业务人员提供食物、设备维修和维护工作；城市基础设施抢修维护，如电力供应、饮用水供应、污水处理、桥梁架设；环境事件应对，如控制油污染、水质分析；为受困民众提供基本生活保障，如电力和饮用水供应、污水处理、应急住所的设置；国际救援，如紧急人道主义援助、定位和救援、饮用水供应、建立难民营、基础设施修复等（凌学武，2009）。

### 2. 州及地方政府的应急管理组织体系

在联邦体制下，绝大部分应急管理职能由州政府及地方政府承担。各州在应急管理方面均具有相对独立的法律制度，应急管理的模式也不尽相同。汉堡是德国三大州级市（柏林、汉堡、不来梅）之一，是德国第二大城市。以汉堡市为例，重点介绍地方政府的应急管理组织体系。

#### 1）应急指挥中心

汉堡市突发事件指挥中心依托汉堡市消防局设立，是汉堡市应对各类紧急事件的指挥部，它既是应急指挥中心，也是应急演练中心，在应急管理中发挥了重要作用。

紧急事件发生后，汉堡市以最高行政长官或内政部长为核心的应急指挥小组紧急启动，有关部门及专家参与决策指挥，统一调动政府及全社会的力量参与事件应对。

指挥小组成员包括常设成员（环境、消防、社会保障、卫生健康、警察等与突发事件应对密切相关的部门负责人）、相关成员（公共交通、企业等其他与发生的事件有关系的部门负责人）、协调小组（负责协调内部事务，通报灾情信息，保障通信联络，接听市民热线，与外界沟通，关注媒体，起草汇编文件等工作），以及公关与媒体发言人。

#### 2）消防部门

消防部门是汉堡市各类突发事件应急救援的中坚骨干力量，承担一切灾难事故如水灾、地震、车祸的救援工作，并负责民众突发疾病的应急运输和院前救治工作等。

汉堡市消防部门下辖21个专职消防队，1个核化生消防队，84个志愿者消防队。另外下辖34个医疗急救站，其中9个能提供院前急救服务。共有2867名专职消防队员，2614名志愿消防员，999名青年志愿消防员。

#### 3）警察

在突发事件应对工作中，警察部门和消防急救中心是并列关系，警察必须先到达现场，保护现场、疏散人员、维持秩序，防止发生混乱并通知专业救援人员到场。必要时，开通救援道路、实行交通管制、设立灾难提示牌、组织抢救伤员并对现场进行清理。

4）其他救援机构

除消防部门参与突发事件的救援外，THW 汉堡地区分支机构及其他民间救援机构均听从指挥中心的调遣，按照既定的应急预案，发挥技术专长，执行救援任务。

德国的民间救援力量非常强大，与各级应急管理部门有密切合作关系的志愿者组织有：德国红十字会，约有志愿者 40 万人；德国工人救援协会，约有志愿者 1.7 万人；约翰尼特事故救助组织，约有志愿者 2.6 万人；马耳他急救中心，约有志愿者 3.5 万人；德意志水上救生协会，约有志愿者 4.7 万人[①]。这些组织的志愿者在应急指挥中心或者消防部门的协调下，结合各自特点，参与各种不同的灾难救援工作。志愿者平时都有自己的工作，在发生险情时只要接到通知，两小时内就可迅速赶到集中地集结出发。以志愿者为主体的民间救援力量已经成为应急救援体系中的主力军（贾过和郑荔，2007）。

## 4.1.4　柏林市应急管理实践

德国把应对突发事件分为两个层次：联邦政府主要负责战争状态下的民事保护，16 个州政府负责和平时期的灾难应对工作，以州政府为主的应急管理立法强调民众自我保护的重要地位。联邦政府只有在灾害超出州政府能力范围，州政府请求支援的情况下才会提供应急协调和灾难救助，州以下地方政府层面对公民保护承担完全责任（董泽宇，2011）。

德国的各州均有州议会和州政府，通常划分为行政区、行政县和自治市。根据州议会立法，自治市或行政县区等地方当局对和平时期的灾难负首要责任，建立灾难控制的指挥结构，配备足够的专业人员，制订灾难管理计划，并对属地的紧急情况和灾难进行响应和处置。视事故情况，属地行政长官会指派一名负责人（消防、警察等）对事故进行处置，并基于事故危险程度可进行多部门联合处置。当灾难影响多个行政地区或超出当地政府处置能力时，更高层级的行政机构将介入处置或对多行政区灾害应对进行协调。同时事发属地还可向联邦政府及其所属部门，包括联邦警察、THW、BBK 及武装部队等，请求灾难援助。

柏林市内政部安全与秩序局设有重大灾害防护处，负责协调重大灾害的预防及灾害发生后的救援抢险措施的实施。其把危险等级分为普通险情、异常险情和重大灾害三个级别，不同险情的救援抢险方式、各部门的分工和投入的力量也不尽相同（图 4.3）（于晓勇和尚赞娣，2011）。

---

① 资料来源：https://www.gooverseas.com/volunteer-abroad/germany。

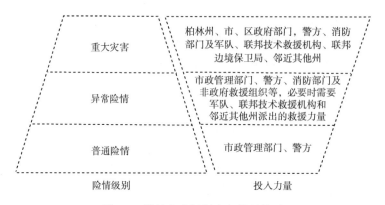

图 4.3　柏林市多级别应急管理体系

在各级险情中,普通险情包括火灾、爆炸、洪水等涉及公共安全与秩序的突发事件,主要由柏林市政管理部门和警方负责解决。为此,市政管理部门和警方必须随时准备投入救援,还要有一整套在不同险情发生后的相应处置方案。异常险情包括飞机失事、大型集会活动中的突发事件、危险品运输、有毒或放射性物质扩散、重大疫情及异常天气灾害等。除了市政管理机构、警方和消防部门外,异常险情往往还需要非政府救援组织参与,如德国红十字会和德国救生协会等,必要时还需要军队、联邦技术救援机构和邻近其他州派出的救援力量。重大灾害由于有可能涉及众多人员的伤亡,或者对环境和设施造成异常破坏,仅凭借市政管理部门的人力物力无法应对。重大灾害防护机构包括柏林州当局及其下属的市级、区级政府部门和柏林消防部门、警方与其他相关机构。如果灾害规模巨大需要外部支持时,包括联邦技术救援机构、联邦边境保卫局、军队及邻近其他州都将提供紧急支援。

# 4.2　德国应急管理机制

## 4.2.1　风险评估

德国在国家层面和联邦州层面通过立法将各类突发事件风险评估和管理嵌入到不同领域的法律和概念框架中,如环境、卫生、农业、水资源管理、基础设施、城市规划和教育等,并通过跨部门协作来识别风险和降低风险。在地方一级,属地各部门和灾害管理部门共同制定协调一致的防灾办法。BBK开发了一套方便实用、精准量化的风险评估分析工具,并制定了评估工具使用指导方针,指导全国各级政府、各有关部门甚至各企业等基层单位的风险评估工作。

通过风险分析，系统确定区域内（联邦共和国、联邦州、行政区、市）不同危险事件的预期影响（损害程度），以及不同危险因素之间的相关风险。根据分析结果，采取行动防范风险，减少暴露，迅速有效处置突发事件，保护民众安全。

通过风险评估，负责应急管理的部门还向民众提供一切与突发事件应对有关的信息，包括风险管理（如风险最小化措施的优先顺序）、应急计划（如为不可避免的事件做好准备）和危机管理（如提供资源）等，并通过各种渠道，开展宣传和培训教育，指导民众科学认识突发事件风险，并提高应对的技能，做好随时应对风险的准备。

### 4.2.2　监测预警

德国州和地方的内政部门都设有信息监测中心，一天 24 小时不间断对各地发生的灾情及时进行监测和预测。

目前，德国的监测系统主要包括民防方面的领空监视和空气警报、核与辐射监测警报、突发公共卫生事件监测、生化系统监测等多个方面。同时，为了加强军民之间的有机协作，德国在联邦、各州和县级控制站建立了民用军事联络小组。地方一级负责监测和报告，各县和社区负责监测地方性常规和攻击生化事件的影响，民事保护机构、消防部门和警察的任务则是对受攻击地区进行侦察、分析并发布初期警报。BBK 内的德国联合信息和情况中心加强和改善联邦与各州之间的预警信息共享与合作，统一归集监测信息。针对不同类型的灾害和突发事件，德国建立了相应的预报和警报机制。例如，在防洪方面，德国在各州设立了洪水预报中心，宣传风险程度和预防措施。德国还把全国划分为 7 个流域，各流域均建立了洪水预警系统，每天一次实时预报，最长的洪水预报期是 3 个月。以地理信息系统、遥感系统、全球卫星定位系统为核心的"3S"洪水预警系统，保证信息准确。在险情多发地区，主要通过三种方式发布警报：一是警报器；二是广播电视系统；三是卫星遥感预警。

### 4.2.3　应急响应

德国实行突发事件分级响应，将突发事件分成地方性/州级、区域性和全国性三大类，分别由州、联邦职能部门和联邦政府三个不同层级的部门负责牵头处置。

大部分突发事件都由地方政府负责处理。在地方政府层级，德国各级消防队的接警中心（122）和警察局的接警中心（110）接到报告后，立即在规定的时限内赶赴现场进行处置。同时，根据接报信息情况，要求相关社会救援组织派出志愿者在规定时间内赶到现场参加救援。现场由消防队统一负责指挥和协调。技术救援组织和医院都有信息接收和传送系统，每一位参与救援工作的医务人员都有紧急呼叫装置，可以随时投入急救。

当突发事件超过一定的标准时，则成立由地方政府行政首长或内政部门负责人牵头的突发事件应急指挥领导小组，在应急指挥中心开展工作。通常在应急指挥领导小组领导下，设立两个应急指挥中心：一是行政指挥中心，二是战术指挥中心。在危机处置时，两个指挥中心既能有效沟通，又能各司其职、相对独立，这种体制保证了德国应急管理体系的自主性与高效率。

行政指挥中心主要负责危机处理的领导、组织与协调，属于行政决策层面的。在联邦层面上，行政指挥中心的决策者通常由联邦政府内政部长、国务院秘书、各部委部长或其代理秘书、危机处置专家等组成。另外，在各州、行政专区、县市的行政指挥中心，是由州、行政专区、县市等行政部门领导人担任行政指挥总指挥，负责对发生在本行政区域内的灾难救援进行决策指挥。

战术指挥中心通常由消防队担任总指挥，执行行政指挥中心发出的命令，负责灾难救援现场的组织、协调与指挥，并对危机处理的结果负责。战术指挥中心内部通常设置六个工作小组，即 S1（人力部门）、S2（灾情中心）、S3（协调中心）、S4（物流中心）、S5（媒体沟通）、S6（通信技术支持）。战术指挥中心总指挥负责灾难救援现场的组织、协调等任务，是现场救援的最终决策者，并能命令、调动其他现场志愿救灾组织及社会救援力量。S1（人力部门）直接受总指挥领导，对人力资源情况进行监控，实施救援统计，保证指挥中心运作；S2（灾情中心）负责搜集灾情，提供灾情图片，为总指挥报告做准备工作，并编写救援日志；S3（协调中心）负责评估灾情，将决策建议提供给总指挥，得到总指挥授权后可直接执行；S4（物流中心）为救援人员提供物质支持，并进行预决算；S5（媒体沟通）负责危机救援现场的新闻发布及与媒体沟通；S6（通信技术支持）负责危机处置中的通信技术装备安装、维护及保持通信畅通。这些内设组织注重专业、分工明确、互相支持、密切配合，有效确保了危机救援现场决策指挥的科学化、规范化、程序化。

总体上，行政指挥中心与战术指挥中心既相互融合，又相对分离。在应急救援的整个过程中，一般都是按照六个环节进行危机决策：一是确认事实（对场景的分析）；二是列出决策选项（不同解决方案的建议）；三是进行风险分析（据现有标准衡量优缺点）；四是从各种选项中实施最优化决策（选择最佳决策方案）；五是确保执行（要考虑执行的主体、内容、时间、方式、地点与合作方）；六是对决策的实施结果进行检验评估（效用检查）。

当发生大规模突发事件或持续时间长的灾害时，事件发生地所在州会紧急启动以州最高行政长官或内政部长为核心的应急指挥部，有关部门及专家参与决策指挥，统一调动政府和全社会的力量。总指挥负责突发事件现场和行政管理相关所有措施的启动和协调。

在超出州一级应急能力的突发事件发生后，联邦内政部通常会建立应急指挥部，由国务秘书或部长统筹协调事态处置工作，相关的联邦、州行政机关参加，必要时联邦军队参与。

### 4.2.4　教育培训

德国有专门的应急管理培训系统，遵循决策与执行相分离的原则，应急管理培训对应分为两类系统。

一类是对应急管理负有政治责任的决策者培训，由联邦政府内政部 BBK 所辖的应急管理、规划与公民保护学院承担培训任务。接受培训的学员是在应急管理中负有领导、决策、指挥、规划、评估、培训等职能的领导人员，他们共同构成德国应急管理的行政指挥中心。这类学员主要包括德国联邦议会的议员、联邦州长、县长、大城市市长、联邦政府内阁成员、州政府内阁成员、联邦军队领导阶层、警察部门领导阶层、重要基础设施企业的高层管理人员、新闻发言人、负有领导功能的医院急救医师及其他公民保护单位负责人。

另一类是对应急管理的执行者培训。应急管理的执行者是在各种应急救援情况下的现场专业救援人员，他们运用各种专业救援知识与技术装备，负责灾难现场的指挥、协调与技术救援工作，由此构成了德国应急管理的策略执行中心。对应急管理的执行者培训主要采取分散化的方式进行，消防队、警察、THW 及参与应急救援的几个主要志愿者组织都有自己的应急救援培训系统与培训课程。以德国 THW 为例，THW 90% 的培训任务都由分散于全国各地的地方技术救援小组承担。每个地方技术救援小组都有相同的标准化技术救援装备和培训体系，接受培训的对象都是 THW 的志愿者。

### 4.2.5　队伍保障

德国应急救援力量实力很强，政府建立了专业救援队伍和专业化的志愿者队伍，经常开展分类培训。截至 2018 年，除约 6 万人专门从事民防工作外，还有 150 万名义务和志愿民防工作人员，其中有 95 万名消防救护人员、46 万名医疗救护人员、8.3 万名技术救援人员。此外，每年约有 1.7 万名服民役（替代兵役）人员专门从事民防工作。该队伍均接受过业务训练，并按地区组成抢救队、消防队、维修队、卫生队、"三防"（核、化学、生物武器）队和空中救护队等。

德国联邦政府没有设立统一的消防行政管理机构，也没有统一的消防法律、法规，消防工作均由各自治州独立管理。全国 16 个州均设有消防专门机构，直接隶属于州政府领导。从 20 世纪 50 年代起，消防队在原有救火功能的基础上，已经逐渐发展成为德国应急救援的核心力量。根据规定，一般情况下，人口在 10 万人以上的城镇必须建立一支职业消防队；无职业消防队的城镇应建立志愿消防队；有火灾、爆炸危险的企业应按照政府的要求，组建、装备和维持 1 支企业消防队。2018 年，德国全境拥有 1485 家志愿消防站、2.7 万名职业消防队员和 140 万名志愿消防队员。其能力建设十分全面，良好的职业保障体制和培训体系使队员的专业化素质很高，而且在精良的装备基础上实现了应急处置的标准化。德国消防队除负责所有紧急救援的消防工作外，还负责包括水灾、地震、车祸等一切灾难事故的抢救工作。

### 4.2.6  物资储备

德国非常注重物资储备更新，积极推动公共安全领域的产业发展，为应急管理提供强有力的物资和技术支撑。不仅重视一些常见救援物资和设备的合理布局、更新，还非常注重新技术、新设备的研发和应用。除直升机外，应急管理部门装备有消防、急救、通信指挥、工程抢修等车辆，并配备有大量无线电通信器材以及挖掘、起吊、钻探、粉碎、爆破等专用设备。

THW 设在各地方、地区和州层面的救援小组，通过全国统一的设备和装备数据库对设备、装备进行登记和实时更新，在全国范围内实现了标准化配备和相互间的临时调配。民防系统的设备均由联邦政府采购。

## 4.3  德国应急管理法制

### 4.3.1  横向方面

德国在应急管理方面具有健全的法律法规。1997 年修订颁布了《民事保护法》，2002 年 12 月 6 日，联邦政府内政部长和参议员常设会议通过了《民事保护新战略》。在单行法律方面有《交通保障法》《铁路保障法》《食品保障法》《灾难救助法》等。此外，联邦政府还出台了一些预防性法律，如《食品预防法》《电信预防法》《能源预防法》等。与此同时，德国各州都有完备的关于民事保护和灾难救助的法律，如《黑森州救护法》《黑森州公共秩序和安全法》《黑森州消防法》《巴伐利亚州灾难防护法》等。这些法律法规对紧急状态下政府的管理权限、应急处置措施和程序、政府责任、公民权利和义务等方面都有明确的法律界定，为政府实施应急处置提供了具有可操作性的法律依据，同时可以起到限制滥用行政权力的作用（陈丽，2010）。

### 4.3.2　纵向方面

德国是典型的联邦制国家，由 16 个州组成。依据《德意志联邦共和国基本法》，联邦政府负责行使外交、军队和国防、联邦财政管理、边防警察、联邦刑警及联邦水道、航运和航空管理等权力，其余如无明确规定，一律由各州政府行使。

在联邦政府层面，为保障联邦政府在战争期间对公民的民事保护，德国联邦议会出台了一系列的单行法律，主要包括《联邦保障法》《食品预防法》《电信保障法》《能源保障法》《交通保障法》《铁路保障法》《灾难救助法》等。通过这些法律，联邦政府对交通、食品、邮政、通信及其他经济领域的关键基础设施负有保障和供给的义务。不过这些单行法律以保障国防为目的，只限于战时使用。随着战争的危险逐渐降低，原来针对战争状态下的民事保护法律体系，其重点也在慢慢发生转变，逐步转向协助非战争状态下的灾难救援。2002 年出台的《公民保护新策略》要求联邦政府与各州政府在应对危机时要更好地协调。该法规也为联邦政府在发生重大灾害时积极介入各州的应急救援提供了法律依据。2009 年4 月，联邦议会对《联邦民事保护和灾难救援法》进行修订，在第 16 条新增了联邦对州的灾难救援进行协调与支持等内容（凌学武，2011）。

在州政府层面，针对和平时期应对各种日常危险和灾难的相关法律法规，主要由州议会进行立法。例如，在黑森州与巴伐利亚州，相关立法就有：《黑森州救护法》《黑森州公共秩序和安全法》《黑森州消防法》《巴伐利亚州灾难防护法》等。根据灾情的严重程度和波及的范围，州的相关法律可在两个层面上得到执行。如《火灾保护法》《救援法》《警察法》《危险防疫法》等部分应急管理法规，都在县、市和乡镇地区层面实施。如果灾情升级，超出了县、市和乡镇的应急救援能力时，则应遵守各联邦州的有关法律。

## 4.4　德国应急管理案例

### 4.4.1　柏林冰雪灾害应急保障

柏林冬季常常冰雪不断，长期以来柏林在应对冰雪灾害方面积累了不少经验，尤其值得借鉴。柏林政府将柏林市区及周边乡镇上千条道路详细编号，并按照重要程度和路面冰雪的危险程度分为三个等级，降雪后首先要清扫包括市区内的主干道、十字路口、道路转弯及公交线路等在内的最高等级道路，而非主干道、公路辅路或连接乡村的公路等可以延后清扫。市政府多年来制订了详尽的应急方案，下雪后这些道路都会及时得到清扫。除了市区机动车道路的清扫外，柏林对人行道的雪后清扫也有具体规定，如柏林规定在早上7点至晚上8点，下雪后人行道必须立即被清扫，而在周日或节假日可延后2个小时清扫。法律甚至还规定，居民在清扫时只能使用扫雪工具，禁止使用融雪剂，以免对道路旁的青草和树木造成伤害。如果路面出现冰冻，还需撒上沙土或锯屑等。如果自家门前的道路在规定的时间内没有及时清扫，就将面临少则几十欧元、多则达1万欧元的罚款。如果房主没有扫雪而致使他人在自家门口摔倒，要负法律责任并承担"受害者"的医疗费用。

柏林的应急管理体系由警方、消防部门、紧急医疗救助中心、军队、民间志愿者组织等部门组成，充分发挥社会、民间的力量，从而形成一个全社会的应急管理网络。特别值得一提的是柏林的志愿者队伍。柏林有很多的志愿技术协助人员，志愿者平时都有自己的工作，在发生险情时只要接到通知，两小时内就可迅速赶到集中地集结出发。柏林特别注重志愿者的培训，各志愿者组织都结合自身的特点积极开展培训工作。培训不仅包括技术内容，也有荣誉感、责任感的教育。培训的针对性很强，如红十字会就分为急救医生、卫生员、急救卫生员、急救助理等多种岗位培训，每个岗位的培训都规定了明确的培训内容和学时要求，而且有从课堂到实地再到实战的学习过程。柏林同时也开展了广泛的公民教育和培训。在明确政府职责的基础上，强调公民自身能力的培养。政府部门与救援组织合作，对公众开展自我保护知识的培训，在中小学普遍设置相关教学内容，向公民发放《突发事件预防手册》，形成政府、非政府组织、企业、个人全面应对突发事件的格局（于晓勇和尚赞娣，2011）。

### 4.4.2　易北河夏季特大洪水灾害

2002年8月上旬，英国东侧北海形成的一个低气压，改变通常向西北方向移动的规律，一路南下到了意大利的热那亚湾上空，吸足了地中海的水汽。由于受到撒哈拉–巴尔干地区上空高气压的阻拦，这颗危险的"水炸弹"弹头向东，经过阿尔卑斯东麓再北上，驻留在易北河流域的上空，导致易北河、多瑙河流域发生了百年未遇的特大洪水。

易北河流域2002年8月11日至13日的暴雨先在德国境内诸多支流引发了山洪与泥石流，其后，随着易北河干流洪水入境形成更为严重的灾害。2002年8月17日，易北河洪峰到达德国的历史文化名城德累斯顿，洪峰水位比1845年的历史最高水位记录超出 65 厘米，洪水重现期达百年一遇，全市受淹面积达 50 平方千米，损失惨重。德国约 34 万人受灾，因灾死亡 21 人，大量桥梁、水灾总损失达到 92 亿欧元。其中萨克森–安哈尔特州有 35 处堤防溃决，损失 20 亿欧元；勃兰登堡州损失 5 亿欧元。

德国与欧美许多其他国家一样，抗灾、救灾活动由居民所在的地方政府负责。当灾害规模扩大时，救灾的活动逐级扩大到县、州以至全国。2002 年的特大洪水超出了州的能力范围，因此需要启动国家应急管理体系。应萨克森自由州请求，联邦政府特别设立了灾害对策指挥部，向灾区直接提供了联邦政府的援助，并发表了综合考虑生态环境的治理洪涝灾害新措施（程晓陶，2003）。

### 4.4.3 德国特大洪水的应急处理经验

（1）高度重视应急管理体系的法规建设。2002 年抗洪实践表明需要联邦政府发挥更大协调作用，因此，德国政府及时调整了相应法规，增大联邦政府在洪灾应急管理中的职责。

（2）坚持防洪减灾体系的国有性质。德国的勃兰登堡州与萨克森–安哈尔特州，虽然都是属于前东德的州，但在管理体制的变革上，勃兰登堡州环境部的防洪管理机构，仍然保持为国有事业单位，每 10 千米堤防有 1 名技术人员管理，保证对堤防情况的熟悉。防汛期间，以该机构为中心成立的专业指挥部，为全州的防洪抢险提供专业信息与技术指导，紧张时期，有将军在指挥部设立办公室，直接听取专业人员的意见，调动抢险救援力量。萨克森–安哈尔特州，由于 2002 年初原环境部所属的防洪管理局改革成了企业化的公司，结果 2002 年大洪水期间在应急管理与决策支持方面难以正常地发挥作用。

（3）加强防灾警报系统的建设。以萨尔茨堡为例，每周六中午 12 点都要鸣响所有的警报器，确认警报器处于正常状态，以保证紧急时刻的运用。虽然现在公众已经能够从电视与网络上获得防灾警报信息，但是，突发性灾害发生时，供电系统有可能瘫痪，因此，警报器在防灾中仍不可少。

（4）健全流域统一的洪水预报与水库调度体制。各国所有水库都有防洪调度预案，但是缺乏流域统一预报、调度的体制。现有的洪水预报系统，在 2002 年的洪水中表现不佳，主要由于水文观测设施损毁严重，水文预报系统难以正常运行，同时由于几代人都未经历过特大洪水，预报与调度业务人员缺乏经验与准备。

（5）重视堤防质量建设与管理。在超标准洪水的袭击下，德国马格德堡地区的易北河段干支流堤防多处溃决。德国对所有的堤防溃口都进行了原因分析，发现过去几年中投入的资金少，导致堤防保护不够。现场指导的专家对堤的内部结构不清楚，也是原因之一。另外，按规定，堤脚 10 米之内不允许种树，实际上堤上有大的树木，有的决堤就是由树木倾倒引起的。

# 4.5　德国应急管理启示及国际合作交流方向

## 4.5.1　应急管理启示

德国建立在联邦制行政模式下运行的应急管理体系，具有完备的应急管理常设机构、决策与执行相分离的应急指挥系统、专业化与社会化相结合的应急救助体系、独具特色的应急管理培训等鲜明特点。我国与德国在政治体制上有着很大差别，不能完全照搬照抄德国的应急管理经验，可以着重从以下几个方面予以借鉴（封畦，2006）。

### 1. 动员社会力量参与的应急管理模式

德国应急管理最大的特色是各种专业志愿者应急管理队伍的参与。队伍数量庞大、专业技术突出、分布广泛、响应迅速是德国志愿者应急管理队伍的鲜明特点。全国 8200 万人口中，有 180 万人是具有专业化应急救援知识和技能的志愿者。

我国现阶段应急管理和应急救援人员占总人口的比例还很低，不能满足社会对应急管理专业队伍的需求。另外，随着社会的不断进步，人们志愿参与公益事业的热情不断高涨，民间自发组织的应急救援队伍数量和规模与日俱增，以蓝天救援队为代表，各类志愿救援组织已经活跃在救援一线。我国可以因势利导，学习借鉴德国模式，推动专业化应急管理志愿者队伍建设，弥补专职人员不足的短板。

一是法制先行，依法建设专业化的应急救援志愿者队伍。当前我国应急救援志愿者队伍法制化建设处于初级阶段，还没有专门法律明确其地位和职能，没有明确其合法权益和保障措施。在完善我国突发事件应对法的基础上，应尽快制定一部专门调整专业化应急救援志愿者队伍建设中政府与志愿者之间权利义务关系的单行法律或法规。依法确立专业化应急救援志愿者队伍在我国应急救援体系中的法律地位，明确规定参与应急救援是公民的法定义务，明确规定专业应急救援志愿者必须具备的身体、心理、年龄、性别等条件。明确规定志愿者在应急救援中所享有的各种政府保障，以及在遭遇各种救援风险时政府所给予的救济。依法确立政府在专业化的应急救援志愿者队伍建设中的主体地位，明确政府在专业化应急救援志愿者的招募、注册、培训、管理、装备及后备队伍建设中所承担的具体义务。明确规定政府对志愿者实施表彰激励的方式方法。通过专门立法调动政府和公民两个方面的积极性，规范政府和志愿者在应急救援中的行为，以加快我国专业化应急救援志愿者队伍建设的步伐。倡导全社会尊重应急救援人员，提升应急救援志愿者的荣誉感。

二是系统培训，提升应急救援志愿者专业知识和专业技能。应急管理特别是应急救援在现代化、信息化的新形势下，技术性强、危险性高，对专业技能要求高，志愿者仅凭一腔热血不仅不能顺利完成救援任务，甚至可能将自己陷入险境。根据《中华人民共和国突发事件应对法》的相关规定，将应急救援志愿者纳入专业化培训范畴，设置标准化、规范化、系统化的培训内容，依托各部门、各系统的职业救援队的培训基地，对应急救援志愿者进行分层次、分专业的培训和实战演练，实施严格的考核和准入标准，系统提升志愿者队伍整体素质水平。

三是统一指挥，与专职救援队伍形成合力。在城市应急管理指挥系统的建设过程中，应充分考虑专职队伍和志愿者队伍的融合，发挥两者的特长，形成救援合力。在条件成熟时，还应当在全国范围内建立应急救援信息共享、救援力量统一调配、上下畅通、完整统一的应急指挥平台。避免政府与志愿者组织之间应急信息不畅通、应急救援力量配置不合理、应急救援效率低下等问题。避免重大突发事件发生后，各方志愿者蜂拥而至，堵塞救援通道、耽误救援进程的情况。

## 2. 提高风险防范监测能力

德国的《公民保护和灾难救助法》明确规定"在与各州的共同努力下，联邦政府要开展全国范围内的风险分析"，内政部牵头负责"联邦风险分析与公民保护"指导委员会，成员包括内政部、环境部、卫生部、交通部、经济与技术部、劳动和社会事务部等联邦部门，主要职责为制定风险分析方法框架，设计损害参数、等级和临界值等。

以长三角[①]为例，上海市及周边的长三角地区已初步形成灾害遥感监测体系、气象预报预警体系、水文监测预警预报体系、地震监测预警体系、地质灾害监测系统等。但随着云计算、大数据、人工智能等新技术的快速发展，各类风险监控能力需要进一步提升。不断提高风险防范监控水平，一是要加快安全预警监测能力建设，加大突发事件和灾害现场实况的获取能力和图像信息的传输力度，努力畅通和拓宽信息获取渠道，提升政府第一时间获取信息的能力；二是加强预警，特别是综合性的预警，各涉灾部门要加强协作，建立跨部门联合监测预警机制，增强综合监测和预警能力，逐步提升系统性、综合性预报预警水平；三是加强自然灾害信息体系建设。在充分发挥现有气象、防汛、地震、地质等监测预警体系作用的基础上，进一步完善功能、科学布点、加强装备，不断提升自然灾害监测

---

① 长三角指长江三角洲。

预警水平，建立重大危险源数据库，掌握重大危险源情况，为事故预防和应急处置提供依据，加强应急管理工作源头化管理。

### 3. 强化应急管理装备技术支撑

德国应急救援装备普遍先进，职业消防队有 883 辆消防车、604 辆抢险车和设备车、482 辆指挥车、334 辆急救船等。业余消防队有 49 393 辆消防车、2165 升降式救护车、488 辆抢险车等。企业消防队也有相应的救援车辆。所有车辆的维护都是地方政府承担，州政府、联邦政府会提供部分补偿，职业消防车辆 5~6 年更新，业余消防站车辆更新周期稍长；也可以通过公开招标找专业公司维护保养。

我国目前的应急救援装备普遍缺乏标准。以消防部门为例，我国消防车辆和防护装备已经建立了较为完善的标准体系，但部分抢险救援器材尚无国家或行业标准，即便是已有的标准也存在更新慢，不能满足实际需要等问题。其他灾种救援队伍的装备标准更是稀少，如森林消防目前只针对森林灭火防护服制定了标准，地震、矿山和危化品救援队则是参考消防行业的部分装备标准。

因此，一是要加大装备标准化建设步伐，尽快完善装备产品技术标准体系及装备配备标准，解决技术需求问题，逐步为应急救援队伍配备标准化、系列化、通用化的装备。二是根据各地地理条件、气候环境等因素科学配备装备。例如，关于消防队伍，辖区内若存在大型建筑或高层建筑，则应考虑配备具有一定跨距的举高消防车；若辖区内化工企业较多，则应配备化学灾害事故特种车辆和个人防护装备，储存充足的泡沫等灭火剂等。三是加强新技术装备的应用。充分发挥机器人、无人机等高科技装备在事故抢险中的应用，降低救援人员的风险，第一时间获取更多事故现场数据参数。

### 4. 注重应急管理分区协同

在德国，危机管理、应急规划及民事保护学院（Akademie für Krisenmanagement, Notfallplanung und Zivilschutz, AKNZ）专门有一个特别的指挥部演练课程模块，即"跨州演练系统"。由于德国的每个联邦州都有相对独立的"主权"，因此，一些大的跨地区的灾难发生时很难形成统一的领导力，针对这种情况，危机管理、应急规划及民事保护学院设计了跨州演练课程，是由联邦政府政府主导的跨州及跨地区的应急指挥部演练。演练在由各部委领导组成的"指导委员会"指导下进行，由联邦内政部以及联邦州、企业与机关等部门的至少 12 名成员组成的"跨州演练项目组"来具体实施，通常需要一年的准备时间，加上演练实施与评估两个阶段，共需要一年半的时间。演练的主题有"长时间大范围停电""多个联邦州同时发生恐怖袭击""放射性物质威胁"等。

应急管理进一步加强跨区域分工合作，促进全方位协同联动，探索应急管理协同发展制度创新和工作联动的路径模式；进一步拓展协同领域，推动应急管理法规、政策、规划深度融合。

5. 加强应急管理宣传教育、培训和虚拟环境模拟演练

德国非常重视危机管理培训，其基本观点是危机的特点决定了危机管理很难积累经验，唯有通过培训和演练才能积累应急管理的组织指挥、技术救援和组织协调能力。在德国，负责危机管理培训的主要有两个学院：一是危机管理、应急规划及民事保护学院，二是技术救援学院。其中，前者主要负责培训危机管理者的指挥能力和组织协调能力，培训对象包括联邦议会代表、联邦 / 州政府部门的国务秘书 / 部长、联邦州长、县长、大城市市长、联邦军队领导阶层、警政单位领导阶层、重要基础设施企业的高层管理人员等，每年约 8000 人 / 次参加培训。技术救援学院侧重于危机管理中具体的执行能力的培训，其培训对象主要是各级技术救援指挥中心的消防部门的领导和技术救援中心的领导，此外，该学院还负责在周末（节假日）对志愿者进行培训和演练。

普通民众若具有较强的安全意识和应急技能，在应对各种灾害时就不单纯处于等待救援的被动状态，而知道如何进行自救和互救，既减少人员伤亡又减轻政府负担。我国要加大社会安全意识教育，完善全国性的社会有序参与应急管理工作的平台，从而真正形成全社会共同参与应急管理工作的格局。与社会力量合作，系统利用虚拟现实技术、仿真建模技术构建一套面向教学实验和仿真实训的虚拟现实模拟演练系统，为公共安全与应急管理领域的学科建设和人才培养提供技术支撑平台。系统可各种模拟真实、典型的火灾情景，为学生提供交互性强、逼真性高、动态灵活的多灾种突发事件教学平台，提高学生对突发事件的感性认识和应对突发事件的处置能力。

### 4.5.2　国际合作交流方向

德国已与所有邻国签署了关于相互灾难援助的双边协议。在突尼斯、约旦、乌克兰和中国等伙伴国家中开展旨在协助其增强自身民防能力的项目。

2002 年，BBK 下属的危机管理中心建立了联邦和各州之间的情况通报联合中心，目的是加强联邦与州之间、各联邦职能部门之间、社会救援组织之间及德国与其他国家之间在通报重大损失情况和危险情况方面的协调与合作（刘胜湘和许超，2017）。

到 2004 年 5 月，德国的应急管理目标从国防状态下的民事保护转变为灾难状态下的公民保护，应急管理培训也相应地转变为以人、自然环境、公共设施等为

保护对象的培训，并且形成了两个专门的应急管理培训系统。其中，隶属于 BBK 的德国危机管理、应急规划及民事保护学院主要负责与应急管理相关的政府工作人员培训，隶属于 THW 的联邦技术救援学院负责救援力量，即应急救援一线人员的培训。

　　德国应急和灾害管理相关院校及相应教育项目名称如表 4.1 所示，这些机构均可作为我国未来应急管理国际合作交流的目标机构，开展中德应急管理合作项目，组织国内的应急管理人员前往德国，在危机管理、应急规划及民事保护学院和 THW 进行交流学习。可以借鉴德国专兼结合、以兼为主的师资构成模式，将提高现有师资教学能力与充分利用应急管理领域社会专家结合起来，构建专兼结合、稳定成熟的中国应急管理培训师资队伍，为我国应急管理培训事业奠定坚实基础。

表 4.1　德国应急和灾害管理相关院校及相应教育项目名称

| 学校名称 | 教育项目 |
| --- | --- |
| 费森尤斯应用技术大学（University of Applied Sciences Fresenius） | 危机和应急管理（crisis and emergency management） |
| 耶拿应用技术大学（Ernst-Abbe-Hochschule Jena- University of Applied Sciences　） | 应急服务/应急护理（emergency services/emergency care） |
| 阿卡应用科学大学（Akkon-Hochschule） | 高级临床护理急诊护理学士——急诊护理（advanced clinical care emergency care B.Sc. - emergency care） |
| | 高级临床护理急诊护理——应急服务和麻醉护理（advanced clinical care emergency care B.Sc. -intensive and anaesthetic care） |
| | 安全管理学士——应急服务和灾难管理（security management B.Sc. - emergency service and disaster management） |
| | 高级临床护理急诊护理理学学士——肿瘤护理（advanced clinical care emergency care B.Sc. - oncological care） |
| | 国际应急和灾害救济文学学士（international emergency and disaster relief B.A.　） |
| | 医学和应急教育学学士（medical and emergency pedagogy B.A.　） |
| | 安全管理学士——应急服务和灾难管理（security management B.Sc. - emergency service and disaster management） |
| | 高级临床护理急诊护理学士学位——身心和精神护理（advanced clinical care emergency care B.Sc. - psychosomatic and psychiatric care） |

续表

| 学校名称 | 教育项目 |
| --- | --- |
| 杜塞尔多夫应用科学大学（Fliedner University of Applied Sciences Düsseldorf） | 护理教育/应急服务教育（care education/education for emergency services） |
| 代根多夫应用技术大学（Technische Hochschule Deggendorf） | 应急服务教育（education in emergency services） |

资料来源：https://www.study-in-germany.de/en/

　　德国的应急管理课程体系对于构建中国特色的应急管理培训课程体系，卓有成效地开展公务员应急管理培训，具有十分重要的借鉴意义。

# 第5章 英国应急管理体系与实践及启示

## 5.1 英国应急管理体制

### 5.1.1 总体情况

1. 概述

英国的现代应急管理体系建立于二战之后，为应对冷战紧张局势，1948年颁布了《国民防务法案》（*Civil Defense Act*，CDA），旨在防范遭受核攻击的风险和减少冷战期间的人员伤亡。该法案将民事应急管理权力下放给地方政府，并以地方警察、消防和卫生单位为管理主体，实行属地管理。1986年颁布《和平时期国民防务法案》（*Civil Defense in Peacetime Act*，CDPA），首次明确了中央政府在应急管理方面的责任和义务，但在制度上中央与地方的协调关系和信息共享并未明确（李格琴，2013）。

20世纪末由于冷战的结束，英国应急管理的主要目标逐步从防范外部威胁转移到完善内部应急管理体系上。2001年7月成立国民应急秘书处（Civil Contingencies Secretariat，CCS），作为最高级别应急管理协调机构，负责全国应急管理日常事务。"9·11"事件的发生促使英国于2004年通过了旨在提供有效民事保护的《2004国民紧急状态法》（*Civil Contingencies Act 2004*，CCA）。该法案明确了紧急事件的概念，界定了中央和地方应急管理机构的职责和应急权力的使用，同时授予了政府在突发事件中临时立法的权力。基于《2004国民紧急状态法》，英国陆续出台了一系列应急管理相关的法律性文件和操作指南，规范了中央、地方政府及其他组织应对突发事件的具体处置程序（李格琴，2013）。

英国的应急预防和处置框架以《2004国民紧急状态法》为主要法律依据，应急管理结构分为国家（中央）、行政区和地方三个层面，如图5.1所示。灾害发生后，一般以灾害发生地的应急服务部门和地方政府为主进行应对处置，实行属地管理；若灾难规模和复杂性超出地方政府应对能力时，行政区将担负区域内部的灾难应急和协调工作及与中央政府的沟通工作；只有重大灾难才会触发中央政府进行应急处置和协调管理。中央政府通常针对事件的类型，指定牵头政府部门（lead government department，LGD）或将权力下放给行政部门负责紧急事件的应对和处置①。

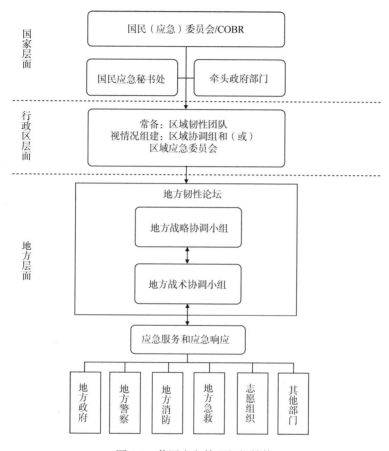

图 5.1　英国应急管理组织结构

## 2. 应急机构设置和职责

### 1）国家层面

在国家层面，首相为灾害应急管理最高长官，负责统一领导、指挥和协调政府各部门的应急管理活动。首相之下设有国民应急委员会（Civil Contingencies Committee，CCC），为英国政府防灾应急决策机构。当国家面临重大紧急情况时

① European Commission. United Kingdom-Disaster management structure：vademecum-civil protection，网址为 https://ec.europa.eu/echo/civil_protection/civil /vademecum/uk/2-uk-1.html[2021-12-31]。

CCC 通常在内阁办公室简报室（Cabinet Office Briefing Room，COBR）召开，会议由首相、内政大臣或一名高级部长主持，负责所有战略层面的灾害应对和恢复工作，并根据灾害的类别和规模指定一个中央部门作为 LGD 来确保应对措施得以实施。内阁办公室设有 CCS 为 CCC 提供秘书支持，并负责日常应急事务管理和跨部门协调[①]。

CCS 由五个部分组成，分别是职能部、地方响应职能部、自然灾害小组、评估部和应急规划学院。其主要职能：一是负责应急管理体系规划和物资、装备、演练等应急准备工作。二是对风险和危机进行评估，分析危机发生概率和发展趋势，确保现有的应急计划和措施足以应对。三是在危机发生后，确定 LGD 的名单、职责及是否启动 COBR，制订应对方案，协调各相关部门、机构的应急处置；在区域性突发公共事件处置中，负责督促地方政府的处置情况；在 LGD 处置不当或不力时，及时介入并进行干预。四是对相应工作进行评估，从战略层面提出改进意见，协调推动应急管理立法工作。五是负责组织应急管理人才培训[②]。其中，紧急事务规划学院（Emergency Planning College，EPC）负责进行危机管理研究和人员培训。EPC 是集应急管理培训、科研和咨询为一体的国家级综合性平台，始建于 1937 年，2001 年后划归 CCS 管辖。EPC 与利兹大学商学院合作办学，拥有上百人的师资队伍。学院培训对象包括各级政府官员，消防、警察、急救等专业救援部门管理人员，也包括国民卫生体系、学校、军队、志愿者的管理者及外国官员等。除了教育培训外，EPC 还承担了研究、制定应急管理标准、手册，为 CCS 和社会各界提供政策建议等一系列科研、咨询任务[③]。

2）行政区层面

行政区的区域韧性团队（regional resilience teams，RRT）充当中央政府与地方政府之间的沟通渠道，负责区域防灾运作，支持地方政府的应急处置和恢复工作。RRT 由各级市政厅、地方警察局、消防局、紧急救护中心、卫生与安全机构、环境等部门的高级代表组成。作为沟通地方和中央层面紧急事务的桥梁，RRT 主要负责本政府级区域内跨地域、跨部门的风险评估和应急规划工作，并在发生突发事件时为地方的应急抢险救援工作提供必要的支持。当灾害需要区域协调时，可应 RRT 或中央 LGD 要求成立区域协调组（regional coordinating group，RCG），协调整个区域的紧急事件响应和灾后恢复工作。在最严重的情况下，可召集区域应急委员会（regional civil contingencies committee，RCCC）以应对整个地区的应

---

① 资料来源：https://www.gov.uk/government/publications/the-central-government-s-concept-of-operations。

② 资料来源：https://www.xsbn.gov.cn/178.news.detail.dhtml?news_id=46722。

③ 资料来源：https://www.squaredapplesuk.co.uk/app/download/23546664/2003_Cabinet+Office_dealing+with+disaster_revised.pdf。

急处置和恢复活动①。

3）地方层面

地方层面的应急处置和恢复行动是英国应急响应的基石，主要依靠地方应急服务和地方韧性论坛（local resilience forum，LRF）。其中应急服务的核心成员包括警察、消防、急救和海岸警卫队等。通常情况下，警察带头协调当地突发事件的应急处置。LRF 的参与者是各个部门的主要官员，旨在对应急服务进行战略协调，并根据需要召集地方战略协调小组（local strategic coordinating group，LSCG）和地方战术协调小组（local tactical coordinating group，LTCG），分别负责应急处置的对策和应急处置的实施。当灾难的规模超出了当地应对能力时，　RRT 将会介入协调和处置。只有重大灾难发生时，CCS 或 LGD 或 CCC 才会介入应急处置①。

地方政府的行政首长是本地应急管理的最高领导人。各地方参照中央政府和地区政府的模式建有 LRF。该论坛由地方行政首长担任会议主席，每季度至少召开一次会议。平时负责地区应急预警、制订应急工作计划、举行应急培训演练等。紧急事件发生时，负责协调各方力量有效应对，论坛下设消防组、医疗组、商业组、志愿组等工作小组，针对各自管理的领域开展紧急应对工作②。

按照《2004 国民紧急状态法》的规定，地方政府、警察、消防、医疗急救及环境保护部门等在紧急事件应对中承担核心任务，因此这些部门是第一类响应单位。交通运输、公用事业、志愿队伍等承担辅助任务，这些部门是第二类响应单位。以下为部分响应单位的紧急事件应对职能③。

地方警察部门。其职责主要包括：与其他应急机构一起抢救幸存者；在事故现场提供应急支援；保护事故现场，疏散围观者，疏导交通；调查事故原因；收集并发布伤亡信息；采取措施恢复正常秩序。

地方消防部门。其职责主要包括：搜索和救援幸存者；消除和预防火患；提供人道主义服务；处理危险品并保护环境；负责获救和遭到破坏的财务；警戒线内的安全管理；负责在现场清除污垢，消除生物、化学残余，消除包括核辐射在内的各种放射性污染。

地方急救中心。其职责主要包括：抢救生命；为伤者提供治疗、安抚和照顾；提供适当的运输和医疗人员、设备及资源；确定伤者的优先撤离顺序；为国家卫生署及其他医疗机构提供现场通信设备；从官方推荐的医院名单中指定接收伤者

---

① 资料来源：https://ec.europa.eu/echo/files/civil _protection/vademecum/uk/2-uk-1.html。

② 资料来源：https://www.gov.uk/government/consultations/consultation-on-draft-regulations-for-the-control-and-management-of-ships-ballast-water-and-sediments。

③ 资料来源：https://www.cambridge.gov.uk/media/1253/cca-short-guide.pdf。

的医院；运送事故医疗主任、流动医疗救护队及其装备到现场；为伤者安排到达接收医院最合适的运送措施；在最短的时间内恢复急救中心辖区内应急服务的正常状态。

卫生部门。英国的公共卫生突发事件实行垂直管理，它是以卫生和社会福利部（Department of Health and Social Care，DHSC）及国民医疗服务体系为主导的自中央到地方的垂直管理体系。中央的卫生和社会福利部是"掌舵者"，负责制定战略性指导纲要，为地方提供智力支持，对地方的相关部门进行绩效评估；地方国民医疗服务体系是一个具有高度自治权的实体，仅接受卫生和社会福利部的战略性政策指导，它是主要的"划桨者"，直接提供应对危机的服务，包括地方的救护车服务、急救服务及基本医疗保障。

地方环保部门。其职责主要包括：保护所在地区的水资源、土地资源和大气环境；防洪事务，包括汛前的预警、汛期的专家咨询、汛后的修复和调查勘探；在出现污染事故的情况下，收集相关证据；必要时对国外出现的核事故进行评估，并提供公众咨询服务等。

### 5.1.2　分类管理

英国将突发事件划分成 26 种不同类型，应急处置和灾后恢复涉及 30 余个部门和机构。其主要突发事件涵盖自然灾害、事故灾难、公共卫生事件及社会安全事件等类型，并基于突发事件的类型分属不同的机构和部门进行应对处置和善后恢复工作，即由 LGD 负责。突发事件涉及的主要部门和机构、部门职责及应对的突发事件类型如下所示[①]。

（1）内政部（Home Office，HO）。

职责：提升公共安全和保障，确保国家有能力快速有效地反应、处理事件和从事故中进行恢复，特别是由恐怖活动造成的事件。具体包括减少犯罪及其造成的危害，防止火灾并减少火灾影响，减少极端主义和恐怖主义及其造成的危害，以及在必要时处理全英国范围内的大规模疏散安排等。其中内政部下属的基础设施保卫中心（Centre for the Protection of National Infrastructure，CPNI）肩负保护国家的基础设施免于恐怖主义、间谍活动、网络威胁和大规模杀伤性武器等对国家基础设施造成的影响。

突发事件类型：恐怖主义和恐怖袭击；重大公共事件；电子攻击等。

（2）商业、能源和工业战略部（Department for Business, Energy & Industrial

---

① 资料来源：https://www.gov.uk/government/publications/list-of-lead-government-departments-responsibilities-for-planning-response-and-recovery-from-emergencies。

Strategy，BEIS）。其 2016 年由商业、创新和技能部（Department for Business，Innovation and Skills，BIS）和能源气候变化部（Department of Energy and Climate Change，DECC）合并而成。

职责：确保国家能源系统的可靠性和韧性；制定符合政府 2050 气候目标的能源系统愿景和规划；推动清洁能源的结构性增长和应对气候变化的全球行动；确保灾难性事件发生时，现有应急计划能够维持公共基础设施等。该部门下属的放射性事故检测网（Radioactive Incident Monitoring Network，RIMNET）肩负辐射造成的危害处置和恢复责任。

突发事件类型：油气电等能源供应的中断；通信和邮政服务中断；民用核能辐射事件；境外核辐射事件；恶劣天气导致能源系统损坏或瘫痪等。

（3）卫生和社会福利部。该部门由 15 个独立机构和一些其他的机构组成，拥有 2160 名职员。

职责：建立有效的预防接种体系，同时在传染病暴发时对病人进行诊治；基于现有的防范和反应安排处理大型事件和群体性人员伤亡；确保灾难性事件发生时，现有的应急计划能够维持必要的卫生服务。

突发事件类型：医疗保健服务中断；群体性人员伤亡事件；人类传染性疾病事件；食物、饮水污染和中毒事件等。

（4）交通部（Department for Transport，DFT）。

职责：旨在建立一个安全、稳定、高效兼具韧性的交通运输系统；确保灾难性事件发生时，现有应急计划能够维持交通服务。

突发事件类型：交通事故；海陆空运输中断事件；恶劣天气导致的交通故障和瘫痪等。

（5）财政部（Her Majesty's Treasury，HMT）。

职责：确保灾难性事件发生时，现有的应急计划能够维持金融服务。

突发事件类型：金融服务中断事件。

（6）环境、食品和农村事务部（Department for Environment，Food and Rural Affairs，DEFRA）。

职责：确保灾难性事件发生时，现有的应急计划能够维持水和食物的供给，并具备洪水和海岸防卫能力；提升国家对洪涝和动植物灾害的防御能力，增强灾害的响应和恢复等处置能力；其中，该部门下辖的环境署（Environment Agency，EA）致力于为人类和野生动物创造更好的环境，支持可持续发展，肩负土地和水资源污染处置及重大工业污染处置任务。

突发事件类型：食物和水资源供应以及废物处理中断事件；土地和水资源污染事件；重大工业污染事故；洪涝和溃坝事件；动植物疾病事件等。

（7）国防部（Ministry of Defence，MOD）。

职责：保卫英国本土和海外领地免于遭受核攻击和核威胁，为英国提供安全保障，增强国防韧性。

突发事件类型：国防核设施和核材料运输过程中的辐射事故等。

（8）CCS。

职责：在危机发生后，确定 LGD 的名单、职责以及是否启动 COBR，制订应对方案，协调各相关部门、机构的应急处置。

突发事件类型：危险化学品引发的事故；卫星事件等。

（9）住房、社区和地方政府部（Ministry of Housing, Communities and Local Government，MHCLG）。

职责：旨在为全国各地创造适宜的居住和工作条件，并支持社区团结和繁荣。为受难者提供住房和社区支持。

突发事件类型：恶劣天气导致的建筑物和环境损毁；地震、洪涝和溃坝安置问题；海外侨民紧急安置问题。

（10）司法部（Ministry of Justice，MOJ）。

职责：致力于保护和推进正义。

突发事件类型：皇家属地紧急事件。

（11）外交、联邦和发展办公室（Foreign, Commonwealth and Development Office，FCDO），其前身为国际发展部（Department for International Development，DFID）。

职责：旨在促进英国公民利益，维护国家安全，减少贫困。

突发事件类型：海外灾难事故。

（12）数字、文化、媒体和体育部（Department for Digital, Culture, Media and Sport，DCMS）。

职责：促进经济、文化的持续和稳定发展。

突发事件类型：运动场所的灾难事故和事件。

### 5.1.3　分级负责

英国的灾害应对实行属地管理，当紧急情况需要由中央政府直接处置时则分为三个级别，如图 5.2 所示①。

①资料来源：https://www.gov.uk/government/publications/the-central-government-s-concept-of-operations。

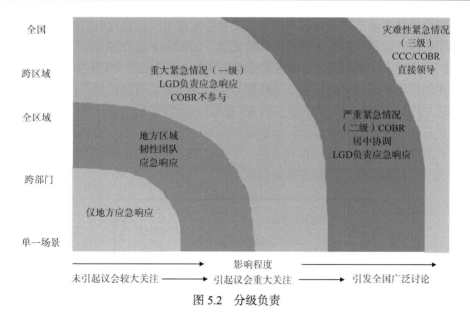

图 5.2　分级负责

重大紧急情况（一级）（significant emergency-level 1）：该事件具有广泛的关注点，需要中央政府，主要是 LGD 或权力下放的行政部门参与和支持，配合应急服务部门、地方政府和其他组织进行应对处置。该级别下无须中央政府多个部门的联合处置，因此通常不会启动 COBR。

严重紧急情况（二级）（serious emergency-level 2）：该事件具有广泛或长期的影响和威胁，需要中央政府多个部门和机构的持续协调和支持，配合行政区级的应急处置。该级别紧急情况下由中央政府的 LGD 领导，COBR 居中协调，多部门联合处置。同时 COBR 对灾害管理和 LGD 的应对负有全部责任。

灾难性紧急情况（三级）（catastrophic emergency-level 3）：该事件具有极高和潜在的广泛影响，需要中央政府立即介入并进行直接指导和支持。该类事件的特性为地方应急响应无法处置且需要自上而下的应急响应，须由 CCC 和 COBR 进行处置，并在处置过程中使用到应急权力。

### 5.1.4　伦敦市应急管理实践

英国在国际化大都市的应急处置方面则通常包含地方和行政区两个层面，如图 5.3 所示。大伦敦的应急管理组织体系分为地方层面和大伦敦区层面，应急管理重心在地方。只有突发事件的影响超过地方范围或承受能力时才会启动大伦敦区域应急管理机构，甚至是中央政府。地方层面主要包括地方响应机构和协调机构。其中，响应机构包括应急服务机构、地方政府、卫生部门等一类核心响应单位，以及公共事业部门和伦敦交通等二类合作响应单位；协调机构主要指 LRF。
区域层级应急管理机构由大伦敦区韧性论坛（London Regional Resilience Forum，
LRRF）承担，其主要任务是：增进大伦敦地区内、区域之间及与中央政府的沟通，
为大伦敦应急规划提供跨机构的战略指导，与地方应急管理论坛保持密切联系，
协调区域内的应急准备工作，并在需要时制订区域层面的应急计划。当大伦敦地
区发生重大突发事件需要多个应急服务部门共同应对时，可启动韧性战略协调小
组。该战略协调小组由高级警官主持，旨在制定大伦敦地区跨机构应对重大突发
事件的战略目标、做出战略决策和调度①。

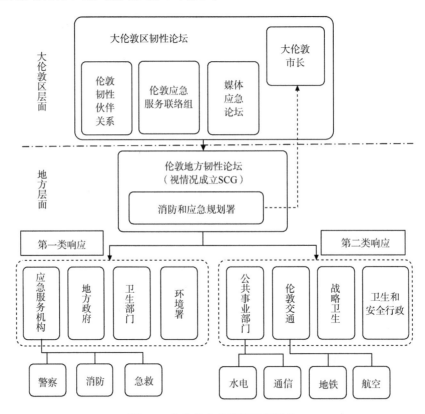

图 5.3　大伦敦应急管理组织结构

大伦敦市长在贯彻执行突发事件响应法和改进首都地区突发事件的处置方面
扮演着重要角色。深度介入有关大伦敦地区应急管理的高层磋商和决策，担任伦
敦区域韧性论坛副主席；向伦敦市民发布突发事件应急计划，提供突发事件应对
指南；负责突发事件管理问题。同时，在大伦敦地区的预警发布和应急信息发布

---

① 资料来源：https://www.london.gov.uk/sites/default/files/leslp_mi_procedure_manual_2019_version_10.1.pdf。

方面扮演关键角色（万鹏飞，2012）。

大伦敦区韧性论坛是对应中央政府 CCS 的应急管理协调机构。该论坛向中央政府报告工作，由内阁地方政府部部长和伦敦事务大臣共同担任主席，大伦敦市长担任副主席。其成员分为三类：一是政府代表，包括中央政府、大伦敦市长、伦敦中心城和伦敦各地方政府市长；二是紧急事务核心部门代表，包括大伦敦警察服务署、伦敦中心城区警察署、英国交通警察总署、伦敦急救服务署、伦敦消防总队、国家环保署、国家健康保障署的主要负责人；三是紧急事务相关部门代表，包括火车运营公司协会、伦敦商界、伦敦地方议会联盟、伦敦军区、伦敦宗教界、伦敦应急管理小组、全民健康服务署、网络轨道、伦敦港口管理局、伦敦交通局、伦敦公用设施公司、伦敦志愿组织等部门负责人。其主要职能有：增进区域内、区域之间、区域与中央政府之间、区域与地方政府及各相关组织之间的沟通；为区域层的应急规划提供跨机构的战略指导；与地方层面跨机构的组织（LRF）保持密切的工作联系，协调区域内的应急准备工作，需要时以现行地方应急计划为基础，制订区域层面的应急计划。在该论坛下，按照应急管理中不同部门设置专项会议；按照不同紧急事件类型设置专项任务执行小组；根据紧急应对中的不同环节设置必需的预警与信息发布、指挥与控制等行动小组和论坛（万鹏飞，2012）。

伦敦应急服务联络组（London Emergency Service Liaison Panel，LESLP）成立于 1973 年，为专门性的应急管理组织，是英国成立时间较早、发展较成熟的应急联动机制安排。该联络组的宗旨是用伙伴关系的方式来处理重大突发事件的规划和应对。LESLP 会议由大伦敦警察服务署的应急准备指挥部的主任主持，每三个月开一次会。成员包括大伦敦警察服务署、伦敦急救服务署、英国交通警察总署、英国海岸警卫队伦敦分部、伦敦港口管理局、大伦敦地区各地方政府、军队武装力量、志愿组织（万鹏飞，2012）。

伦敦战略协调小组（Strategic Consulting Group，SCG）。为更快速有效地应对大伦敦地区的突发事件，依据英国《2004 国民紧急状态法》和 LESLP 重大突发事件应对流程手册，在发生较大规模紧急事件，需要战略性多机构协调时，伦敦将成立突发事件战略协调小组。SCG 由大都会警察局（或适当的牵头机构）主持，根据事件的性质、规模和发展动态，小组可邀请其他部门的代表参加。SCG 的作用是持续协调整个区域对紧急事件的响应，包括后果管理和恢复，直至紧急事件完全平息。

伦敦消防和应急规划署（London Fire and Emergency Planning Authority，LFEPA）。伦敦下属 33 个地方政府，除了基于伦敦地区的上述联动机制之外，英国政府和大伦敦市政府很重视地方之间的横向合作，共同应对可能需要相邻地方政府支持的突发事件。在伦敦地区，这种横向合作采取两种方式：一是地方政府之间签订相互援助协议；二是根据法律和有关规定，指定 LFEPA 负责伦敦地方政府在应急管理方面的横向协调。LFEPA 向大伦敦市长负责，协调职能包括以下几点：负责地方政府应急管理论坛日常协调工作；负责各地方政府各辖区的风险分析和评估；负责大伦敦地区地方政府应急的整体规划；设立突发事件控制中心，搜集和发布信息；提供针对整个大伦敦地区地方政府的培训项目；提供针对整个大伦敦地区地方政府的演练项目；与各个地方政府展开非正式的磋商，加强跨机构的合作（万鹏飞，2012）。

## 5.2　英国应急管理机制

英国内阁办公室对国民保护负有最终责任，但由于突发紧急事件通常发生在地方层级，因此应急防灾工作将主要由 LRF 来处置。当紧急事件超出了地方层级处置能力时，则由行政区级或中央政府的 LGD 进行处置。

《2004 国民紧急状态法》明确了 LRF 应急处置相关部门的职责，并将相关部门和机构划分为一类响应和二类响应。其中，一类响应单位是应对大多数紧急情况的核心组织，主要承担全套民事保护职责，包括紧急情况风险评估、制订发布应急计划和行动安排、公众预警、信息共享及向企业或志愿部门提供管理建议和帮助等；第二类响应单位为第一类响应单位的合作机构，不参与应急计划的核心内容，但会大量参与应急处置，与第一类响应单位合作并共享相关信息。

英国应急管理包括三个主要阶段：准备、响应和恢复。其中，准备阶段主要包括预期、评估、预防和准备等应急预案；响应阶段包括应急管理和后果（或影响）管理，旨在降低直接风险或阻止事件的恶化；恢复阶段则是在紧急事件后的重建、恢复和复原工作。但响应和恢复通常划分并不十分明确，因此整个应急处置也可以分为应急管理的准备及应急管理的响应和恢复两个方面[①]。

### 5.2.1　应急管理准备方面

具体工作包括合作、信息分享、风险评估、业务持续管理、应急规划、预警和通报公众、演习、培训等。在该阶段，第一类响应单位在第二类响应单位的支持下，侦测到可能影响其所在地的新危害和威胁，准备相应的风险评估和应急计划，并根据新的危险和威胁，将风险评估、所采取的预防和准备措施告知公众。同时应急计划中包含开展演习、培训工作人员或其他人员、演习性质和频率等内

---

① 资料来源：https://www.squaredapplesuk.co.uk/app/download/23546664/2003_Cabinet+Office_dealing+with+disaster_revised.pdf。

容，以确保计划有效[①]。

（1）合作。英国的应急管理非常强调合作，认为政府、应急服务部门、商业部门、志愿者组织之间必须进行双边和多边合作。英国应急管理通过各种平台来进行该方面的合作：在地方层面是通过 LRF；在中央政府主要是由 CCS 负责协调中央各部之间及其与地方的工作。通过这些平台进行信息沟通、资源分配、行动协调，同时这些平台不但是同一层级不同危机管理主体合作的平台，也是不同层级之间进行协调和沟通的平台。

（2）信息分享。《2004 国民紧急状态法》明确规定了各类应急管理主体都有分享信息的义务，该法案指出不同主体之间充分的信息沟通是应急管理的关键，是风险评估、应急规划、业务持续管理等各项工作的基础。英国政府及其他非政府部门（如公共事业等部门）都将有关规章制度、活动或经营状况的信息公开，各类企业之间通过商业关系进行信息共享。

（3）风险评估。风险评估是整个应急管理的前提，也是应急规划和业务持续管理的基础，其大致可分为三个阶段，即情景化（contextualisation）、风险评估（risk evaluation）和风险处置（risk treatment）；三个阶段具体操作又分为六个步骤：情景化、危险审核和划分、风险分析、风险评价、风险处置及监控和审核。英国应急管理体系的各个层次都要进行风险评估，在风险评估过程中特别强调各类危机应对主体、各管理层次的合作及行动的协调一致。英国应急管理的风险评估一般以五年为一个周期。

（4）业务持续管理。业务持续管理实际上是应急管理在具体组织中的应用，通过这一管理过程确保组织在危机爆发后能继续履行其关键职能，并且能在危机过后尽快完全恢复。业务持续管理大致分为五个阶段，即了解业务、制订备用方案、业务持续管理、培育业务持续管理文化及业务持续管理的维护和审核。

（5）应急规划。英国的应急规划一般分为普通规划和特殊规划，普通规划是指适应各种危机事件的规划，而特殊规划则只针对特定的危机事件或危机事件爆发的特定地方。普通规划是指导性、大纲性的，特殊规划是具体性、操作性的。应急管理主体在制订危机规划时，一般既要制订普通规划又要制订特殊规划。《2004 国民紧急状态法》还规定第一类响应单位有按处理危机事件所需的程度发布危机规划的法定义务。

（6）预警和通报公众。英国应急事件的预警工作充分利用各种传播媒介，注重发挥互联网的传播优势，同时强调发布的预警信息要有吸引力，要照顾到一些特殊的受众（如残疾人、老人和儿童）。强调各部门在预警和通报公众等信息沟通

---

① 资料来源：https://www.gov.uk/government/publications/emergency-preparedness。

过程中的密切合作，以避免信息混乱和资源浪费。在英国，无论是中央层次还是地方层次都有"媒体应急论坛"，这一论坛是在预警和通报公众等信息沟通过程中各应急处置主体与媒体机构之间进行合作、协调、沟通的重要平台。当危机事件的影响达到全国规模时，中央政府就会成立新闻协调中心，以统筹全国的关于危机事件信息的发布工作。

（7）演习。英国应急管理的演习分为三种类型，即讨论型演习、模拟型演习和实战型演习。英国的中央政府和各级地方政府都有自己的演习计划，同时，英国政府在双边或多边关系（如八国集团、北约、欧盟）的基础上积极参加国际性的应急演习。

（8）培训。英国的应急管理很注重对危机应对人员的培训工作。其培训工作可分为两大类：一类是关于危机应对准备培训，包括对管理工作人员进行风险评估、业务持续管理、应急规划等方面的培训；另一类是关于危机应对的培训，指对管理工作人员在危机事件爆发以后如何开展危机应对工作能力进行培训，培训内容包括各种规划的内容、个人在执行规划中的职责、应对危机的关键技能和知识等。值得注意的是，在英国的应急管理中演习也是一种重要的培训。EPC 是英国应急管理的培训任务的主要承担者，也是英国仅有的一个全国性的各应急处置主体相互交流危机管理经验的常设平台。

## 5.2.2　应急管理响应和恢复方面

### 1. 响应和恢复概述

在响应阶段分为局部应急响应和广域应急响应。其中，局部应急响应要求第一批到达现场的响应人员应进行快速评估，并向控制室报告。收到初步报告的控制室应按照既定计划向其他应急服务部门和相关机构发出警报，战术协调人员对事件进行控制和处置，包括评估控制风险、建立警戒和疏散等；针对广域应急响应，在早期阶段，战略和战术一级的多机构协调小组对灾害信息进行整理、评估和监测，启动战略协调小组进行处置。当紧急事件规模和影响较大时，国家层面的领导部门或权力下放的行政部门将介入参与处置。

在恢复阶段，先确定受影响人群和社区及受影响的程度，并以此确定恢复工作的优先次序。恢复活动主要围绕人道主义、环境、经济和基础设施四个关键主题进行。对于地方层面的恢复工作，地方政府负责恢复规划，第一类响应单位参与恢复活动，其他地方机构通过当地韧性论坛提供支持。当需要启动国家一级恢复机构时，CCS 将根据紧急情况的类型确认 LGD，确定的 LGD 启动国家恢复小组进行统筹恢复工作。在恢复阶段后期还需对恢复情况进行报告，以及恢复工作完成后恢复协调小组的退出程序①。

2. 响应和恢复的执行

英国的危机应对和恢复体制从纵向看，可划分为国家层面应急响应和恢复和地方层面应急响应和恢复②。

1）国家层面应急响应和恢复

在英国，如果突发灾害的规模或者复杂程度超过一定限度，需要中央政府进行紧急处置、协调和救援时，CCC 根据灾害类别和规模指定一个中央部门作为 LGD 或由权力下放的行政机构负责中央政府对突发灾害事件的全面管理，协调各部门的应急响应和善后恢复工作。

（1）LGD 的确定。LGD 的具体职责由 CCS 确定并根据情况适当更新。无法直接准确判断 LGD 时，CCS 有责任做出判断，并确定最合适的 LGD。确定 LGD 的依据主要有两个方面：一是灾害与 LGD 的正常工作之间有明显联系；二是 LGD 能及时准确地获得相关信息，拥有相关救援设备、技术、场所等。当灾难发生时，如果 LGD 认为灾害风险对国家构成重大挑战，需要 CCC 做出中央部署时，就会向该委员会提交灾害风险的评估报告。在中央紧急救援行动过程中，LGD 将不断与 CCS 积极合作，协调各方关系和支持。

（2）LGD 的层次。在应急响应中，英国 LGD 可分为三个层次。第一层次：LGD 运用自己的应急设备负责应对危机事件，CCS 可提供适当的建议。第二层次：由 LGD 与 COBR 发出联合命令。如果 LGD 认为应对危机事件需要更大范围的支持及动用更多资源时，可以启动 COBR，CCS 可以给予帮助。第三层次：如果一场突发事件十分重大且具有灾难性后果，需要中央政府从开始到实施都介入应急反应，则将由首相或任命国务大臣来领导。

2）地方层面应急响应和恢复

英国在应急管理方面主要实行属地管理原则，绝大多数应急事件是由地方政府的应急服务机构来独立处理的。灾害发生后，一般由地方政府负责迅速处理，提供应急救援，阻止灾害扩大。当灾害事件超出当地政府应对能力时，中央政府将向地方政府提供支持，或者地方政府寻求邻近地区的就近支援③。

地方层次的应急响应和恢复工作的运行机制是英国危机管理的一大特色，它包括运作层（铜）、战术层（银）、战略层（金）三个层次。该机制既是一种应急

①　资料来源：https://www.gov.uk/guidance/emergency-response-and-recovery。

②　资料来源：https://www.gov.uk/government/publications/the-central-government-s-concept-of-operations。

③　资料来源：https://www.squaredapplesuk.co.uk/app/download/3546664/2003_Cabinet+Office_dealing+with+disaster_revised.pdf。

处置运作模式，又是一个应急处置工作系统。一方面，根据事件性质和大小，规定形成不同的"金、银、铜"组织结构；另一方面，"金、银、铜"三个层级的组成人员和职责分工各不相同，通过逐级下达命令的方式共同构成一个应急处置工作系统。为保证通信畅通，政府统一采购通信装备、提供无线通信频道。

（1）金色战略层。这一层级主要解决"做什么"的问题，由应急处置相关政府部门（必要时包括军方）的代表组成，无常设机构，但明确专人、定期更换，以召开会议的形式运作。该层级负责从战略层面对突发公共事件进行总体控制，制定目标和行动计划下达给银色战术层。金色战略层要重点考虑以下因素：事件发生的原因；事件可能对政治、经济、社会等方面的影响；需要采取的措施和手段，以及这些措施和手段是否符合法律规定、是否会造成新的人员伤亡、是否会对环境和饮用水等产生影响；与媒体的关系等。金色战略层可直接调动包括军队在内的应急资源（决定资源在全国范围内调动的是内阁办公室），通常远离事件现场实施远程指挥。由于成员很难短时间集中到一起，一般采用视频会议、电话等通信手段进行沟通和决策。

（2）银色战术层。这一层级主要解决"如何做"的问题，由事发地相关部门的负责人组成，同样是指定专人、定期更换，可直接管控所属应急资源和人员。该层级负责战术层面的应急管理，根据金色战略层下达的目标和计划，对任务进行分配，并向铜色运作层下达执行命令（what、where、when、who、how 等），并可根据不同阶段处置任务和特点，任命相关部门人员分阶段牵头负责。该层级指挥官由各相关部门的高级官员担任，他们要承担策略指挥的任务，解决如建立外围封锁戒严区、一些重要功能区或设施的位置（幸存者集中地点、死者遗体安置点、媒体联络官驻地）等问题。

（3）铜色运作层。这一层级的各部门直接在事故现场工作，具体负责事件发生现场的有关处置措施的执行。各相关部门都有一个铜色层级指挥官，负责各自部门的应急响应工作。铜色层级指挥官还有一个重要任务是确定是否需要启动银色战术层，其依据是看应急响应和恢复工作是否超出了铜色运作层的能力。银色战术层启动后，铜色运作层指挥官的任务就是负责执行银色战术层指挥官的策略，直接控制和使用其部门的应急资源进行现场处置，并与其他铜色层级指挥官进行协作。

## 5.3 英国应急管理法制

### 5.3.1 横向方面

英国应急管理的综合性法律是《2004 国民紧急状态法》，其涵盖该法案制定背景、紧急情况定义、地方应急安排及应急权力使用等内容。随后《2004 国民紧急状态法》在 2005 年进行了两次修订，在 2008 年和 2011 年对该法案的应急响应单位目录进行了更新，2010 年和 2012 年对该法案的应急计划做了进一步修订。与此同时，2005 年苏格兰和威尔士颁布了《2004 国民紧急状态法（苏格兰）》和《2004 国民紧急状态法（威尔士）》等法案，并于 2005 年和 2013 年进行多次修订。此外，作为全国性公共法令《1970 应急基金法》分别于 1974 年和 2020 年进行了修订和更新；出台的《2020 应急基金法》《2021 应急基金法》为英国应急管理提供了资金保障。

应急管理涉及的其他专项法律法规有：《2015 控制重大事故危险（修订）条例》[ The Control of Major Accident Hazards (Amendment) Regulations 2015 ]、《2019 辐射（应急准备和公共信息）条例》 [ The Radiation (Emergency Preparedness and Public Information) Regulations 2019 ]、《2018 核设施（规定场所和运输）条例》[ The Nuclear Installations (Prescribed Sites and Transport) Regulations 2018 ]（基于《1965 核设施法》）、《2019 电离辐射（环境和公共保护）条例》[ The Ionising Radiation (Environmental and Public Protection) (Miscellaneous Amendments) Regulations 2019 ]（基于《1999 电离辐射条例》）、《2003 管道安全（修正）条例》[ The Pipelines Safety (Amendment) Regulations 2003 ]、《2008 气候变化法案》( Climate Change Act 2008 )、《1975 运动场安全法案》( Safety of Sports Grounds Act 1975 )、《1987 年体育场所消防安全和安全法》( Fire Safety and Safety of Places of Sport Act 1987 )、《1974 工作场所健康和安全法》( Health and Safety at Work etc. Act 1974 )和《2010 洪水和水资源管理法》 ( Flood and Water Management Act 2010 ) 等。《2004 国民紧急状态法》同其他专项法律共同对应急管理中的诸如风险评估、应急预案、应急指挥和控制、业务持续性处置、合作和信息共享、公众知情等方面的权责进行了清晰的界定。

此外，在应急处置过程中，第一类和第二类响应单位在执行《2004 国民紧急状态法》和其他专项法律和法规赋予的职责进行应急处置过程中还应考虑《1998 人权法案》( Human Rights Act 1998 )、《2007 法人过失杀人及法人杀人法》( Corporate Manslaughter and Corporate Homicide Act 2007 )、《1974 工作场所健康和安全法》( Health and Safety at Work etc. Act 1974 )、《2020 工作时间（冠状病毒）（修订）条例》[ The Working Time (Coronavirus) (Amendment) Regulations 2020 ]（基于《1998 工作时间条例》）等法律法规赋予的职责①。

---

① 资料来源：https://www.legislation.gov.uk/。

### 5.3.2 纵向方面

适用全国和伦敦的规范性法律有《2004 国民紧急状态法》以及与其配套的非法律性文件《2006 应急准备工作指南》（ *The Guidance of Emergency Preparedness 2006* ）、《2013 应急响应和恢复指南》（ *The Guidance of Emergency Response and Recovery 2013* ）、《2013 中央政府的运作理念指南》（ *The Guidance of Central Government's Concept of Operations 2013* ）以及《2019 自发志愿者的规划和协调》（ *The Guidance of Planning the coordination of spontaneous volunteers 2019* ）等。涉及伦敦的应急管理规范文件主要有《1999 大伦敦地方政府法》（ *Greater London Authority Act 1999* ），其中有关于伦敦消防与应急规划署的设立、职责和运作的规定；《2007 大伦敦地方政府法》（ *Greater London Authority Act 2007* ），其中有关于伦敦消防与应急规划署的修改和补充规定；《2006 应急准备工作指南》（ *The Guidance of Emergency preparedness 2006* ），其中有第 9 部分关于伦敦的应急准备和预案[①]。

## 5.4 英国应急管理案例

2017 年 6 月 14 日的伦敦格伦费尔塔大火（Grenfell Tower fire）[②]是英国自二战结束后最严重的住宅火灾。该事故由冰箱故障引起，大火持续了约 60 个小时，造成 72 人死亡，70 多人受伤。伦敦市及中央政府对该事件进行了应急响应和恢复处置，同时也为导致事故的原因、改进处置机制和消防政策等方面做了深刻与细致的调查、评估和总结。

首先，伦敦一线的应急管理部门响应迅速。火灾始于 2017 年 6 月 14 日 0 时 50 分，伦敦消防队在 0 时 54 分接到报警，两辆带有水泵装置的消防车在六分钟后到达事故现场，建立了内部作业基地，并进行灭火处置。观察到熔覆板被引燃，1 时 13 分事故指挥官（铜色层级）请求额外水泵和空中设备的支援，触发火灾调查单位和指挥车（银色层级）到达事故现场。1 时 30 分，大火窜到楼顶，火势开始失控。在此期间消防队的响应级别迅速提升，专业消防援救和损控单位介入，消防专员和更多的消防队、消防器械加入火情处置。此外，伦敦警察局和伦敦救护车服务的相关人员到达现场对事故和人员进行处置和救助。1 时 30 分至 2 时 4 分组织对被困人员的救助和疏散，并宣布该火灾为重大事件。该事件共出动消防

---

① 资料来源：https://www.legislation.gov.uk/。

② 资料来源：https://m.tw.llhlf.com/wiki/格伦费尔塔火灾。

车 40 辆、指挥车 6 辆、空中平台 4 个、10 个消防队、2 个运作支援单位和 250 名消防员。伦敦警察在第一时间对事故现场进行了警戒和管理，对警戒线内的学生和人群进行了转移与疏散。

其次，多部门协作机制运转良好。在失火报警一个小时内除消防队外的警察局和医疗救护服务到达事故现场进行辅助支持。事故发生后约两个半小时（3 时 20 分）TCG 召开了第一次会议，一小时四十分钟后（5 时）更高级别的 SCG 会议在伦敦消防队主持下召开，后续的会议则由伦敦警察局（金色层级）主持。SCG 制订了灾后的人道主义援助计划，并在 SCG 的协调和指导下，伦敦警察局、消防队、医疗救济服务、伦敦市当局、肯辛顿和切尔西皇家自治区和租户管理组织等共同对该事件进行了处置和善后恢复工作。

此外，灾后恢复和重建及调查与总结工作全面而深入。在 SCG 的领导下，制定了善后统筹和协调工作，包括伤亡人员的救助和安抚，疏散人群的安置和家庭援助，校舍、交通和公共事业的恢复等。伦敦市政府创建的格伦费尔塔火灾响应小组由约翰·巴拉德领导，包括伦敦市当局、大伦敦市当局、中央政府、英国红十字会、伦敦警察局和伦敦消防队，负责火灾后的恢复工作。由于在该事件的应对与处置过程中存在较多的疑惑和批判，中央政府委托了一份关于建筑法规和消防安全的调查，同时举一反三对其他高层建筑的安全标准进行了排查。针对格伦费尔塔事件的调查自 2017 年 9 月 14 日起，第一份报告于 2019 年 10 月发布，对该事件更广泛原因的调查于 2020 年开始。

## 5.5　英国应急管理启示及国际合作交流方向

### 5.5.1　应急管理启示

#### 1. 加强地方应急处置权力，提升地方应急处置能力

我国地方层面可以借鉴英国的地方和地区层面的应急管理制度，对地方的应急处置和善后恢复充分放权，并承担相应的处置责任，使地方具备有效调动和协调包括警察、消防、急救和公益组织等在内的应急力量，具备处理突发事件的能力；进而在突发紧急事故的第一时间，可以对突发事件进行快速和有效地处置及应对，最大程度上防止事态扩大。

#### 2. 完善应急调查制度，强化应急软实力

我国地方层面在风险评估和应急培训方面可借鉴英国的地方应急举措，设立

专门的风险评估、定期培训机构，完善相应的规章制度；强化对紧急事件产生原因、造成影响的全面和深入调查，并对同类型紧急事件的调查结果进行分析和整理，形成应急事件史料，并用于应急教育和培训。致力于提升我国地方应对突发事件的防控能力，规范应急处置流程，降低突发事件错误处置造成的巨大成本。

### 5.5.2　国际合作交流方向

1. *应急管理组织架构和应急处置模式交流*

英国的应急管理组织架构和应急处置模式的形成基于英国联邦政体，因此其应急处置机制属于分散式管理，即应急响应和处置实行属地管理，国家和区域层面通常不是应急主体。因此，英国的地方政府层面具有很强的应急自主权，并承担相应的处置责任。其应急组织架构和应急处置模式与我国存在巨大的差异，我国可以此为切入点，通过对比中英两国的应急组织架构和应急处置模式，取长补短，完善我国应急管理体制。

2. *应急管理和处置的法制建设交流*

英国具有较长的法治经历和丰富的立法经验。针对应急管理方面的法律法规已经非常完善，尤其是《2004 国民紧急状态法》的征集、颁布、修订及配套的法律法规。其立法遵循程序正确，法律或法规的修订具有较强的规划性，并可在不同时期对法律和法规进行修订。尤其是英国的地方性法律和法规更新频率较高，更具时效性。在此方面，我国各省市可借鉴英国地方的应急法制体系，完善我国地方应急管理的法制建设。

3. *地方应急准备交流*

英国在应急准备方面构建了十分完善的"事前"筹备体系，由地方的第一类响应单位主导，第二类响应单位进行辅助，以确保应急准备工作的有效性。我国的地方层面的应急管理，应基于地方应急机构的职责借鉴英国在应急准备中的多部门合作、风险评估、业务持续管理、应急规划制订、预警和通报公众等内容。

4. *高校应急专业学术交流*

英国现代的应急管理体系离不开其学术界对应急领域的探索和支持。英国的多所高校在应急管理方面开设了相关的本科和硕士专业，例如，曼彻斯特大学（University of Manchester）人道主义和冲突响应研究所开设了应急管理、灾害管理及国际灾害管理等硕士专业；伦敦金斯顿大学（Kingston University London）理学院开设的灾难和灾害管理本科专业和硕士专业；考文垂大学（Coventry University）科学与环境学院开设的灾害管理本科专业、灾害管理硕士专业及应急计划与管理硕士专业等；此外圣安德鲁斯大学（University of St. Andrews）还设有恐怖主义研究相关文凭。我国的应急管理机构和各高校应急管理专业可加强与上述英国高校的联系并建立学术交流渠道，以学术交流为契机推动应急管理领域更深层次的交流。

# 第6章 日本应急管理体系与实践及启示

## 6.1 日本应急管理体制

### 6.1.1 总体情况

日本应急管理体制的形成经历了以应对自然灾害为主的防灾体制阶段、应急管理体制初建阶段及构建综合性国际应急管理体制阶段（王德迅，2013）。日本的应急管理体制由内阁总理大臣（首相）为最高指挥官，内阁官房（相当于我国的国务院办公厅）负责总体协调和联络，通过安全保障会议、中央防灾会议委员会及相关省厅负责人等决策机构制定应急对策，由各专业部门（警察厅、消防厅、国土交通省、海岸警卫队、防卫省、厚生劳动省）负责具体实施。当发生紧急事态时，一般是根据事态的类型启动不同的应急管理部门，自然灾害主要由中央防灾会议委员会负责；突发公共卫生事件由厚生劳动省负责应对；经济危机由金融危机对策会议牵头应对；而国家安全事宜则由"安全保障会议"研究对策。

日本政府实行中央、都道府县（即我国的省级）、市町村（即我国的县级）三级防灾救灾组织管理体制。从中央政府到各都道府县及市町村等各级政府均通过防灾会议和防灾局负责全国性和地方性自然灾害和事故灾难的防灾工作。灾害发生时，各级政府建立灾害对策本部，统一指挥救灾工作。

1. 防灾会议

日本内阁将"中央防灾会议"作为防灾减灾工作的最高决策机构。其主要职能是：促进防灾基本计划的制订和实施；制订并实施救灾紧急措施计划；审议防灾救灾重要事项；向首相提供政策咨询等。该会议由首相担任会长，成员有防灾担当大臣、其他全体内阁大臣，以及指定公共机构的代表和有关专家等（是指红十字会、NTT（Nippon Telegraph & Telephone）电信公司、广播协会和学术研究机构的有关学者）。中央防灾会议下设多个专门委员会，分别就具体事项开展调查，从而确保防灾工作科学而有序地开展。中央防灾会议有权要求相关行政机关、地方公共团体及其他执行机关、指定公共机关的长官或其他相关人员提供资料、陈述意见或进行其他必要的合作。同时可以对地方防灾会议进行必要的指导（刘轩，2016）。与中央政府相对应，日本地方政府也设立了都道府县防灾会议，会长由知事担任，设有本会议、干事会和事务局等，委员由各指定行政机关及公共部门的长官，或由长官提名的职员担任。地方防灾会议是在《灾害对策基本法》的基础上组织起来的，地方防灾会议有向中央防灾会议报告和接受指示的义务和责任（俞慰刚，2008）。

### 2. 防灾局

内阁府防灾局是主管防灾减灾工作的国家行政机关，辅助防灾担当大臣统筹全国防灾事务，负责制定防灾基本政策、大规模灾害发生时的应对措施及相关计划调整、与各省厅进行工作协调等，由政策统括官（防灾担当）主管，下辖 10 名参事官、104 名工作人员。各都道府县及市町村等各级政府均设有相应级别的防灾局，具体管理本辖区防灾事务，并承担相应级别的防灾会议的日常工作。

### 3. 灾害对策本部

根据日本的《灾害对策基本法》及相关法律，在遭遇重大自然灾害或公共安全事件时，日本政府会根据受灾规模相应设立地方灾害对策本部、非常灾害对策本部、紧急灾害对策本部。灾害对策本部是各级政府应对各类突发事件而成立的临时机构，具有统筹全局、统领指挥的权限和职责（姚国章，2009a）。地方灾害对策本部是都道府县或市町村开展本地灾害救援工作的指挥部，开展第一线的抢救工作，同时收集相关的灾情信息，并将灾情信息呈报给上级灾害对策机关。当发生更大规模的灾害时，将启动中央灾害对策本部。如果发生的灾害被认定为重大灾害，将设置由防灾担当大臣为部长的非常灾害对策本部。如果发生的灾害被认定为显著异常且特别严重的大规模灾害时，将设置由首相担任部长的紧急灾害对策本部。为确保迅速且有效地执行灾害应对计划，各级行政机关和公共机关必须密切配合灾害对策机关的救援工作，并响应受灾地区都道府县知事等要求，派遣合适人员参与救灾活动。

## 6.1.2　分类管理

日本政府把"紧急事态"区分为五大类，①大规模自然灾害，如地震、火山、台风水灾、雪灾等；②重大事故，如航空事故、海上事故、铁路与道路事故、危化品事故、大规模火灾、危险品泄漏、核电站事故等；③核能灾害，如核试验等；

④重大事件，如劫机、人质，核、生物、化学武器（NBC①）与炸弹恐怖袭击，重要设施恐怖袭击，可疑船只，弹道导弹，网络攻击等；⑤其他，如公民被绑架、大量难民流入、人传人的新型流感等。

处理上述五类紧急事态的一整套体制机制称为紧急事态应对体系。该体系由防灾减灾体系、危机管理体系和国家安全体系三部分构成，三者既分工明确，又相互关联。其中，防灾减灾体系是国家应对自然灾害和事故灾难及灾害救援、灾后重建的工作系统（紧急事态第一、二类），其最高领导机构是"中央防灾会议委员会"，由首相（内阁总理大臣）亲自担任会长，内阁防灾担当大臣具体负责有关工作。日本政府仅设20个大臣职位，专门设立防灾担当大臣一职充分体现了对防灾工作的重视，现任防灾担当大臣还兼任国家公安委员会委员长。危机管理体系是国家应对紧急事态的常态化值班预警工作系统，并具体担负重大事故、重大事件及其他紧急事态的应对工作（紧急事态第二、三、五类，新型流感等卫生安全事件属于第五类）。该体系由内阁府主管，内阁官房作为首相的辅佐机构，在紧急事态应对中发挥着中枢作用。内设危机管理总监一职，主管"内阁危机管理中心"（设置在内阁官房）与"官邸危机管理中心"（设置在首相官邸）。具体职责为：在突发事件发生时，负责分析事件形势，做出第一手判断；迅速与有关部门联络进行综合协调，发布最初的应急措施；辅助首相和官房长官采取相应对策。平时，负责研究制定政府各种危机管理对策，检查和改善各个部门的危机管理体制（赵成根，2006）；从收集信息、制定预案对策及加强部门协调等方面强化中央危机管理能力。国家安全体系是国家应对外来威胁和与军事领域有关的工作系统（紧急事态第四类），由安全保障委员会负责，首相亲自主管，内阁官房副长官助理（安全保障担当、危机管理担当）负责日常运行，防卫省承担具体工作。日本紧急事态处置各机构职能如表6.1所示。

**表6.1　日本紧急事态处置各机构职能**

| 事态分类 | 根据法 | 主管府省厅 | 应急指挥部 |
|---|---|---|---|
| 大规模自然灾害 | 《灾害对策基本法》 | 防灾担当大臣 | 1. 非常灾害对策本部（本部长：防灾担当大臣；副本部长、成员等由首相从内阁官房、指定行政机关的职员或指定地方行政机关首长、职员中任命）<br>2. 紧急灾害对策本部（本部长：首相；副本部长：防灾担当大臣；成员：本部长及副本部长以外的所有国务大臣） |

① NBC 为 nuclear, biological and chemical weapons, 核武器、生物武器和化学武器。

续表

| 事态分类 | 根据法 | 主管府省厅 | 应急指挥部 |
|---|---|---|---|
| 重大事故 | 《灾害对策基本法》 | 内阁官房<br>相应主管省厅<br>各省厅以各部门内的事务局为中心承担实际防灾救灾业务 | 1. 非常灾害对策本部（本部长：相应省厅大臣）<br>2. 紧急灾害对策本部（本部长：首相） |
| 核能灾害 | 《核能灾害对策特别措施法》（1999 年平成 11 年法律第 156 号） | 原子力规制委员会<br>原子力防灾担当大臣 | 核能灾害对策本部 |
| 重大事件 | 《关于在武力攻击和存在危机事态中确保日本和平与独立以及国家与人民安全的法律》（2003 年/平成 15 年法律第 79 号） | 内阁官房<br>国家安全保障委员会 | 武力攻击事态等对策本部 |
| 其他如新型流感等卫生安全事件 | 《新型流感等对策特别措施法》（2012 年/平成 24 年法律第 31 号） | 内阁官房<br>厚生劳动省 | 新型流感等对策本部，如新型冠状病毒感染症对策本部，本部长由首相担任；副本部长由内阁官房长官、厚生劳动大臣担任；本部成员由其他所有国务大臣组成 |

　　在发生突发事故与自然灾害时，最为紧迫的任务是开展现场的救援工作。日本由于长期受到自然灾害的影响，练就了一支训练有素、装备优良的专业救援队伍。日本直接承担事故与灾害救助任务的主要是消防员、警察、自卫队、医疗救护人及当地的志愿者（李征，2020）。日本的消防机构主要承担火灾、地震、台风、水灾等灾害救援任务及医疗急救职责。当发生紧急灾害时，消防厅作为专门从事灾害救助的业务机构，负责派遣紧急消防队参与救援任务，并及时收集、整理、发布灾害信息，保持与日本内阁、相关省厅及地方自治团体的联络和沟通。

　　日本警察队伍在救灾抢险中也起着重要作用。当发生重大灾害或者存在灾害危险时，当地警察会迅速收集地区的灾害情报，劝导和指挥居民避难，开展紧急救助活动，寻找失踪人员，确认遗体身份，并组织灾民自救，维持社会治安等工作。

　　作为执行"专守防卫"日本自卫队，同样肩负着灾害危机处理和救援义务。在发生重大灾害等紧急状态时，都道府县知事或灾害对策本部可以向防卫大臣或其指定的代理人提出书面申请，或通过电话等通信手段直接提出自卫队派遣申请。防卫大臣或自卫队长官根据申请内容和实际需要，向灾区派遣灾害救援部队，参与灾害救援活动。当发生 5 级以上地震等紧急灾害情况时，即使尚未接到地方派遣要求，自卫队长官也可以派遣自卫队进行信息收集和开展救援活动。自卫队提供的灾害救援范围一般比较广泛，包括搜寻和营救伤员、防洪抗险、预防疫病蔓延、供应饮用水和食品、运输人员和物资等（刘轩，2016）。

日本紧急事态应对体系的基本特点是：首相总揽全局，内阁官房综合协调，各职能部门具体负责和相互配合，社会力量积极参与；平时由内阁危机管理中心、中央防灾委员会干事会、内阁府防灾局等常设机构负责日常事务，紧急事态发生时设立相应对策本部，全面领导有关应对工作。

### 6.1.3　分级负责

当紧急事态发生时，危机管理体系发出相应预警信息，三个体系根据紧急事态等级分类触发对应等级、对应类别的应急响应，分别设立由首相直接领导的国家级对策本部和部门级对策本部，内阁官房统筹协调各有关部门和地方政府进行应急处置，专业部门（警察厅、消防厅、国土交通省、海岸警卫队、防卫省）、核能管理委员会等，以及中央有关部门各司其职。各级灾害对策本部是灾害发生时的救灾指挥机构，负责指挥全国性和地方性的自然灾害和事故灾难救援工作。一般可以分为三个级别。

第一层次是当发生一般灾害时，各都道府县和市町村成立本级灾害对策本部，由知事、市町村长任本部长，在本级防灾委员会领导下，具体指挥本区域的灾害紧急应对行动。

第二层次是当发生重大灾害、事故灾难时，中央政府成立非常灾害对策本部，并立刻向社会公布本部名称、所辖区域等信息，自然灾害由防灾担当大臣任本部长，事故灾难由相应主管省厅大臣任本部长。

最高层次是当发生特大自然灾害时，中央政府成立紧急灾害对策本部，由首相担任本部长，成员包括全体内阁阁僚、内阁危机管理总监及总理大臣任命的其他人员。必要时，派遣以防灾担当大臣等为代表的团队进行实地调查，并在灾区设立紧急灾害现场对策本部，就近管理指挥，本部长一般由分管防灾事务的内阁府副大臣或大臣政务官担任。

此外，日本会根据《灾害对策基本法》《气象业务法》《国民保护法》等法律发布三级防灾警报，分为特别警报、警报、注意警报。日本的防灾警报主要分为气象、地震、火山、环境卫生、核事故、武装攻击、事故等类别。并按照灾害警报重要性程度标注颜色，由低到高依次为黄色（注意警报）、红色（警报）、紫色（特别警报）。日本政府在发布防灾警报时会根据严重程度分别采取发布避难准备信息、避难劝告、避难指示、设定警戒区域、灾害紧急事态五级应对措施。

### 6.1.4  东京市应急管理实践

作为城市化程度很高的国家，日本认为应对灾害及突发公共事件时，城市是否建立与时俱进的安全体系，不仅关系到社会稳定，同时也会对整个经济、社会的发展产生深远影响。

**1. 总体情况**

东京都把城市的危机事态大致分为自然灾害和人为灾害，前者包括地震、火山爆发、风灾和水灾；后者包括 NBC 灾害［核（nuclear）、生物（biological）、化学物质（chemical）］、大规模的火灾和爆炸、大规模的事故等。应急管理理念和原则概括为：重视市民的生命和财产安全，对政府全体行动进行一体化管理，同时作为行政改革的一环为市民提供安心、安全、安定的生活社会环境，并不断改进，进行循环型危机管理（顾林生，2005）。

1）防灾与危机管理对策指挥部启动和指挥协调

根据国家法律和地方条例等，东京都可以设立灾害对策本部、应急对策本部、地震灾害警戒本部、震灾恢复本部四种应急指挥部。当在东京范围内发生大规模灾害或有发生灾害危险的情况下，根据《灾害对策基本法》和《东京都灾害对策本部条例》及有关实施规则，东京都可以采取灾害应急处置活动，进行指挥协调。

2）先期紧急处置机制

先期紧急处置机制包括职员召集制度和职员紧急配备制度。东京都规定成立灾害对策本部后，根据灾情，发出第 1 级到第 5 级的紧急配备状态的应对命令，动员各局、地方队长及本部的职员出动。

3）充足的灾害救助基金

日本的《灾害救助法》第 37 条规定，东京都必须每年按照在本年度的前三年的地方普通税收额的平均值的千分之五作为灾害救助基金进行累积。除都政府之外，各区市町村政府也需进行储备。

**2. 全政府型危机管理体制**

2002 年东京都提出了"建设面对多样的危机、迅速并且正确应对的全都体制"的战略，采取了整个政府行动的一体化管理体制。2003 年 4 月，东京都建立了知事直管型危机管理体制。该体制主要设置局长级的危机管理总监，改组灾害对策部，成立综合防灾部，使之成为能够面对各种危机的全政府型体制。危机管理总监的主要职责是：发生紧急事件时直接辅助知事，强化协调各局的功能，做出是否向相关机构请求救援的决策，当灾害危机发生时，危机管理总监直接辅助知事，在知事的指挥下综合协调各局的应急活动。

综合防灾部由信息统管部门和实际行动指令部门组成。信息统管部门主要负责信息的收集和分析、战略判断，而实际行动指令部门主要负责灾害发生时的指挥与调整。相比于原来的灾害对策部，新成立的综合防灾部增加了对 NBC 灾害等人为灾害和社会安全突发事件的应急管理，直接辅助危机管理总监，在组织制度上强调三项功能：强化信息统管功能、提高危机事态和灾害应对能力、加强首都圈大范围的区域合作（刘晓亮，2017）。强化信息统管功能，主要是采取信息的一元化，加强消防厅、自卫队等救援队伍的合作和协调，将过去分散在各部门的信息统一整合起来，并向危机管理总监报告；提高灾害应对能力，主要是加强危机管理预案工作，充实实践型的训练和演习，加强灾害住宅职员的应急召集；同时，东京都认为当发生大规模的灾害时，只靠自身很难单独应对，必须与首都圈及周围的其他地方政府进行合作。东京都新的危机管理体制如图 6.1 所示。

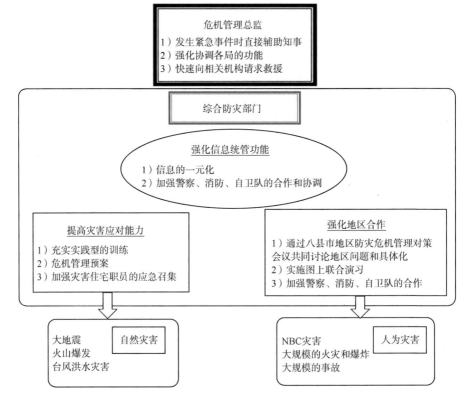

图 6.1　东京都新的危机管理体制图

综合防灾部设有危机管理总监、综合防灾部长、信息统管主管部长各 1 名，以及 3 名副参事（分别为信息统管主管、震灾对策主管和地区合作主管）。另设防灾管理课、防灾对策课、防灾通信课和信息统管主管课（针对警察、消防、自卫队）负责人员。

### 3. 东京应急管理机制

从战后的日本危机管理体系发展的阶段来看，它已经从单项灾种的防灾管理体系转向多项灾种的综合防灾管理体系，从综合防灾管理体系转向国家危机管理体系，具体发展阶段如表 6.2 所示。

表 6.2　东京危机管理机制

| 方面 | 内容 |
| --- | --- |
| 发展阶段 | 单项防灾→综合防灾→危机管理；渐循型发展、均质型发展 |
| 法规 | 部门法规→基本条例和综合条例 |
| 组织机构 | 注重协调的危机管理机构——综合防灾部；专业水平相当高的各个部门 |
| 管理模式 | 原因型管理→结果型管理、循环型危机管理 |
| 规划和计划 | 发展和防灾兼顾，以人为本；防灾规划与经济发展规划的结合 |
| 参与主体 | 政府＋社区（居民、企业等）；站在国民的角度，以民为本；自救→共救→公救 |
| 信息沟通和披露 | 以政府为主的信息公开和透明——多元化和交叉型 |
| 部门协调 | 跨部门协调及部门中内部协调 |
| 责任追究/评估 | 东京都有财产管理、评估政府绩效考核、行政改革 |
| 财政、金融 | 法定灾害救助基金；财政预算、金融和税收措施规范化；完善的社会保障制度 |
| 技术支撑系统 | 信息联络系统 + 受害信息收集系统 + 宣传、信息披露和媒介应对系统 |
| 区域合作 | 应急救援协作机制完善，区域合作应急能力强，整体联动性高：首都圈八都县市联合应急 |

### 4. 东京应急管理规划和应急预案

东京应急管理规划和应急预案包括了危机管理规划及应急预案和指南两部分。

东京都的危机管理规划体系基本上以原有的防灾规划为基础，有综合防灾规划、健康保健等专项部门规划及各部门规划中的防灾、安全、应急的规划等。

为了预先准备好震后恢复对策，东京都在 1997 年制定了《城市恢复指南》和《生活恢复指南》。2003 年 3 月，为了更明确地告知灾后居民应该采取哪些行动及选择和判断的标准，把这两个指南合在一起，再分成两部分，一部分是面向居民的"恢复程序篇"，另一部分是面向行政职员的"恢复措施篇"。

5. 东京应急管理案例

超强台风"海贝思"作为 2019 年以来西太平洋最强台风，于 2019 年 10 月 12 日晚登陆日本，引发大规模洪水、山体滑坡、河流决堤等次生灾害，造成了严重的人员伤亡和财产损失。面对超强台风"海贝思"，东京开展了一系列防台抗台救援救灾工作，在以下几个方面表现突出。

1）信息传递网络完善，信息流通及时

东京都提出将包括居民手机在内的移动电子设备在网络通畅的情况下随时接入政府设立的灾害综合信息系统，结合 GPS[①]定位功能，通过系统主页中的"灾情预测图"和"避难中心分布表"等较为人性化的指示图来向居民及时传递信息。提高河水水位变动及浸水区域的预报准确度，方便居民能更迅速地采取避难行动。同时，考虑到外国游客和外国居民存在语言不通的情况，东京都政府利用"东京都防灾应用"软件的语言功能，提供包含中、英、法、韩等多种语言的防灾减灾信息和避难信息。

2）设置多个协调机构，启动应急指挥系统

东京都设立防汛本部。由都道府县第一负责人组成的全国知事会首次设置紧急广域灾害对策本部，于 2019 年 10 月 14 日召开会议，提出要尽快掌握灾区需求情况，加强救援力量及救援物资统筹协调，解决受灾者居住问题。在各协调机构的指挥下，有关部门和机构各司其职，开展救灾工作。经济产业省调集 100 名干部，协同受灾县约 300 名职员开展工作。东京电力公司派出 2.1 万人参与收集灾情，随时准备应对供电作业，调集 360 台车载发电机开赴各地用于应急供电。公共运输机构和企业也实施有计划的临时停运（马玉玲等，2020）。

3）智能化防灾减灾，全方位地预防监控灾害

考虑到大都市地域较广、人员复杂，东京都将大数据和防灾减灾系统深度融合，联合国家信息通信研究所创新性地在已有的"灾害短信相关信息分析系统"和"灾害情况汇集系统"基础上，采用更智能化的针对防灾减灾使用的"语言文字处理平台"。在灾害发生时，这些系统和平台对收集到的信息进行实时汇总和自动处理，分析灾害强度、避难所情况、受灾人数及安置情况等，根据地点和预设分类将这些信息及时推送至指定人群（张树剑和滕俊飞，2019）。

---

① GPS 表示 global positioning system，全球定位系统。

# 6.2　日本应急管理机制

日本突发事件常态管理和应急响应的行政机制不同,常态管理下防灾的综合统筹是在中央防灾会议框架下进行的。中央防灾会议以内阁总理大臣作为议长,各阁僚为构成人员,决定政府对策,各省厅实施相关政策。在应急响应阶段,初期由内阁官房长官和内阁危机管理总监来综合协调,后期由内阁府负责。关于政府的初始行政应对机制,不论灾害、事故的种类,均由内阁官房统一协调。按照应急管理的工作流程,日本应对紧急情况的应急管理机制可以从事前、事发、事中、事后四个阶段来考察体制的运转机理。

## 6.2.1　事前阶段

在防灾体系建设方面,政府注重立法建制,始终将防灾救灾纳入法制的轨道。《灾害对策基本法》明确了防灾的行政责任,推进综合性和计划性防灾行政管理,各级别的防灾会议要各自制订防灾基本计划和地域防灾计划,并建立巨灾财政援助体系,同时明确规定,当发生了对国家的经济和社会秩序产生重大影响的极端灾害时,内阁总理大臣可以发布灾害紧急事态,并以政令形式采取必要的措施。

日本采取自上而下的方式逐级制订防灾计划,包括由中央防灾委员会制订的"防灾基本计划",着眼于国家全面和长远的减灾问题,如防灾的相关制度,减灾项目,早期和适当的灾后恢复及科学和技术研究等。在实施过程中,依据有关灾害发生与预防的科学研究成果,以及灾害应急对策等情况,每年都要根据实际需要进行审核修订,做到与时俱进。相关行政和公共部门制订的"防灾业务计划",由都道府县和市町村一级制订的"地区防灾计划",由防灾委员会协调会制订的"指定地区防灾计划"等,规定了相关部门和地方具体的防灾责任及在灾害发生之后应该采取的具体行动。

单一灾种防治规划是防灾基本计划的核心内容,主要包括三个方面的内容,一是灾害预防对策;二是灾害应急对策;三是灾害重建对策。以地震为例,在灾害预防方面,主要是制定城市建设方面的防震减灾措施,促进国民防灾活动的开展,以及推进地震灾害与地震防灾的相关研究。在灾害应急对策阶段,主要包括收集灾后情报信息、确保联络与通信,确立救灾活动体制,开展紧急救援、医疗与消防,确保紧急运输,开展避难收容活动,调配与供给食品、饮用水及其他生活必需品,卫生防疫,处理遗体,维持社会秩序,稳定物价,恢复应急设施设备,为灾民传达准确的信息,预防次生灾害,接纳志愿者等。在灾害恢复与重建阶段,包括确定重建基本方向、制订重建计划、支援灾民生活重建、支援受灾企业等(王江波和苟爱萍，2011）。

此外，日本还十分重视防灾减灾的科普宣教工作，通过各种形式向公众宣传防灾避灾知识，增强公众的危机意识。日本的灾害管理教育首先从中小学教育抓起，从小培养公民的防灾减灾意识。日本各都道府县教育委员会基本上都编写有《危机管理和应对手册》或者《灾害管理教育指导资料》等教材，指导各类中小学开展灾害预防和应对教育。日本面向社会的灾害管理教育体系也十分完善，日本各级政府经常通过编印小册子、广播、电视、报刊和互联网等媒体为公众提供各种灾害管理教育，同时会引导公众进行防灾训练，储备防灾物资及器材，制定相互支援措施，并与提供物资的企业制定合作方式，设定紧急避难场所，制作需要救援人员名册。

### 6.2.2　事发阶段

日本首先建立了完善的应急信息化基础设施，并在长期应急实践中，积累了利用现代信息技术实现高效应急管理的经验。通过应用各种先进信息通信技术，构筑了高效、严密、适合本国国情的应急信息化体系。灾害发生后，中央和各级地方政府、情报机构、新闻媒体立刻开始收集、汇总情报，全面掌握灾情，并将有关信息及时传达给各级行政机构，并对民众发出警告，及时通报受灾情况及受灾人数（顾令爽等，2017）。各个地方行政机构可优先利用通信设备向民众发出避难指示。日本建立了较为健全的防灾预警预报机制，能在重大灾害发生时及时发布预报，及时形成政府、社会团体、企业、志愿者和受灾民众等多种主体共同行动的防灾救灾应急机制，最大限度地减轻灾害造成的损失。

根据日本气象业务法规定，一旦出现地震、海啸等紧急情况，气象厅必须立刻通过地上通信、空中卫星线路、气象资料电传网和防灾信息网等通信渠道，上传中央政府、警察机构、自卫队、地方政府、通信公司、电视媒体、海上保安厅和各级消防机构，并由相关机构迅速向各类学校、居民家庭、医院和海上船舶传递。地震发生后，气象厅根据各地观测到的地震信息，一般能够在2~3秒内发出第一次播报，然后在5~10秒钟内进行第二次播报，30~60秒内进行最后一次播报。在播发地震预报的同时，气象台还会发布海啸警戒警报。当地震震级和海啸基本情况得到最后确认之后，气象厅还会播发地震震级、海啸注意事项或警报解除信息。

另外，日本还设立了全国瞬时警报系统。在发生灾害时，日本政府（内阁官房、气象厅、消防厅）可以利用通信卫星直接向全国市町村传送紧急灾害信息，并自动启动无线防灾系统、有线广播电视系统、紧急短信系统等，即时向日本居民发布有关导弹、航空、恐怖事件等警报及海啸、地震等紧急灾情信息。日本国民还可以利用各种传输媒介，如广播、电视、互联网、手机等直接获得关于灾害事件的可靠资讯，以便及时了解应对突发危机的信息和方法，从而最大程度地减少灾害损失。

### 6.2.3 事中阶段

日本组建"内阁情报汇集中心"，主要负责在发生大规模灾害和突发事件时，通过相关省厅、国内外通讯社及民间公共机构收集相关情报，并直接向首相等政府要员汇报。情报集约中心安装了可以直接接收来自危机现场的音像图片及多功能卫星转播的通信设备。这里可以看到从警察厅、防卫厅、消防厅、国土交通省、海上保安厅等部门传来的由直升机拍摄的受灾现场影像；也可以看到通过内阁府、消防厅、国土交通厅等部门利用定点摄录机拍摄的河流及道路的受灾图像。地震等防灾情报主要是通过内阁府"地震受害假定系统和地震受害早期评价系统"的分析结果来获得（王德迅，2007）。

同时，为了改变在各类突发事件中各省厅信息资源难以共享的状况，日本政府通过修改《灾害对策基本法》等相关的法规及成立各种会议组织，对信息资源进行重新配置。其中，设置"内阁情报会议"和"合同情报会议"提高了政府应对突发事件的能力，加快了政府信息资源的共享。

日本在应对各类型突发事件的过程中，强调初期的快速响应，其特点是程序启动迅速、成员分工明确、步骤衔接紧密，如图 6.2 所示。灾害发生后，首先通过不同的媒体渠道（包括电视、广播、网络等），借助各种科技手段及时获得和整理初期的受灾信息。其次迅速召集"非常要员"和相关省厅把握受灾情况。再次根据危机的类型启动不同的应对机制。最后根据危机事件性质、涉及范围、危害程度、可控性等设置非常灾害对策本部或紧急灾害对策本部（王德迅，2020）。

灾害发生后，除投入自卫队参与救援外，日本各都道府县警察总部派出紧急救援队，各市町村派出消防总部和消防团、灾害紧急消防救援队等参与救援。应急救援志愿者团队必须等候各级地方行政机构通知，才能准确投入最需要救援的地方。日本应急设施齐备，学校、公园、市民会馆、体育馆等处设立了众多应急避难场所，并在街道旁设置统一、易识别的"避难场所指示标志"，便于指引公众迅速、准确到达避难场所。地震发生后，如果短时间避难，受灾民众就去附近公园。如果长期避难，就去附近学校、市民会馆或体育馆等暖和的场所。受灾群众必须考虑分散安置，过分集中会导致局部环境卫生条件下降，易引发传染病。日本建立了完善的应急物资储备和定期轮换制度，各级政府和地方公共团体预先设定好救灾物资储备点，以保障受灾民众的灾后生活。同时日本还根据不同用途和

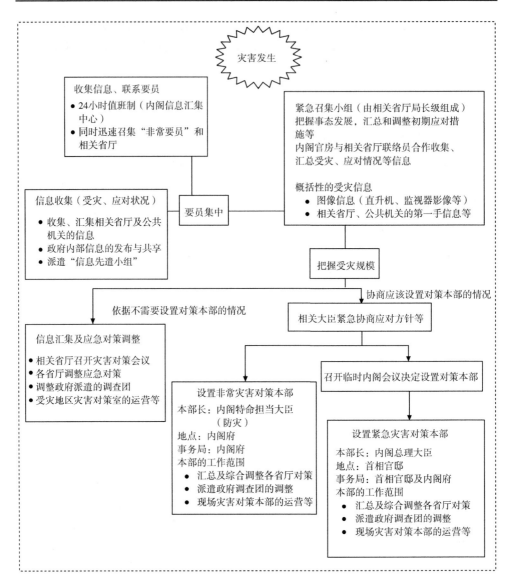

图 6.2　日本政府应急响应流程

需要，研制出数百种防灾减灾用品，为避难者提供帮助（顾令爽等，2017）。

## 6.2.4　事后阶段

日本健全的灾后重建恢复法律法规体系为灾后恢复重建提供了强有力的法律保障和依据。根据《灾害对策基本法》，各地方政府必须在灾后制订受灾地区的重建规划。日本政府每年拨出大量财政预算进行灾后恢复重建。日本《灾害对策基

本法》明确规定中央和地方政府有针对灾后恢复重建的经费支出义务，同时规定
与其相关的财政金融支持政策措施。日本灾后恢复重建中，首先开展对灾后恢复
重建的风险评估，对各项工作细致检查，全面总结经验教训并改善薄弱环节，建
立较完善的灾后恢复重建能力的风险评价指标体系。目前在国际范围内应对灾后
环境的恢复与重建，多数国家采取推倒重建或另寻他处的重建方式。然而，该类
重建方式只针对基础设施的恢复而非针对环境重建。日本自"阪神大地震""东
日本大地震"灾后恢复重建以来，环境省、农林水产省等多个政府部门推行"环
境恢复之路"的环境重建措施。日本恢复的不仅是基础设施，还包括自然和人文
等环境。

## 6.3　日本应急管理法制

　　经过长期的发展和完善，日本已经形成了相对完善的灾害管理法律体系，主
要包括基本法体系、灾害预防法体系和灾害应急对策法体系。1961 年颁布实施的
《灾害对策基本法》是日本防灾管理的根本大法，截至 2019 年，日本政府对该法
总共进行了 50 多次修订。《灾害对策基本法》对防灾体制的建立、防灾计划的制
订、灾害预防、灾害应急对策及灾后重建等起着指导性作用，也是其他相关法律
的立法依据。《灾害对策基本法》的目的是从灾害中保护国民生命、身体和财产安
全，维护社会秩序，确保公共福祉，它主要分为六大部分。第一部分明确防灾责
任分工。主要是明确国家、都道府县、市町村及公共机构的责任，制订和实施防
灾计划，相互协助。第二部分介绍了日本防灾的组织结构。第三部分是防灾计划。
中央防灾会议制订防灾基本计划，各行政机关和公共机关制订防灾业务计划，都
道府县和市町村制订区域防灾计划。第四部分是推进灾害对策。根据灾害预防、
灾害紧急对策和灾害恢复三个阶段，规定各实施主体应当发挥的作用和权限，赋
予市町村长避难指示、警戒区域的设定和应急公务负担等权限。第五部分是财政
金融措施。原则上，由实施主体负担，但如果是特别严重的灾害，国家会实施对
地方公共团体的特别财政援助。第六部分是灾害紧急事态。宣布灾害紧急事态，
设置紧急灾害对策本部，实施紧急措施等。

　　为了配合《灾害对策基本法》的实施，日本政府相继出台了一系列有关防灾
救灾的法律，包括救助法和应对各种灾害的专门法。公布于 1947 年的《灾害救助
法》是关于灾害应急救助问题的最早的法律。其宗旨是："发生灾害时，国家要
在地方团体、日本红十字会、其他团体及国民的协助下，进行应急的必要的救助，
以此来保护受灾者和维护社会秩序。"该法规定救灾工作由都道府知事来进行，

市町村长要对此进行辅助,而红十字会必须对此进行协作。该法还规定了救灾物资的生产、储存、分配及医院、诊疗所、旅馆等建筑物的使用与管理等方面的内容,并明确规定了收容设施、食品饮用水的提供、衣被等生活用品的提供、医疗及助产、人员的救出、危房的应急修理、生活必要的资金及资料的提供与借用、学习用品的提供及埋葬等九个方面的救助内容。

### 6.3.1 横向方面

针对不同类型的突发事件应急管理的专项法律包括:《地震保险法》(1965年)、《地震防灾对策特别措置法》(1995 年)、《原子能灾害特别措施法》(1999年)、《活动火山对策特别措置法》(1973 年)、《台风常袭地带灾害防除特别措置法》(1958年)、《消防组织法》(1947年)、《消防法》(1948年)、《水防法》(1949年)、《土沙灾害防止对策法》(2000年)、《海啸对策推进法》(2011年)、《传染病预防与传染病患者医疗法》(1998年)、《食品安全法》(1947年)等(王德迅,2013)。

针对应急管理中的部分环节,日本也有相应的专项法制。在灾害预防方面有《建筑基本法》(1950年)、《促进密集市区的防灾街区整备法》(1997年)、《气象业务法》(1952年)等。紧急救援环节,日本也有相应的法律法规:《国际紧急救援队派遣法》(1987年)、《确保安全血液制剂的稳定供应等的法律》(1956年)等。征收征用环节的法律有《国有财产特别措施法》(1952年)、《土地征用法》(1951年)等。日本灾害恢复、灾后重建的相关法律包括:《受灾城市区域重建特别措置法》(1995年)、《受灾市街区复兴特别措置法》(1995年)等。同时,针对灾后重建方面还有相应的财政金融措施法体系:《地震保险法》(1966年)、《自然灾害受害者救济法》(1998年)、《严重灾害处理与特别的财政援助法》(1962年)、《集团减灾促进项目特别金融措施法》(1972年)等。

### 6.3.2 纵向方面

东京都是亚洲乃至世界的大型都市中每年遭遇灾害次数最为频繁的城市,但是其防灾减灾和应急运作基本平稳有序,而这首先得益于东京都制定了完备的防灾减灾条例和预防性计划。每当遭遇重大灾害事故,东京都政府基本都能提前做好一定准备,依据已制定的相关条例有序行动,同时也会根据实际情况不断地修订和完善相关条例。除了日本政府层级的《灾害对策基本法》和《灾害救助法》外,东京都地方政府还陆续出台了《东京都防灾会议条例》及《东京都震灾对策条例》,条例涵盖日常防灾减灾的训练和动员,潜在灾害发生地的调查和巡视,灾害时期的通信、交通、医疗和物资的保障,对灾民的引导避难和安置等各个方面,将"防灾—减灾—治灾"一体化。

除了条例的出台外，东京都还制订了《东京都国民保护计划》《消防推进计划》《灾后复兴支援计划》等一系列带有前瞻性的计划，实现对条例不足之处的补充，将防灾减灾工作覆盖社会发展的方方面面。

## 6.4　日本应急管理案例

### 6.4.1　受灾情况

日本东京时间 2011 年 3 月 11 日 14 时 46 分，在日本东北太平洋地区的三陆海域（北纬 38.1 度、东经 142.9 度）发生大地震。这是日本近代一场比较罕见的地震、海啸、核辐射相组合的复合型巨灾。据统计，这次地震共造成 15 859 人死亡，3021 人失踪，房屋全损 129 914 间（半损 258 591 间，部分损坏 71 376 间）。地震还引起地表下沉，土壤液化，造成约 24 000 公顷（合 36 万亩）[1]农田流失。日本经济受地震影响严重，2011 年 6 月 24 日，日本内阁府预测，地震带来的经济损失可能达到 16.9 兆亿日元（不包括福岛核泄漏事故的损失）。

### 6.4.2　应急处置

首先，确定初期的应急体制。在地震发生后，日本政府迅速做出反应，在首相官邸危机管理中心设立官邸对策室，并发出指示让所有内阁成员赶到官邸集中，并指示防卫大臣派自卫队参与救灾活动。数小时后，为强化应急对策的实施与管理，依据《灾害对策基本法》设立了自该法指定以来第一个由内阁总理大臣担任本部长的"东北地方太平洋冲地震紧急灾害对策本部"，制定了"灾害应急对策基本方针"，内容主要包括：①各相关省厅竭尽全力收集灾情，把握受灾情况。②举全国之力向灾区派遣自卫队的灾害派遣部队、紧急消防救援队、海上保安厅部队及灾害派遣医疗队，将营救生命摆在第一位，并确保高速公路及其他干线公路的通行。③全力恢复灾民的生活，包括修复水、电、通信等生命线及铁路交通等。④确保救灾活动所必需的医疗物资、食品、饮用水及生活必需品的运送，建立全国官民一体的跨区域支援体制。⑤向灾民、地方政府和相关机构提供确切信息，以便于判断和采取行动（王德迅，2013）。

其次，日本政府及时出台了相关法律法规来推进灾后重建以及尽快向灾区的

---

① 1 亩 ≈ 666.67 平方米，1 公顷 = 10 000 平方米。

地方政府提供财政援助，制定了《应对东日本大震灾特别财政援助及扶助法》，并通过了《关于目前东日本地震灾区回归生活正常化的工作方针》（王德迅，2013）。

最后，针对灾后重建工作，日本政府公布关于日本大地震的《复兴基本法案》草案，草案强调，灾区复兴将超越单纯的重建，通过集中利用政府和民间的智慧，采取根本的措施。此外，对受损严重的农业、制造业和服务业提供金融支持。另外，设立复兴厅作为日本政府处理灾后重建事务的专门机构，确定"复兴特区"范围、管理和分配重建资金、综合协调各省厅重建政策等。

另外这次地震导致了福岛核泄漏事故。日本首先成立应对核泄漏事故的组织机构。2011 年 3 月 11 日晚，日本首相菅直人根据《核能灾害对策特别措施法》发布了"核能紧急事态宣言"，同时设置核能灾害对策本部。3 月 15 日，为加强政府与东电公司对事故处理的沟通协调，设立福岛核电站事故对策综合本部，日本首相亲自担任本部长。

之后确定紧急避难范围，及时疏散灾区居民。为避免核辐射对居民造成伤害，日本政府根据事故的演变程度，划定并调整紧急避难范围和疏散区域。同时，制订灾难恢复计划。4 月 17 日，东电公司会长公布处理核事故的计划。计划分为两个阶段：第一阶段为 3 个月，主要任务是处理所有高浓度污水，同时防止各反应堆发生爆炸；第二阶段为随后 3~6 个月，主要工作是恢复各反应堆的冷却系统功能，有效控制放射性物质的扩散，将核污染量降到最低。

### 6.4.3　案例分析

"3·11"地震是日本观测史上震级最大的地震。虽然在核危机的处理上，日本政府由于缺乏经验、行动缓慢而备受指责，但其在应对地震所表现出来的应急管理能力保证了日本抗震救灾工作的有效实施和社会的有序运转，而且也给我国提供了可以借鉴的宝贵经验。

救灾过程中体现了日本政府全面的灾害应对能力，日本已经形成了包括消防队、警察、自卫队在内的救援体系，在地震发生后，日本消防厅成立"灾害紧急消防救援队"，由 8 个专业队伍组成，快速反应，成为救援的主力，当地警察迅速投入到灾害的现场救援和情报收集工作中。在灾害发生的第一时间，重灾区的三个行政长官向防卫省发出要求自卫队支援的请求，防卫省紧急派遣自卫队。震后不到三个半小时，自卫队集结完毕投入救援。自卫队的人数也随灾区救援工作的开展而不断增加。

另外，日本建筑物抗震性能良好，此次地震震区中央虽有建筑倒塌，却是以整体伏倒为主，而非土崩瓦解式的垮塌，避免了重大人员伤亡，将损失降到最小

（此次地震死亡 90% 是由海啸所致）。同时，由于有完善的防灾规划，城市中有足够的避难场所和应急物资。地震发生后，日本国民纷纷前往开阔地带、学校、公园、体育馆等处避难，日本的中小学校抗震等级最高，也是最佳避难场所。避难场所中储备足够多的应急包、食品、饮用水，定期更换以保证质量，确保了灾情发生时的危机应对。

# 6.5　日本应急管理启示及国际合作交流方向

## 6.5.1　应急管理启示

日本的应急管理流程是针对各类突发事件，从预防准备、监测预警、处置救援到灾后恢复重建的全流程、全社会的管理，对我国应急体系的建设具有借鉴意义。

一是建立权责分明的综合性应急管理机构。日本是以内阁首相为最高指挥官，内阁官房负责协调，其他部门负责具体实施的应急管理体制。日本在长期的实践中普遍建立了统一指挥、协同高效的应急管理体制，有利于政府在面临突发事件时迅速响应，紧急调动资源进行高效应对。我国可以借鉴日本的经验，对各部门的应急管理职责进行科学分类，统筹管理。应急管理部的成立有利于整合以前较为分散的应急管理相关部门，但是目前还未形成一个有效的应急管理中枢机构。因此可以在现有的应急管理体系基础上，完善应急协调指挥系统建设，将不同类型的突发事件纳入同一个应急管理体系框架之内，形成统一、高效的指挥体系。

二是做好突发事件常态化应对。我国可以借鉴日本的经验，加强专业救援队伍的培养，并且保障充足的财力资金和应急装备物资，从而科学迅速地应对各类突发事件。在遇到突发事件时，还需要为居民提供必要的生活保障、卫生保障、交通运输保障和公共基础设施的保障。进一步完善应急预案，加强应急预案演练，可以规定相关时间，开展各个层面及跨行业、跨区域的综合性或单项应急演练。根据演练的结果，不断改进，提高应急救援实战能力。同时应该提升应急救援志愿者专业知识和专业技能，规范志愿者在应急救援中的行为，加快专业化应急救援团队的建设步伐。

三是建立全面系统、动态发展的应急管理法制。日本建立起了以《灾害对策基本法》为主的一整套应急法律制度，为度过危机提供了法律保障。日本在应急法律建设中日趋专业化、细致化，日本不仅针对各种灾害及防灾的不同阶段（灾害预防、紧急应对、灾后重建）制定相应的法律法规，而且涵盖了自然灾害、事故灾难、国家安全等不同领域。日本会根据应急管理实践中的经验教训对相关法律进行不同程度的调整。因此，我国可以借鉴日本经验，首先，建立专业化、系统化的应急管理法制；其次，建立动态发展的应急管理法制。根据现实中不断出现的新形势、新问题持续修改完善，呈现出动态发展趋势。

四是加强城市灾害预警系统的建设。日本的城市灾害预警系统建设走在了世界前列。其灾害预警系统主要分为灾害风险观测、灾害预警信息发布、灾害预警信息传播及相应的减灾知识的宣传教育。主要做法是从完善预警组织入手，强化对自然灾害风险的观测，完善自然灾害预警信息的发布、共享和传播机制，推广自然灾害风险图的编制和应用。因此，我国可以借鉴日本经验，利用信息通信技术构建灾害预警体系。综合运用各种灾害的监测网络，整合各种防灾数据，并在建设防灾预警系统硬件的同时，不断培养相关技术的专业人才。另外可以加强对市民进行灾害预警教育，让市民充分了解预警知识，引起共识。

五是不断提高基层单位突发事件应对能力，提升群众防灾的意识和自救互救能力，构建全社会参与的应急管理机制。日本坚持学校教育与社区教育相结合，通过在中小学设置应急课程、设立固定"防灾日"、建设社区防灾体验中心等具体措施，切实增强全社会的应急意识、提高其应急能力，从而促使政府、非正式组织、志愿者乃至每一位普通民众，都成为防灾抗灾的中坚力量。因此我国可以借鉴日本经验，利用技术优势，为基层治理赋能，全面掌握城市运行风险，尽早发现隐患苗头。发挥大数据优势，精确收集数据信息，构建趋势模型，科学预测突发事件的发展态势。社区、企业、学校等基层单位是处置突发事件的第一现场。应当加大基层科普宣传和教育工作，充分利用电视、广播、网络等媒体平台，有针对性地开展应急科普宣教活动，增强公众防灾和自救的能力，同时加强基层应急力量的整合，在社会各个层面开展应对灾害危机的培训工作。适时组织相关应对突发事件的演习和训练。应急管理的教育不但要体现在政府的宣传中、舆论的导向中，而且要体现在学校的教育中，特别是对中小学生进行安全教育和防灾教育。

### 6.5.2　国际合作交流方向

日本政府积极开展国际防灾减灾合作，形成了多方合作的应急管理机制。我国可以与日本相关的防灾会议、防灾机构和大学进行合作交流。

1. 与日本相关防灾会议和防灾机构的合作方向

1）联合国世界减灾大会

日本积极承办联合国世界减灾大会。继 1994 年在横滨、2005 年在神户承办两届联合国世界减灾大会之后，日本又于 2015 年 3 月在仙台承办第三届联合国世界减灾大会。第三届联合国世界减灾大会评估了《2005—2015 年行动纲领：加强国家和社区的抗灾能力》的执行情况，通过了 2015 年后全球减灾领域新的行动框架——《2015—2030 年仙台减轻灾害风险框架》，鼓励建立企业、学术界、志愿者市民团体、媒体等协作机制，减少灾害风险。该框架预期了 2015~2030 年全球减灾工作的成果和目标：防止产生新的灾害风险和减少现有的灾害风险，为此要采取综合和包容各方的经济、结构性的法律和体制措施，防止和减少危害暴露程度和受灾脆弱性，加强救灾和恢复能力，从而提高复原力。新框架要求在全球实现预期成果和目标的基础上，各国要在地方、国家、区域和各级部门内部和部门之间采取重点突出的行动，其 4 个有限领域如下：了解灾害风险；加强灾害风险治理；致力于减少灾害风险，提高抗灾能力；加强灾后恢复和重建工作。联合国世界减灾大会的相关经验对于城市综合减灾理念创新、战略优化、规划实施和监督评价等具有驱动作用和借鉴价值。

2）日本国际官民防灾减灾协会

日本通过成立日本国际官民防灾减灾协会（Japan international public-private association for disaster risk reduction，JIPAD）推动防灾技术出口。2019 年，日本内阁府成立了旨在加快建设和土木工程及海啸观测等防灾相关技术出口的 JIPAD。JIPAD 根据"基础设施系统出口战略"等，与公共和私营部门合作，促进日本的防灾技术向海外扩展，推广的技术除了建筑抗震与减震外，还包括洪水预测和早期预警系统、企业的"业务连续性计划"制作等软件应对技术。

3）亚洲减灾中心

日本积极推进亚太地区的防灾合作。首先是与亚洲减灾中心（Asian Disaster Reduction Center，ADRC）的合作[①]，亚洲减灾中心是在亚洲国家的同意下于 1998 年 7 月在兵库县神户市成立的，目的是与亚洲地区分享日本的防灾经验。其主要活动包括共享防灾信息、促进成员国的防灾人力资源开发、通过制作和发行防灾教育手册提高社区防灾能力等。此外，日本会通过亚太经济合作组织促进防灾合作。亚太经济合作组织是亚太地区 21 个国家和地区参加的经济合作论坛，近年来，防灾领域已经被其定位为重要领域之一，并就防灾问题举行相关会议。

2. 与日本相关大学和科研机构的合作方向

1）京都大学防灾研究所

京都大学防灾研究所（Disaster Prevention Research Institute Kyoto University，DPRI）创建于 1951 年，主要从事与防灾减灾相关问题的研究，是日本灾害研究的权威机构，研究能力在国际上享有盛名。研究所设灾害风险综合管理、地震灾

---

① 资料来源：http://www.adrc.asia/top_j.php。

害防御、地质灾害、河海灾害、气象灾害等 5 个研究部，设灾害环境、地震预报、火山、水资源、减灾系统等 5 个研究中心，设规划与信息、仪器开发、设备运行、观测等 4 个室。研究涉及洪水、风暴潮、海啸、地震、泥沙、泥石流、火山、气象灾害及水资源（干旱缺水）等各个领域[①]。

2）东京大学地震研究所

东京大学地震研究所（Earthquake Research Institute, University of Tokyo, ERI）成立于 1925 年。其理论研究项目有地震波、地震发生机理、火山爆发机理、海底地震机理等；应用研究上有地震、火山、海啸的预测预报，抗震建筑，地震探矿等，还设有强震预测中心和地震预报观测中心，在全国各地设立有近 20 个地震、火山、海啸观测所[②]。

3）防灾科学技术研究所

日本防灾科学技术研究所[③]主要承担了针对大城市地震防灾的尖端模拟技术，包括震灾综合模拟系统及海啸灾害综合模拟系统的开发等。除了在实验室里进行研究，该研究所还在全国约 1800 个地点设置了各种地震仪，能够准确观测从微小地震到大地震的各种地震活动，并且将收集的数据通过互联网广泛公布，用于弄清地震活动的机理和减轻地震灾害的研究。值得一提的是，该研究所的另外一个任务是对地震活动和受灾情况进行预测研究，以期在大地震来临前及时将有关信息通知地方政府和产业部门等[④]。

---

① 资料来源：http://www.dpri.kyoto-u.ac.jp/mission/。

② 资料来源：http://www.eri.u-tokyo.ac.jp/。

③ 日本防灾科学技术研究所的英文名称 National Research Institute for Earth Science and Disaster Prevention,简称 NEID。

④ 资料来源：http://www.bosai.go.jp/e/index.html。

# 第7章 新加坡应急管理体系与实践及启示

## 7.1 新加坡应急管理体制

### 7.1.1 总体情况

新加坡政府结合本国国情和其所处的地缘政治环境采取了全民防卫（total defence）的国家安全战略。全民防卫设有六个支柱，即军事防卫、民事防卫、经济防卫、社会防卫、数字防卫和心理防卫。因新加坡小国寡民，缺乏战略纵深，所以政府注重国际交流与合作，在联合国人道主义军民协作框架（United Nations humanitarian civil-military coordination，UN-CMCoord）和仙台框架（Sendai framework）下与多国签署了多边和双边合作协议①。在全民防卫的指导原则下，新加坡的应急管理体制纵向覆盖从最高层政府内阁到基层社区，横向从政府部门辐射到社会各界（钟开斌，2012），国家最高应急决策机构为内政部牵头的国家应急委员会（图 7.1）。

应急管理组织框架的顶层为新加坡内阁。当发生重大紧急事件时，首先由内阁总理或成员内部讨论对策；应急管理的第二层为跨部门应急管理机构，包括国家应急委员会、安全与政策评审委员会、联合反恐中心及 SARS/禽流感部长级委员会等。第二层的机构组成多样化，便于统筹利用各部门资源来共同应对危机。独立的部级政府机构组成应急框架的第三层，主要是内政部、国防部和信息通信部。同时抽取这两部门的相关职能机构组成国家安全协调秘书处（National Security Coordination Secretariat，NSCS），负责协调本部门内部及与武装部队、警察部队、内部安全局等各部门的工作；第四层应急机构为各部委下属的职能部门，如隶属于内政部的内部安全局、隶属于内政部的新加坡民防部队及信息通信部设的计算机应急反应队伍等；应急体制的基层组织是社区应急团队，包括民防执行委员会、社区安全和安保计划成员等（钟开斌，2012）。新加坡政府部门机构小、人员少，在应急体系中多个部委之间相互套嵌、综合发力。

---

① 资料来源：Center for Excellence in Disaster Management and Humanitarian Assistance 在 2017 年发布的 "*Singapore Disaster Management Reference Handbook*"。

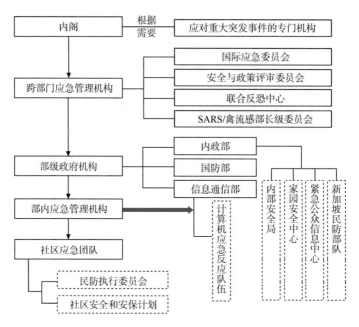

图 7.1　新加坡应急管理组织架构

SARS 为重症急性呼吸综合征

## 7.1.2　应急管理模式

在新加坡应急管理发展的历程中，发生于 2003 年的 SARS 事件成为新加坡应急管理制度的分水岭（Pereira，2008），此后政府采取了全灾种管理模式（all-hazard approach），并于 2004 年采取了"全政府整合风险管理"（whole-of-government integrated risk management，WOG-IRM）框架①。全政府整合风险管理框架旨在对突发事件的全过程进行管理，在突发事件应对时实现政府部门间信息有效沟通、服务无缝衔接，全面覆盖危机波及的各个领域。

全政府整合风险管理框架的宏观层面由 4 个政府部委组成（图 7.2），国家安全协调秘书处、战略规划办公室（Strategic Planning Office，SPO）、本土危机多部门联席委员会（Home front Crisis Ministerial Committee，HCMC）和财政部（Ministry of Finance，MOF）（Lai and Tan，2015）。平时由 SPO 提供工作平台，每季度召集不同的部级机构开会，构建和完善政府应急工作模式，讨论应急相关课题并制定政策和规划。在危机发生时转由 HCMC 负责，HCMC 接受国家内政部（Ministry of Home Affair，MHA）的领导。

---

① 资料来源：https://www.csc.gov.sg/articles/singapore's-whole-of-government-approach-in-crisis-management。

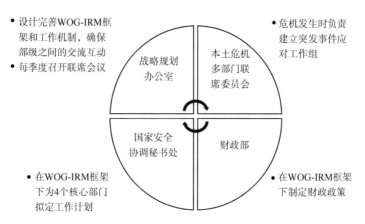

图 7.2　全政府整合风险管理框架的日常工作模式

新加坡应急响应系统称为"本土危机管理系统"（home front crisis management system，HCMS）（图 7.3）[①]。在危机发生后，HCMC 根据事件性质指定相关政府部门成立本土危机应对小组（Home front Crisis Executive Group，HCEG），工作组主席由内政部常务书记担任。HCEG 会任命新加坡民防部队（Singapore Civil Defence Force，SCDF）作为应急总负责人（incident manager，IM），指挥和协调各相关部门及志愿者团队展开应急工作。

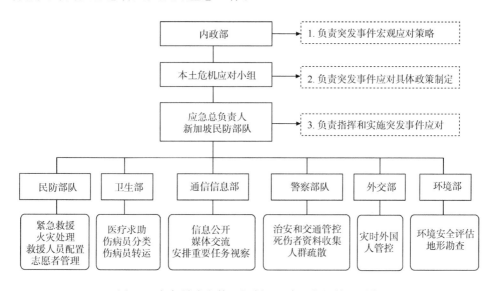

图 7.3　新加坡应急管理机制——本土危机管理系统

---

① 资料来源：Asian Conference on Disaster Reduction（2010）。

### 7.1.3　政府主要应急管理部门

**1. 新加坡内政部**

新加坡内政部是负责国家内部安全和灾害应急的主要政府部门[①]。其日常工作为城市应急政策制定、应急韧性建设、应急基础设施规划及应急储备等，并负责构建和完善 HCMS 模式（图7.3）。危机发生后启动 HCMS，同时从宏观和政策层面保障应急响应系统的有效运行[②]。

为保障新加坡的国内安全，内政部负责组建由政府机构组成的家园安全团队（home team）。该团队以内政部为主导部门，联合警察局、国内安全局、民防部队、移民和关卡局、监狱署、中央肃毒局、内政群英学院等7个政府部门及国内安全科技处、赌场管理局、黄丝带工程等3个政府法定机构[③]。

**2. 新加坡民防部队**

新加坡国会于1986年通过《民防法》，民防部队从此成为隶属于内政部的独立机构。同年3月新加坡发生了"新世界饭店倒塌事件"促成新加坡消防署并入民防部队。

1）民防部队组织架构

民防部队组织结构分为3层：总部、4个陆地分区和1个海域分区、基层单位。总部设有1名总监和3名副总监，分管运营部、科技和公共安全部、策略和总务部，另外设有独立的监察科和宣传科（图7.4）[④]。

分区总部和基层单位部署在全岛4个陆地民防分区和1个海域民防分区。4个陆地民防分区管辖20个消防站、3个医疗队、12个救援队及48个公共避难所，共有人员2655名。海域分区现有124人，管辖2所海上消防站，配备有2艘海军指挥船、2艘海军消防船、2艘快速反应消防船、3艘轻型消防船。

民防部队设有2家培训机构，民防学院和国民勤务训练中心。民防学院是其主要从事教育和训练的机构，开展消防、生命搜救、特殊化学品应急等训练课程。学员主要为现任消防员和公务员，也有民间团体和国外机构在此接受培训。学院配有高科技设备（油罐车消防模拟器，九层楼消防及救援训练塔）来模拟实战场景。模拟场景包括火灾抢救、城市搜救、隧道抢救、化灾抢救、车祸救助等，以

---

① 资料来源：https://www.mha.gov.sg/who-we-are/our-mission。

② Kwok Shun Yung. 2012. Emergency response in Singapore：perspectives from the SCDF incident management system[R]. Singapore Civil Defence Force。

③ 资料来源：https://www.mha.gov.sg/who-we-are/how-we-work-together。

④ 资料来源：https://www.scdf.gov.sg/home/about-us/organisation-structure。

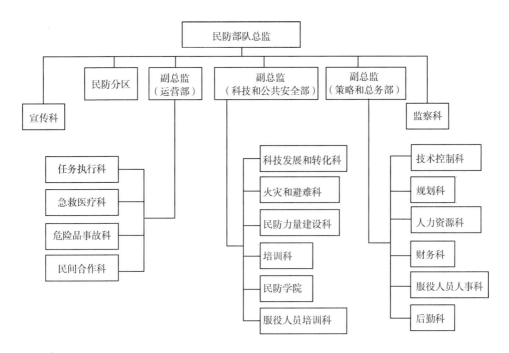

图 7.4　新加坡民防部队行政架构

及 KTV、船舱、停车场及隧道等特殊场地的应急救援，让受训人员在事前体验密闭、高温、黑暗等特殊环境。学院同时设有符合国际标准的消防、城市搜救、有毒物质减灾等高级训练课程（林贝珊，2017）。

2）民防部队人员组成

民防力量的人员构成充分体现了新加坡全民防卫的国家安全战略，即军事与民防相结合、政府主体和社区力量相结合。根据组织关系民防部队工作人员可分为 3 类：正式公务员（regular officer）、全职国家服务队（full-time national serviceman）和随时待命的国家服务队（operationally ready national serviceman），后两种人员属于军人。作为民防部队的延伸，政府要求符合下列条件的场所必须设置紧急响应队伍：①9 层或更高的建筑物；②建筑面积在 5000 平方米或以上者；③场地面积为 5000 平方米或以上者；④现场可容纳 1000 人或以上者；⑤现场存有易燃性物质达 5000 吨者；⑥所有正式注册的医院。紧急响应队伍是经过专业训练的普通民众，由民防部队负责监督、指导和训练。这些人员是特定场所事件应急的第一反应梯队。另外民防部队设有其专属的志愿者团队。

根据业务类型，民防部队分为 4 类人员：火灾救援专业团队（fire and rescue specialist）、灾难救助和救援专业团队（disaster assistance and rescue team specialist，DART specialist）、危险品救援专业团队（hazardous materials specialist，HAZMAT specialist）、院前医疗救援专业团队（paramedic specialist）。团队成员都接受过专业化训练。

3）民防部队主要任务

民防部队是新加坡灾难应急的主要执行部门，也是前线指挥部门，全天候为全岛提供应急救援服务。其任务分为以下 5 大类。

（1）灾害救援、紧急抢救及消防任务。民防部队需要迅速抵达灾害和事故现场，负责执行灭火、救灾、现场急救与医疗转运等紧急措施。

（2）监督与执行《消防安全法》：在全岛监督《消防安全法》和消防规范的执行情况。

（3）应急避难所系统建设和法律执行。制定并执行《民防避难所法》及相关标准，筛选和检验应急避难所的设计与布局，维护全岛的避难掩体并保证它们处于可用状态。

（4）突发事件预警。公共警报系统的日常维护，确保该系统对空袭、工业事故或自然灾害等突发事件做出及时而准确的预警。教导民众识别警示讯号以便快速就近找到避难所。

（5）国家安全教育、社区应急培训。教导民众如何在应急处理中承担必要的角色，培训民众自救互救技能，建设民防信息系统。

新加坡任何地方发出预警，民防部队通常于 1 分钟内启动，在 8 分钟内抵达事故现场，救护车可在 11 分钟内抵达。政府每 2 年举行 1 次代号为"北斗星"的全民演习，其目的之一是检验民防部队的应急反应速度。

全国民防避难所计划（civil defence shelter programme）是全民防卫策略的重要组成部分，由民防部队统一管理，负责避难所、避难室或避难间的设计和建设，制定并监督执行相关政策、条例和法规。公共避难所是设在公共活动场所的避难设施。规模最大的避难所设置在地铁站，每处可容纳 3000 人到 19 000 人，全国共设有 48 处；中型公共避难所多设在社区组屋地下室或空楼层，有些中学校区、社区活动中心及公共场所（商场、写字楼）的地下停车场也建有中型避难所。此外每家每户都设有一间符合民防标准的家庭避难室；对于无法设置避难室的民居，民防部队会利用其他设施帮助建造家庭避难间。

### 7.1.4　分类管理

新加坡是一个地处东南亚的热带岛屿国家，虽然其地理位置位于环太平洋火山带之外（pacific rim of fire），但国情决定了新加坡社会具有高度的脆弱性与风险暴露性。作为一个独立的岛国，新加坡国土面积狭小且高度都市化，绝大多数人居住于政府提供的高层组屋，人口密度极高且集中，事故发生时容易出现人员拥堵和疏散困难；国家整体缺乏战略纵深，经济高度依赖全球化和国际贸易。所以本国安全容易受到国际事件和邻国灾难的影响。比如，泰国和越南洪灾曾经影响到新加坡的粮食价格，印尼林场焚烧数次造成新加坡烟霾事件。目前新加坡最容易发生的事故为火灾，而影响最大的灾难为公共卫生事件。2003 年的 SARS 事件是 1965 年新加坡建国以来危害最大的突发事件（Lin et al.，2020）。

根据突发事件对生命和社会的破坏程度，新加坡设定了以下突发事件判断标准。满足其中之一就可定性为突发事件、危机或灾难：①造成 10 人或以上人员死亡；②不良影响波及 100 人或以上；③官方宣布进入紧急状态；④官方请求国际援助。

突发事件在官方没有明确分类，学界曾大致把突发事件划分为以下四类。

（1）自然灾害：海啸、地震、暴雨、高温、龙卷风、雪灾、火灾、火山爆发。

（2）技术灾害：交通事故、空难、运输灾害、核电站泄漏、建筑物倒塌、隧道瘫痪、公共事业系统爆炸、污染、疾病传染。

（3）社会灾害：种族暴动、大规模罢工、金融危机。

（4）毁灭性灾害：恐怖袭击、生物化学武器袭击、核武器袭击。

公共卫生事件由卫生部牵头负责，通常联合国家环境局、通信和信息部共同组织事件应急。其他突发事件一概由新加坡内政部及其下属的民防部队负责。

## 7.1.5　分级负责

对于新加坡常见的火灾事故，按照严重程度分为 3 级：小型事故（民宅或一般小型火灾）、严重事故（事件扩大或大型火灾）、极度严重事故（民间紧急事件）。小型事故一般由民防分区消防分队队长或消防站主管负责；严重事故由分区消防局局长负责；极度严重事故则由民防总监负责。总部和各分部都配有装备齐全的指挥车，各层级负责人需要亲临现场通过指挥车部署和领导消防工作（汪志红等，2012）。

公共卫生事件有别于一般火灾事故，因此 SARS 危机之后新加坡卫生部建立了疾病暴发应对系统（disease outbreak response system conditions，DORSCON）作为公共卫生事件的分级标准（Sek et al.，2020）。根据传染病传播强度、传播范围及可控程度将公共卫生事件分为"绿色""黄色""橙色""红色"4 个等级（表 7.1），每级对应不同的防控措施和防控政策。

**表 7.1　新加坡公共卫生事件分级**

| 疾病暴发应对系统 | | | | | |
|---|---|---|---|---|---|
| 疫情状况 | 公众应对 | | | | |
| | 患者居家、减少社交 | 注意个人卫生 | 寻求防控建议 | 基本社会管控措施 | 严格隔离政策，避免人群聚集 |
| 绿色：原发病程度较轻，或病情严重但传染性低 | √ | √ | √ | | |
| 黄色：原发疾病程度较重且容易传播，但只有输入性病例 | √ | √ | √ | | |
| 橙色：疫情局部暴发但难以扩散到全国，且疫情可控 | √ | √ | √ | √ | |
| 红色：疫情严重暴发且造成全国流行 | √ | √ | √ | √ | √ |

# 7.2　新加坡应急管理机制

## 7.2.1　事前预防和应急准备

新加坡作为一个岛国，政府具有高度的忧患意识和危机意识，因此对应急备战工作非常重视，在财政、应急物资储备、应急队伍建设、应急科研创新、应急避难所系统和国民教育各方面都做了充足的工作。政府从本国国情出发积极储备应急物资和设备，把事件应急放在每年的国家财政预算当中，对资金使用进行严格审查和审计。如果发现资金缺口，国会将及时追加预算；完善国家和商业保险制度，在灾难发生后保障居民生活、社会稳定和经济复苏；在政府部门和民间积极培养应急队伍以期做到"全面防卫"。新加坡民防学院和基础救援训练中心针对各类人员开展应急技术培训，包括室内外消防、应急救援、现场医疗急救、心理健康干预等；新加坡注重应急学科的科研和创新，不仅具备自主创新能力，还积极开展国际合作；建设遍布全岛的公共和家庭应急避难所。通过各种渠道提高全民安全意识。设立了全民防卫演练，免费发放安全知识手册，并把安全意识和应急技能列入中小学生必修课（于魏华，2015）。

新加坡基层的应急准备大致以社区和行业划分。大部分社区建立了"社区安全和安保计划"，以维护社区治安、预防突发事件和提高社区综合应急能力。社区也是民防部队与志愿者、自雇人士、学生和普通居民的协作平台，共同分析安全隐患和安全问题并提出预案。新加坡志愿者群体很庞大，是政府机构和社区居民之间信息交流的重要渠道。在行业层面，各行业在政府的指导下建立了联合会，建立并完善符合本行业的安全防范体系，以应对潜在事故和突发事件。新加坡的应急演练会主动邀请私人部门参与，让各行各业及社会各界学会相互协作，共同应对突发事件。

### 7.2.2　事发时监测和预警

新加坡在全岛构建了广泛的监测和警报系统，实时发现各种险情并及时发布预警信息。新加坡政府的风险评估与侦测系统（risk assessment and horizon scanning，RHAS）可以全面收集、分析及解读各种情报，对可能的安全威胁做出预警。该系统由国家安全统筹部建设，连接内政部、国防部和其他决策与情报单位的数据，对网络和生化指标进行检测，评估各种事故和灾害风险（钟开斌，2012）。

民防部队也在全境战略地带建立了公共报警系统（public warning system，PWS），监测来自陆海空的攻击及各种自然和人为灾难。通过网站等形式教育普通大众有关公共报警系统的知识。公共警报讯号共有三类：警报、警报解除和重要信息，通过网站让公众熟悉并识别各种警报类型，在每年 2 月 15 日和 9 月 15 日举行全国测试，发送重要信息警报。突发事件一旦发生，PWS 将通过电视、电台、防空警报及智能手机 App"SGSecure"向相应单位和全国人民发出警报。

### 7.2.3　事中应急救援和处置

在事件突发时，新加坡会启动本土危机管理模式，由内政部根据事件性质确定相关政府部门，并由新加坡民防部队组织实施。新加坡的应急处置包括四个阶段：开始、稳定、维护和终止。以火灾事故为例，在开始阶段紧急应变小组和警察率先抵达现场，随即隔离事故现场和疏散群众，初步评估灾情后采取紧急措施，并即时向政府部门汇报灾情，以及向官方信息发布机构通报事件进展，由后者对公众发布官方信息。灾情得到初步控制后进入稳定期，在此期间更高级别的政府官员（一般为民防部队官员）抵达现场，对现场灾情做出进一步判断后指挥救援，组织各方救援人员和警察展开联合行动。在此阶段民防官员有权力调配政府设备，如救护车和消防车。灾情得到基本控制后进入维护期，此期间的工作为事故原因调查、救灾物资供应、伤亡人员救治和转运及进一步收集信息和发布官方消息。此期间需要更多政府部门参与，各部门各司其职、分工合作。终止期主要是对整个事件和应急处置开展独立而全面的调查和评估。

### 7.2.4　事后恢复和重建

事件处理完毕后，新加坡政府会出台各种财政激励和优惠政策以期尽快恢复经济发展和维持社会稳定。例如，SARS 事件之后，新加坡为帮助中小企业渡过难关，推出总值 2.3 亿新元的财政援助措施。事后恢复的另一个重点为心理防卫和健康干预。为此政府建立了国家应急行为系统作为应急管理的重要组成部分，在危机处置之后为社会各阶层提供心理辅导和教育科普。事实上应急行为系统的功能贯穿整个应急处置过程，在事件突发的早期，应急行为系统的工作人员就为受害者提供心理援助以减轻他们的心理压力，同时会给予救援人员鼓励和支持，帮助他们消除不良情绪反应。

# 7.3　新加坡应急管理法制

## 7.3.1　横向方面

为应对不同类型的突发事件，新加坡制定有专项法律法规或者相关的法律条款。规范国防和武器使用的有《新加坡武装部队法令》《军事调动法令》《武器与爆炸物法令》《爆炸物品法令》《腐蚀性和爆炸型物体和攻击性武器法令》等。应对恐怖活动的有《劫机和保护飞机和国际机场法令》《内部安全法令》等。针对经济事件有《贪污法令》《价格控制法令》《贸易纠纷法令》等。针对社会事件有《民众调解中心法令》《维护宗教和谐法令》《杂罪法令》《公共秩序法令》《破坏公务法令》。针对政治事件有《煽动法令》《不良刊物法令》等。针对突发公共卫生事件有《传染病法令》。针对信息技术安全事件有《计算机滥用法令》《电子交易法令》等。另外还有《驱逐出境法令》《辐射能防法令》等处理应急管理中的相关难题。

## 7.3.2　纵向方面

新加坡应急管理法律体系建立在《新加坡共和国宪法》基础之上，以 1986年《民防法》、1993 年《消防安全法》和 1997 年《民防避难所法》为法律支撑。《民防法》是新加坡应急管理的法源基础。根据《民防法》，总统有权力宣布国家进入紧急状态并开展全国总动员，规定全民演习的规模，特殊时期国家征用车辆与器材，把高速公路作为飞机跑道。《消防安全法》规定了商业与工业场所的消防安全标准，同时规定业主在火灾预防与紧急应变中的职责。《民防避难所法》是新加坡发生灾害时民众避难和疏散的法令。此法规定国家必须建设公共和家庭应急避难所，避难所具体位置在民防部队网站公开查询。家庭避难掩体由新加坡建屋局负责建设，每一套住房中设有加固的储藏室作为防护掩体。

# 7.4 新加坡应急管理案例

## 7.4.1 总体情况

2013 年 12 月 8 日,新加坡南部闹市区的印度族裔聚居区发生了一起群体性事件:一辆私人巴士撞死了印度劳工萨蒂威尔,从而引发新加坡 40 多年来最严重的骚乱,400 多名南亚劳工烧毁多辆警车和救护车,导致 62 人受伤,23 辆执法车辆遭破坏或烧毁,财物损失超过 53 万元[①]。根据后期的调查报告,整个骚乱先后持续了 2 个多小时,骚乱事件发生分为两个阶段。在第一阶段,意外事件刚发生,矛头主要针对巴士、巴士司机和女协调员。首批警察、医护人员和民防部队赶到现场,试图将被压在车轮下的遇难者抬出并掩护巴士司机、女协调员从车内转移到救护车上。第二阶段,增援警察陆续赶到现场,试图控制事态并等待特别行动指挥处人员增援,聚集人数上升至约 400 人并出现了难以控制的迹象。随后,特别行动指挥处人员抵达现场。现场开始出现暴力和打砸行为,多辆警车和救护车被烧毁(钟开斌,2015)。

## 7.4.2 事件处置

关于骚乱的原因主要包括:事故发生后,肇事巴士司机与巴士女协调员的行为使劳工不满,部分骚乱者酗酒以及长期对于工作条件的不满情绪在事故发生后被触发,在场劳工对车祸和执法人员的误解以及劳工的文化与心理等因素,进一步加剧了当晚的冲突,导致骚乱发生。

车祸事故发生后,由于围观人员大多数都是南亚外籍劳工,而且人员情绪迅速激化,有围观者开始用酒瓶和一些摆在周围商铺的花盆攻击医务人员与警察,打砸警车。随着人群的迅速聚集,数百名外籍劳工开始打砸、焚烧现场的私家车、警车及救护车。暴乱持续逾两小时,直至午夜时分局势才得以控制,新加坡警察部队特别行动指挥处和辜加警察团(Gurkha Contingent)都参与其中[②]。一位目击者报告,一些暴徒呈现醉酒状态,并且向警务和民防部队人员投掷石块、酒瓶及垃圾桶。滋事者还将警察车和救护车推翻,并且纵火烧车,导致一辆救护车被烧后引发爆炸。新加坡警察部队出动防暴车,并且派遣约 300 员警察参与平定事件,

---

① 资料来源:Committee of inquiry into the Little India riot to commence hearing on 19 february 2014,网址为 https://www.nas.gov.sg/archivesonline/speeches/record-details/abcc595e-a838-11e3-927b-0050568939ad[2014-02-14].

② 资料来源:https://www.wikiwand.com/zh-cn/2013%E5%B9%B4%E6%96%B0%E5%8A%A0%E5%9D%A1% E5%B0%8F%E5%8D%B0%E5%BA%A6%E9%AA%9A%E4%B9%B1[2013-12-08].

2013 年 12 月 8 日 11 时逐步控制了局面，在现场逮捕数十人。2013 年 12 月 9 日凌晨，所有滋事者被驱离现场。

骚乱事件发生后，从警员要求支援到镇暴队正式接获通知前后长达 18 分钟，镇暴队之后花了 42 分钟才抵达现场，耗费的时间过长导致事态逐步扩大；在特别行动指挥部队抵达现场前，警队决定只驻守骚乱地点周围而不是逮捕骚乱者，使骚乱者能自由离开。在特别行动指挥部队抵达后，警方仍只驱散骚乱群众而不是立即逮捕他们，也使得骚乱者更加任意妄为。

### 7.4.3　案例分析

由于新加坡的社会秩序一直很好，自 1969 年以来从未曾发生过类似事件，因此许多新加坡人也感到很震惊，新加坡警方将这一事件定性为持械骚乱案处理。骚乱事件发生后第 2 天，新加坡总理李显龙下令内政部成立调查委员会彻查骚乱原因，检讨应对现有外籍劳工聚集的措施，以法律为准绳，严惩肇事者。

2013 年 12 月 13 日，根据新加坡《调查法令》第 139A 章第 9 节规定，由新加坡副总理兼国家安全统筹部长及内政部长张志贤委任的四人调查委员会正式成立。该委员会由拥有丰富法律与仲裁经验的退休高庭法官塞尔凡（77 岁）领导，成员包括曾任警察总监的郑大畚（72 岁）、全国职工总会荣誉会长德培华（65 岁）和西海岸公民咨询委员会主席蔡添水（61 岁）。调查委员会的主要任务是彻查骚乱事件的起因，评估事件的应对过程，提出降低类似事件再次发生风险的政策建议（钟开斌，2015）。

调查委员会调查的内容涵盖事件的前因后果、应对的成败得失、暴露的问题与不足、改进的目标与方向等各个方面。针对调查中发现的一系列问题，调查委员会有针对性地提出了改进建议。例如：针对骚乱当晚警方因通信不佳无法即时掌握现场情况的问题，调查委员会建议警方可从社交媒体上收集信息；针对现场决策指挥层级太多贻误战机的问题，调查委员会建议简化镇暴队的调动程序；针对客工聚集地的管理问题，调查委员会建议在特定时间关闭"小印度"的一些道路让公众行走、放宽私人巴士服务时段等。

2014 年 6 月 30 日公布的调查委员会建议报告，提出了八项突发事件处置建议，包括：增加警力，更严厉取缔在公共场所的醉酒者，在聚集喝酒问题严重的地方实施禁酒措施，对社交网络进行监督，加强前线警员的训练，提升警队的沟通和指挥控制能力，加强警察部队与民防部队等团队的协调，减少调派资源时的层层请示过程。

## 7.5　新加坡应急管理启示及国际合作交流方向

### 7.5.1　应急管理启示

新加坡是亚洲发达的城邦国家，其管理体制和机制同时具备发达国家和发达城市的特征，这势必导致其应急管理体系必须兼顾国家和城市的双重职能。因此我国可从国家和城市两个层面来借鉴新加坡的应急管理经验。

（1）建立基于全政府框架的多部门联动协作机制。全政府框架已经被世界多个发达国家采用，来提高政府提供公共服务的能力。国外经过多年的发展已经摸清了全政府框架的作用机制，对框架在特定政治环境下如何发挥作用积累了丰富的经验。而突发事件的危害具有跨地域、跨行业、跨人群等特点，我国应急管理部门可探讨政府部门如何在突发事件发生时选择有效的部门组合，明确各部门的权力和职责范围，让应急管理各流程无缝衔接，并制定相应的政策和法规来规范。

（2）建设全社会应急响应网络。整合社会各界的应急资源，包括人力资源、知识资源和技能资源，鼓励行业、企业、普通民众参与应急体系建设，建立全社会应急响应网络，培养强大而专业的志愿者团队。

（3）普及应急科普教育，加大建设社区应急韧性的财政投入。广大民众对应急的概念比较生疏，应急意识薄弱，在突发事件发生时缺乏必要的自救互救技能和基本资源，应对过程中没有总体观和大局观。因此需要教育社会大众，提高全社会的应急意识和水平。比如，新加坡要求企事业单位必须有专人负责本单位的应急工作，必要时建立应急响应小组。将来要达到每家每户有一位接受过应急培训的家庭成员。

（4）信息共享和互动交流。建立全面的信息交流体制和机制，促进政府不同部门、政府和行业、政府和民众之间的信息共享，增进各方的互信互动，从而避免因信息错位导致的各种应急失误和社会乱象。通过综合演练、社区建设等开展体验式交流，以及通过自媒体、网站论坛等现代信息手段传播知识和正能量。

### 7.5.2　国际交流合作方向

新加坡是"一带一路"沿线的重要支点国家，21世纪以来中新两国之间的交流合作不断扩大和加深，除了三大政府合作项目（苏州工业园区、天津生态城、中新重庆战略性互联互通示范项目），新加坡和上海、广州等多个大城市之间建立了全面合作或经贸合作机制。因此在应急管理领域新加坡对我国有很强的合作意愿，从国家和城市层面都具有广泛的合作前提和前景。

（1）全民防卫。新加坡国家安全战略的最大特点为全民防卫。所以在内政部主导下，注重官民一体、军民一体化建设，以及跨部门合作框架和流程，构建了由多个政府部门组成的家园安全团队作为国内安全防线，同时培养民间救援力量，夯实全民应急的群众基础。在国家宏观层面和城市战略规划上，新加坡全民防卫的成功经验对我国很有借鉴意义。

（2）应急管理的区域化和国际化。新加坡的发展高度依赖东南亚区域稳定和世界经济贸易的全球化，应急管理注重国际协同与互助，平衡区域发展和自身发展的关系。基于以上原则的新加坡应急管理经验可为我国发展区域应急协作提供有益的思路。

（3）应急职能融合。新加坡民防部队是集消防、救灾、应急教育、应急科研、民防避难、社区建设于一身的应急实战指挥单位，同时承担海外救援任务。在人力资源极度缺乏的现实环境下实现了应急职能的有机融合和共同发展。新加坡民防部队的工作模式可作为有效整合多方资源、协调各单位应急职能的重要参考。

（4）人员培训。与我国相比，新加坡社会的城市化和老年化程度很高，在一定程度上和我国未来大城市的社会形态相近，所以学习新加坡应急管理可以为我国未来城市治理打基础。新加坡民防部队在密集居住地救援、高层建筑救援、国际救援、海上救援等领域有较大的优势。我国大城市的有关部门可对接新加坡民防部队和家园安全团队的政府机构针对性地培训相关知识和技能。新加坡政府开放的态度和积极的合作精神也将产生正面作用，新加坡民防学院多年的外国人培训经验也可保证学习效果。

（5）科研交流。在应急领域新加坡没有独立的科研院所和高校，科研项目分配到各家园团队的政府部门，以及不同的研究机构和高校，呈现出明显的去中心化。但科研项目具有很强的针对性和前瞻性，与相关应急部门的职能关联很紧密，研究成果实用性强，并且注重与其他国家的合作模式研究，这对我国开展应急科研和成果转化具有互补优势。积极寻求与新加坡各单位的学术交流和合作，对加快我国应急科研的发展和提升经济管理水平具有很大的积极作用。

# 第8章 印度应急管理体系与实践及启示

## 8.1 印度应急管理体制

### 8.1.1 总体情况

印度面临着各式各样的天灾威胁,由于其干旱、季风性气候特征和喜马拉雅山脉地区的地理条件,其国土面积的57%易受地震侵袭、28%易受干旱侵蚀、12%易遭受洪水淹没、8%易遭遇暴风席卷。除天灾外,各种形式的人祸也防不胜防,如危险化学品爆炸、恐怖袭击等事故也逐渐成为不得不重视的风险隐患。据统计,印度每年平均有超过一百万间的房屋在各种灾难中受损,并伴随着大量的人员、经济和其他损失。可以说,各种灾害给印度的经济和社会发展带来了重大影响(姚国章,2009b)。

由于饱经灾害侵扰,尤其自1999年10月奥里萨邦发生的超级气旋和2001年1月古吉拉特邦发生的布吉地震后,印度逐步建立了一套较为完善的防灾减灾体系,组建了防灾减灾组织机构,以中央政府和邦政府两级分工负责的形式执行国家的灾害应急管理职能,并在中央、邦、县和乡(村)级政府建立专门的灾害管理机构(黄云松和黄敏,2009)。在印度灾害管理体系中,抢险救灾、灾害救济和恢复重建等救灾工作的具体实施属于地方各邦政府的基本职责范围。中央政府对救灾工作只做指导性总协调,包括救灾资金的拨付、救灾物资的调运、灾害预警等(张益萍,2011)。

### 8.1.2 分类管理

印度负责灾害管理的最高决策机构是国家灾害管理局(National Disaster Management Authority,NDMA),NDMA以灾害起源作为事故分类的标准,将30种灾难分为五个类别:①水和气候灾害,如洪水、旋风、冰雹、暴雨、热浪和冷浪、雪崩、干旱、海蚀、雷电和闪电;②地质灾害,如滑坡和泥石流、地震、矿井火灾、大坝倒塌和大火;③生物灾害,如流行病、虫害袭击、牛疫和食物中毒；④核工业灾难，如化学和工业灾难以及核事故；⑤意外灾害，如城市和森林大火、溢油、矿井洪水事件、巨大的建筑结构倒塌、炸弹爆炸、水陆空的不幸事故、集会期间的船只倾覆和踩踏事件。

针对上述多灾种威胁，NDMA 为加强预防和备灾能力的建设、提升响应和减灾的效率及加快灾后的重建恢复，负责编制和更新国家灾难管理计划。NDMA 组织成员由内阁成员组成，分别来自印度政府各部门，包括农业、原子能、国防、饮用水供应、环境和森林、金融、卫生、电力、农村发展、科学技术，空间、电信、城市发展和水资源等。因此，各部门领域的工作人员能够发挥职能优势，协助 NDMA 针对上述各种类型的灾害制定相应的管理政策、计划和指南，并协调和监督国家应急管理政策的制定和执行情况[①]。

对于一些特定类型的灾害问题，中央政府部门对其管理负有节点责任，具体如表 8.1 所示。

表 8.1　印度特定灾害事件负责部门

| 特定灾害事件 | 负责部门 |
| --- | --- |
| 干旱 | 农业和农民福利部 |
| 流行病和生物灾害 | 卫生和家庭福利部 |
| 化学灾害 | 环境、森林和气候变化部 |
| 核灾难 | 原子能部 |
| 航空事故 | 民航部 |
| 铁路事故 | 铁道部 |
| 森林火灾 | 环境、森林和气候变化部 |
| 洪涝灾害 | 水利部 |
| 道路交通事故 | 地面运输部 |

同时对于特定灾害的监测和预警也由印度政府的各个部门/部委负责，如表 8.2 所示。

表 8.2　印度特定灾害事件预警和监测部门

| 灾害事件 | 预警和监测部门 |
| --- | --- |
| 气候变化、荒漠化 | 环境、森林和气候变化部 |

---

① 资料来源：https://www.geographynotes.com/disaster-management-2/india-disaster-management-2/institutional-framework-of-disaster-management-in-india-geography/5000。

续表

| 灾害事件 | 预警和监测部门 |
|---|---|
| 降雨、飓风、地震 | 印度气象局 |
| 洪水预报 | 中央水务委员会 |
| 海啸 | 印度海洋信息系统中心 |
| 山体滑坡 | 印度地质调查局 |
| 所有自然灾害 | 印度空间研究组织 |

为了应对各种类型的灾害，尤其是化学、生物、放射和核源等事故型灾难需要在灾害发生后第一时间采取专业救援，印度联邦政府培养了一支灾难响应部队（National Disaster Response Force，NDRF）作为国家级别的救援力量。NDRF 共有 8 个营，平时分别部署在 8 个最容易受灾的邦或中央直辖区，灾害发生时由 NDMA 紧急调度赶赴一线。NDRF 由 144 个经过专业救援培训的应急分队组成，每个应急分队大约有 1000 名专业人员，所有队员都经过专业培训，配备各类专业装备。其中 4 个营还专门受过有关处理核辐射、核泄漏、生化灾害等方面的专业培训[①]。

国家灾害管理研究所（National Institute of Disaster Management，NIDM）作为应急管理领域的研究机构，专门开展面向全灾种的前沿研究，其任务是开发灾害管理各方面的培训系统、编制培训材料、开展防灾减灾的能力培训等。此外，NIDM 还为全国应急管理方面的人力资源开发制订计划，为 NDMA 应急政策的制定提供智力支持，还被授权通过提供技术支持和财政援助来支持州政府和培训机构。

### 8.1.3　分级负责

印度是一个联邦制国家，邦政府拥有巨大的权力。宪法规定，遇到自然灾害时，地方政府作为第一响应者，主要负责对各地的救灾工作进行第一时间的协调和支援。中央政府则根据灾害的严重程度、所需救援行动的规模及地方政府提出的要求给予后勤和财政支持。目前，印度政府不仅在国家、邦和地区（县/乡）建立了统一的灾害管理机构，而且还以宪法的形式赋予各级政府在应对自然灾害方面充分的权力（宋志辉和马春燕，2016）。印度各级灾害管理的管理机构如图 8.1 所示。

---

① 资料来源： https://www.geographynotes.com/disaster-management-2/national-disaster-response-force-ndrf-india-disaster-management/4868。

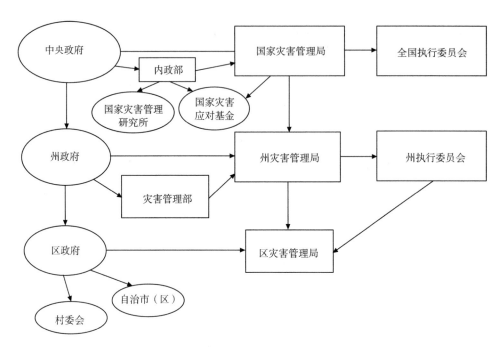

图 8.1　印度各级灾害管理的管理机构

## 1. 国家灾害管理局

　　根据印度宪法，印度实行联邦制，其灾害管理工作主要由各邦政府具体负责和组织实施，但并不等于中央没有灾害管理机构。早在英国殖民时期印度政府就设立了国家灾害管理委员会，其主要职能是为灾害工作做出决策并协调开展救援工作，这套管理机制一直沿用至今。2005 年《灾害管理法案》授权建立 NDMA，该机构负责在印度实施全面综合的灾害管理。具体职责如下：①制定灾害管理政策；②批准地区减灾计划；③批准印度政府部委或部门制订的减灾计划；④制定地方政府应遵循的指导方针；⑤制定印度政府不同部委或部门应遵循的指导方针，以便将预防灾害或减轻灾害影响的措施纳入其发展计划和项目；⑥协调灾害管理政策与计划的执行和实施；⑦为缓解灾害目的提供财政支持；⑧向其他受重大灾害影响的地区提供中央支持；⑨采取其认为必要的其他防灾、减灾、备灾和能力建设措施，以应对具有威胁性的灾害；⑩为 NIDM 的运作制定广泛的政策和指导方针（黄云松和黄敏，2009）。

　　NDMA 由印度最高级别官员担任主席，印度现任总理纳伦德拉·莫迪为该委员会第 15 任主席，印度内政部长任副主席，其成员由涉及各种灾害应对的相关各内阁部的秘书（相当于副部长）组成。NDMA 负责制定灾害管理的相关政策、计划和准则，为州和地区各级的应急体制机制的建立创造了有利的环境。灾害发生时，受灾的邦需请求 NDMA 派出救灾执行委员会（由若干内阁成员组成）到现场对灾情进行评估并提出援助建议，协助邦政府开展救援。

### 2. 州灾害管理局

印度各邦是灾害管理和实施的主要机构，邦首席部长（邦最高行政长官）为灾害管理的总责任人，但具体的赈灾、救援和安置等工作由赈灾专员（或财政局赈灾秘书）负责落实，一般通过邦财政局长或赈灾副专员负责指挥和管理赈灾工作，各相关部门配合工作。为了更好地协调全邦的灾害管理工作并有效地组织指挥各县开展赈灾和救援工作，各邦还设立由邦政府首席秘书任组长的邦危机管理执行委员会，由邦政府所有相关部门的负责人组成，组长直接对邦首席部长负责。

### 3. 区灾害管理局

印度的地区级政府（县/乡）为灾害救援及善后工作的具体实施机构。在县级层面，县长为灾害管理的总责任人。由于各县的地理状况和气候条件等具体情况有别，各县负责灾害管理的机构设置有所不同，但各县级政府均建立有关减灾工作的执行委员会，均由县财政局长具体负责，县级政府所有相关部门的负责人参加，其具体职责是根据邦政府的安排开展各项救援工作，负责受灾人员的安置和赔偿工作等。在乡级层面，印度各级乡政府设有减灾办公室，由于各地情况不同，有的地区还根据需要设有村或社区减灾办公室。其专门职责是执行县减灾机构的决定并具体开展全乡（村）的救援工作，具体负责灾民的救援和安置，发放救济款等。

## 8.1.4　德里市应急管理实践

伴随着印度城市化进程的加快，德里面临着复杂的系统性风险。这些风险中既包括自然灾害，如亚穆纳河泛滥引发的洪涝灾害，又包括工业化发展带来的工业、化学危害，还有人为引发的恐怖主义行为、公共卫生事件等（Prashar and Shaw，2018）。

2005 年国家颁布的《灾害管理法案》为德里灾害风险治理提供了参照。依照该法案，德里于 2008 年成立地方灾害管理局，作为灾害管理的实施平台。为了应对德里的灾害风险，并对各种灾害情况做出全面、迅速和有效的应对措施，德里应急管理局负责灾区的救灾、恢复和重建活动，并通过长期的灾害管理培训、补充防灾资源、监督落实防灾项目建设，提升长远减灾能力。邦危机管理执行委员会是德里灾害管理局的协助机构，德里的执行委员会由内政部、公共工作部、税务部和城市发展部的政府官员组成。

印度《灾害管理法案》指导各地政府部门制订属地化的灾害管理计划，要求各地区将减灾措施纳入其发展计划中，明确其在备灾和防灾方面的责任。德里于2015年颁布的《德里灾害管理计划》的第5章强调"将灾害管理问题纳入发展计划中"，使得应急管理成为德里政府的重要发展战略之一，同时将灾害管理问题纳入住房、基础设施、卫生、教育和金融服务等方面一同考虑。其中，社区灾害管理规划是德里地区防灾减灾战略的重要组成部分，德里应急管理局为了应对灾害，注重开展社区备灾减灾的培训计划，为地区政府编制了大量的应急教育宣传材料，并分发到办公室、学校、机构和居民区。德里灾害管理局还持有一份本地非政府组织的名单，包括非政府组织专长和地理覆盖范围等详细信息。在灾害期间，德里地区能够动员非政府组织和社区组织在灾害发生时成为积极的行动者，协助基本的救济和救援活动的开展，帮助协助行政当局和公众之间的沟通合作。

## 8.2　印度应急管理机制

### 8.2.1　风险防范机制

印度应急管理越发强调从以应对和救济为中心向以预防和缓解为中心的方式转变，通过采用技术驱动、多灾种和多部门的战略，建立一个更具安全、抗灾力和活力的印度。为了不断提高抵御灾害的能力和水平，减少各种灾害所造成的损失，印度NDMA各部委积极开发减灾防灾的技术支持。印度科学与技术部下设多家实验室，包括结构工程研究中心、中央建筑研究所、中央道路研究所等，致力于提升建筑御灾能力建设的相关研究。印度医学研究理事会及其下辖的实验室正在开展疾病监测、大规模伤亡管理、灾后创伤管理等各方面的研究工作，更多应用场景模块被开发出来，供卫生和灾害管理机构在实践中应用。农业是印度的支柱产业，是绝大多数人口的主要生计和生存来源，但在气候条件和自然环境变幻莫测的情况下，洪水、干旱、飓风等自然灾害给农业造成了巨大损失。尤其在全球变暖的影响下，印度的热带农业和园艺种植业将遭遇新的威胁。印度农业研究理事会及其下辖单位多年从事谷物、蔬菜、园艺和经济作物的研究，致力于开创绿色革命，研发具有抗灾能力的农业作物。

### 8.2.2　监测预警机制

为了加强自然灾害的预测预警，印度政府建成了一个先进的集预报、监控和早期预警发布为一体的预测预警系统。该系统由气象警报系统、国家遥感预警系统、地震观测系统、干旱预警系统、洪涝预报系统和飓风警报系统组成。国家各部委下属的技术和研究机构在预报预警系统搭建方面提供支持服务，其中最重要的是地球科学部下属的机构，包括印度气象局、印度热带气象研究所、国家天气预报中心。印度国家海洋信息科学中心负责印度和南亚气旋的预警，水利部下属的中央水利委员会承担洪水预警的节点责任，而矿业部下属的印度地质调查局负责滑坡和地震的研究、分析和记录。通过加大预警预报方面的资金投入，印度在防范和减灾实践上成效颇丰。2013 年 6 月，印度北部北阿肯德邦发生史上最严重的洪灾并引发山洪和泥石流次生灾害，邦政府在洪灾发生前准确预报，并及时组织居民疏散，极大地减轻了损失[①]。

### 8.2.3　应急响应机制

根据 2005 年国家颁布的《灾害管理法案》，紧急事件一旦发生，地方政府负责主要责任，第一时间赶赴现场，开展救援、赈济和重建工作。中央政府根据灾害的严重程度、所需救援行动的规模及地方政府提出的要求给予后勤和财政支持。

为了更好地配合各级政府的灾害救援工作，《灾害管理法案》规定成立 NDRF，该部队由准军事部队改编而成，隶属内政部，受国家灾害管理委员会统一指挥，担负起综合性的灾害应急任务，涵盖搜救、通信、医疗与疾控、运输、物资供应和工程项目等各个方面。NDRF 由中央政府根据需要调集参与救援，协助地方开展救援和救济工作。印度军队和准军事部队加入灾害应急管理需要两个特定条件，一是灾害的严重程度已经超出邦政府部门的控制能力；二是得到中央政府授权。从这个意义上来讲，印军在灾害应急管理中的重要性与中央和地方的两级政府机构不相上下。

在灾害发生实践中，印度消防、民防、警察及志愿组织也一同加入到抗灾队伍中，通过政府机构、非政府组织和社区民众的多方响应和协作，共同减轻自然和人为灾害造成的破坏。

### 8.2.4　防灾培训机制

近年来，印度政府十分注重利用现代通信和信息技术，构建灾害知识管理系统，加强对灾民的灾情意识教育，提高公众的防灾减灾意识。这样既能全面提升

---

① 资料来源：　https://www.geographynotes.com/essay/disaster-warning-system/disaster-warning-system-in-india-essay-disaster-management/4915。

各级政府的应急管理水平，同时也促使社会各界有效参与灾害应急管理。在经历多次的灾难考验后，印度政府充分意识到应急管理知识在灾害管理中的重要性，建成了覆盖全国的灾害知识管理系统，有效地增强了公众的防灾减灾意识，在灾害管理模式上取得了新的突破，同时也为灾害管理知识资源的开发和应用提供了坚实基础。具体做法：一是使灾害管理部门能更为及时和有效地获取应急知识的支持，有助于及时做出科学合理的应对决策，使政府的灾害管理工作更为有效；二是能够有效整合零散应急资源，形成综合应急知识系统，提高公众的防灾减灾意识；三是通过网络应用，强化对各类应急资源和服务的评估，便于其充分发挥作用；四是加强政府与公众的交流，提升政府和社会的配合能力。此外，印度政府还通过多种形式，在群众中大力开展防灾、抗灾宣传，采用现代和传统传播媒介，把防灾减灾知识做到家喻户晓（姚国章，2009b）。

### 8.2.5　资金保障机制

灾害救援和灾后重建所需的巨额资金主要由印度中央政府和邦政府负责提供。中央政府的财政委员会负责对救灾所需资金进行全面评估并提出建议，由邦政府下辖的灾害救济基金和中央政府下辖的国家灾害应急基金分别负责提供。

邦政府下辖的灾害救济基金由邦首席秘书为主席的委员会负责管理，主要用于向受到风灾、干旱、地震、火灾、洪灾和雹灾影响的本邦灾民提供及时的救助。其资金分别来源于邦政府和中央政府的财政划拨、捐赠和投资收益，财政划拨部分由中央政府承担75%，邦政府承担25%。灾害救济基金的运作受到内政部的统一监管，以确保所需资金按时到位，并防止基金遭到滥用。

中央政府下辖的国家灾害应急基金也是依据2005年《灾害管理法案》设立的，它实质上是中央政府对各邦政府管理的灾害救济基金的一种补充，用于弥补灾害救济基金在救助各种灾害时出现的资金缺口。国家灾害应急基金主要来自印度中央政府的财政划拨，首期划拨资金为50亿卢比。内政部设立国家灾害应急管理中心负责评估灾害的严重程度是否满足动用国家灾害应急基金的条件，以及国家灾害应急基金和邦政府下辖的灾害救济基金的分担比例，并向内政部的灾害救助高级委员会提出具体建议。高级委员会一旦批准国家应急管理中心的拨款建议，则指令高级委员会向邦政府划拨所需资金。在内政部的统一监督下，分属中央和地方的两个基金基本上能满足灾害救援和灾后重建的财政需求。

## 8.3　印度应急管理法制

### 8.3.1　横向方面

在印度整个文明历史上，干旱、洪水、地震和飓风等重大自然灾害频发，最早的灾害应急管理立法可以追溯到英印殖民统治时期，1876~1878 年暴发的大饥荒迫使英印殖民当局成立饥荒委员会，并于 1880 年通过了《饥荒救济法》。该法可能是印度乃至世界上最古老的灾害救援法之一，也为现代印度的灾害应急管理法律制度奠定了基础（黄云松和黄敏，2009）。独立后的印度受英国殖民者的影响，十分重视有关灾害管理的顶层设计，并在独立后通过立法制定相应的政策，把减灾内容纳入国家发展规划之中。在印度独立后的五年计划中强调对干旱和洪水的防控措施，颁布了如干旱区计划、沙漠开发计划、国家雨水补给区流域开发项目和综合水开发项目等（Pal and Shaw，2018）。

随着印度工业和社会的发展，除了自然灾害，也存在潜在的事故型灾害和人为型灾害威胁。针对层出不穷的灾害威胁，印度以立法的形式，落实了应对各种灾害的制度措施，制定了专门应对各种自然灾害和人为灾害的法律。例如，《流行病法》是印度中央一级预防和传播危险流行病的主要立法框架，该法授权中央政府采取必要措施，处理出入境口岸的危险流行病，该法还授权各州采取特别措施或颁布法规，以应对本州管辖范围内的流行病；《减轻国家地震风险计划》是印度应对地质灾害方面的未知风险而前置设立的防灾计划，并为地方政府提供了参考框架。

印度的灾害应急管理法律不仅包括特定灾害的专门立法，而且还散见于建筑标准、卫生防疫、灾后抚恤救助标准等法律和规章的相关规定中。例如，印度《国家建筑法》和印度标准局规章，不仅对城乡建筑的设计、材料、质量、设计师/工程师资格认证等做出明确规定，还定期对建筑标准进行评估和修订，以此来确保建筑的抗震和抗破坏等级。印度政府为灾民的抚恤救助制定了专门的标准，将救灾基金按照死亡、伤残、农畜损失等 29 个项目制定出明细的现金救助/抚恤标准，使赈灾资金的使用有法可依，并根据专家小组的建议定期进行修改和调整，以确保灾民能得到及时的抚慰和救助，灾害救济基金和国家灾害应急基金的每项支出都能真正用于灾害救援和灾后重建。

### 8.3.2　纵向方面

从中央层面来看，2005 年 1 月 9 日印度政府通过了《灾害管理法案》，并成为各邦根据本邦具体情况制定相应法规的法律总纲。为了使新法规得到有效落实，印度政府还发布了相应的配套政策——《国家灾害管理政策》，这份全面的政策文件规定了国家灾害管理各个方面的具体政策，通过制订整体、主动、全面、综合、技术驱动等战略，描绘了一个具有安全意识与防灾能力的印度。此外，印度中央政府制定的《全国危机管理框架》成为全国危机管理的指导方针，内容涵盖危机管理机制、灾害预防战略、早期预警系统、防灾减灾准备、灾害应对策略和减灾人力资源开发等方面。印度政府还始终把减灾和备灾作为其国家发展战略的基本组成部分，如印度第十个五年计划还以一个专门章节论述印度的灾害管理，强调必须把减灾纳入发展过程，并要求每个邦根据第十个五年计划的规划制订出本邦相应的减灾计划，把减灾工作列入其发展规划，同时，由中央财政委员会负责协调中央政府和邦政府间有关灾害救助和恢复的款项调拨与支出。

从邦政府层面来看，2001 年古吉拉特大地震造成的可怕灾难，推动古吉拉特邦政府于 2003 年颁布实施了《古吉拉特邦灾害应急管理法》，使得古吉拉特邦成为印度第一个颁布灾难管理法案的邦，该法规定了预防、监测、救援、重建与恢复工作，为有效的灾害管理和风险预防提供了法律和法规框架。2005 年《灾害管理法案》作为印度灾害应急管理法律制度中最重要的法律文件，为地方性立法提供了借鉴和参考，有利于地方政府以法制化手段来确定减灾、备灾和灾害救援的职责划分及配合协调。为了加快地方政府的立法进程，印度国立灾害应急管理研究所还专门起草了《灾害应急管理法范本》。目前印度各邦根据中央政府政策和法律的要求都已经制订了适应本邦的应急管理的计划和法案。例如，比哈尔邦已颁布了《比哈尔邦灾难管理法》，乌塔拉坎德通过了减灾法案……各邦也正在积极修订现行的灾害应急管理法规以适应形势的需要。

## 8.4　印度应急管理案例

孙德尔本斯三角洲拥有独特的陆地沼泽和潮汐森林，这片土地在季风期间极易受到海湾气旋和潮汐扰动的肆虐。2009 年，飓风"艾拉"席卷了孙德尔本斯三角洲地区，摧毁了 3500 多公里的古老土堤，土堤的崩塌、接连出现的强降雨天气，给三角洲附近岛屿带来了致命打击，引发了灾难性的洪水泛滥。此次飓风"艾拉"波及西孟加拉邦 16 个地区，由西孟加拉邦政府和联合国开发计划署进行的损失影响评估显示，此次飓风导致的死亡人数为 96 人，受灾人口超过 500 万人，超过50 万所房屋全部或部分受损（Pal and Ghosh，2018）。

印度气象局是负责气象灾害监测预警的节点机构，通过位于加尔各答、钦奈和孟买的区域气旋预警中心和位于维萨卡帕特南、布巴内斯瓦尔和艾哈迈达巴德的气旋预警中心提供的气旋预警，在热带气旋"艾拉"袭击加尔各答之前，已经发出了多次警报，预报了飓风所处的地点、到来的时间和途径的地区。官方记录显示，数千名居民在飓风"艾拉"到来之前已从沿海地区撤离，转移到更安全的地方，在一定程度上降低了灾害带来的损失。

除了预警及时之外，由于西孟加拉邦常年受气旋影响，该地区已经具备了应对灾害的硬性设施筹备和软性应灾能力建设。西孟加拉邦应急管理局此前早已推出了以社区为单位的灾害管理方案，该方案中就包括在高地建造管井，避免海水倒灌影响饮用水供给；在洪水侵犯不到的地方建造粮食和生活必需品存储库；同时为当地社区居民开展一系列的自救互救培训，使得当地居民已经事先具备了一定的防灾意识和减灾能力。在此次"艾拉"飓风席卷期间，社区居民防灾技能的培训效果得以充分体现，社区居民发挥志愿帮扶精神，减少对外部救援的过度依赖。

除了防患于风雨之前的周密部署和提前监测预警，政府的迅雷行动也是减缓本次灾害影响的重要原因。按照《灾害管理法案》的规定，西孟加拉邦政府成立了邦和地区两级的应急管理局，"艾拉"灾害发生后，邦政府和地区政府紧急行动、迅速响应，在受灾最严重的地区建立了 765 个救济营和 84 个医疗营。NDRF 也受到 NDMA 的指派迅速赶赴一线，与边防安全部队和当地警方联手，在孙德尔本斯和南部帕尔干纳州的其他沿海地区展开救援行动。NIDM 为灾区输送资金和受过专业培训的援救人员，为社区减灾制订行之有效的救援战略。

此外，非政府组织也积极加入到此次救援行动中去，西孟加拉邦政府与当地的非政府组织和国际机构建立了协作关系，在灾害发生后一起展开救援行动。各种非政府组织，包括联合国儿童基金会、乐施会和世界自然基金会等知名机构联合成立了西孟加拉邦机构间小组，在西孟加拉邦飓风灾害救灾阶段负责提供、分发救济物资并安抚群众。

飓风过去之后，本次事件也引起了世界银行的关注，援助印度开展长期的减少气旋措施的专项行动，在三个沿海地区和加尔各答市建造气旋庇护所、沿海防护林、红树林种植园、建造堤防，以提升抵御飓风的能力。

## 8.5　印度应急管理启示及国际合作交流方向

### 8.5.1　应急管理启示

与印度一样，我国也是世界上频繁遭受自然灾害的国家，且灾害种类多、地域分布广、发生频率高。在全球气候变化加速和各国经济社会快速发展的背景下，我国面临的自然和非自然灾害形势日趋严峻，各类灾害风险进一步加剧，灾害造成的损失也呈越来越严重的趋势。近年来，我国发生的一系列自然灾害，如四川汶川发生的特大地震、青海玉树发生的强烈地震及 2013 年全国多地发生的特大洪涝灾害等都给当地人民的生命和财产安全造成巨大损失。印度通过利用现代信息技术来加强灾害管理等方面已积累较为丰富的经验，值得我国学习和借鉴。

### 1. 有效整合相关资源，全面提高应急能力和管理效率

当发生自然灾害时，尤其是在灾害初期，由于各地区、各部门缺乏有效沟通，灾害管理部门无法有效整合各种资源，难以充分发挥作用，这不仅造成资源浪费，而且还可能会贻误时机。2013 年 6 月，印度北部的特大洪灾发生前，印度政府即以多种方式提前发布预警信息，组织转移可能受灾人群，并在救援过程中通过网络整合各类应急资源，明确国家灾害应急反应部队由北阿肯德邦灾害管理委员会统一指挥，使其最大限度地发挥作用，从而提高了灾害管理的效率，减少了人员伤亡和财产损失。我国可借鉴印度经验，在发生自然灾害，特别是发生特大自然灾害的时候，各地方、各部门之间进一步加强沟通和协调，特别要加强军队、武警和地方的资源整合，减少资源浪费，全面提高应急管理效率。

### 2. 全面集成管理信息，提高灾害管理决策效率

印度政府认为，在发生灾害的紧急情况下，快速和正确的决策系统对于高效的应急管理和救援工作的作用至关重要。为此，印度政府不遗余力地开发各类信息系统，通过集成管理信息，为印度的各级灾害管理部门提供了一个可靠的决策支持平台，使灾害管理者能够对自然灾害或突发事件的危害程度迅速做出准确判断，从而有效地计划和调配相应的资源。我国亟须建立一套跨区域、跨部门的灾害管理综合信息系统，这样既能实现各类信息资源的充分整合，又能形成一体化的决策机制，从而全面提高灾害管理的决策效率。

### 3. 利用现代信息通信技术，减少灾害造成的各类损失

随着科学技术的进步，各种技术手段在防灾减灾和灾害救援中正在发挥越来越重要的作用，特别是现代信息技术和通信手段的作用更加突出。近年来，印度注重以技术驱动来应对灾害，开发的有关灾害管理的一系列实用系统，如气象警报系统、国家遥感预警系统、地震观测系统、干旱预警系统和洪涝预报系统等，在其灾害预警和救援中起到了非常重要的作用。我国可以借鉴印度的经验，在充分发挥我国北斗卫星定位系统和卫星遥感技术等优势的同时，结合我国实际情况，进一步开发灾害相关管理系统，并充分运用到灾害预防和灾害救援工作中，与现

有的气象警报系统、国家遥感预警系统、地震观测系统、干旱预警系统和洪涝预报系统等进行有效的资源整合，充分发挥其作用，最大限度地减轻灾害可能造成的危害。

### 8.5.2　国际合作交流方向

印度《灾害管理法案》第 35 条第（2）款项规定，中央政府要采取措施加强与联合国机构、国际组织和外国政府的协调与合作。事实上，印度政府一贯重视灾害应急管理领域的国际交流，积极开展国际性和地区性的灾害应急管理合作。

印度是灾害应急和救援领域里众多国际组织的会员国，这些国际组织包括联合国人道主义事务协调办公室、联合国开发计划署、联合国灾害评估和协调队、联合国国际减灾战略署、亚洲减灾中心、亚洲灾害筹备中心、南盟灾害管理中心（South Disaster Management Centre，SDMC）、欧盟委员会等国际机构。这些组织不仅在灾害救援和灾后重建方面向印度提供援助，而且还在防灾和减灾技术与科研领域提供支持和帮助，以项目的形式促进防灾、减灾科技的开发和应用。例如，联合国开发计划署在 2007 年资助印度研究人员开展信息通信技术在灾害应急管理中的应用研究，开发出基于印度灾害资源网络的国家应急管理数据库，有效地提高了印度灾害管理的效率。此外，通过倡导在南盟框架内建立灾害应急合作机制，印度已经在联合应对灾害的地区合作方面取得了初步成果。2006 年 10 月，南盟灾害管理中心在新德里成立，标志着以印度为主导的南盟灾害应急合作机制的正式建立。

自 2004 年印度洋海啸发生后，印度加强与国际社会减灾合作的力度，并于 2005 年 6 月组织召开国际减灾合作会议，印度时任总统卡拉姆敦促印度大学和全国性研究机构加强与国际有关机构合作，借鉴国际经验，以减少各类灾难给人民生命和财产造成的损失。印度政府为了推动减灾技术创新及防灾能力建设，促成高等教育机构、科技研究所和私营部门的合作，由 NIDM 牵头建立了印度大学和机构减少灾害风险网络（India Universities and Institutions Network for Disaster Risk Reduction，IUINDRR-NIDM），该网络旨在实现国家和社区安全，提升灾害治理能力。从其实践过程来看，IUINDRR-NIDM 已经发展成为一个全球性的合作交流平台，通过教育、研究、对话、论坛、项目实施、会议和出版物，传播有关防灾减灾的知识成果，促成其与全球高校和研究机构间的战略伙伴关系。该网络目前包括了以 NIDM 为首的 23 所研究机构，近 27 所开设灾害管理领域课程的知名大学和 30 多家从事减灾事业的私营部门，通过共享与灾害风险管理相关的知识和资源，实现灾害治理能力的迭代升级。

其中，NIDM 是各级防灾和备灾能力建设的最高研究所和法定机构，拥有一支多学科核心专业团队，承担灾害管理领域的人力资源开发、能力培训、研究、文件编制和政策宣传等职责（李永祥，2022）。NIDM 和国外其他双边和多边国际机构建立战略伙伴关系。2020 年 NIDM 组织召开了全国沿海减灾和抗灾会议、关于环境生物多样性和灾害风险管理的国家培训研讨会，组织推进了灾害风险融资保险与风险转移培训计划、地理气象灾害风险管理培训计划和减少以儿童为中心的灾害风险培训计划。然而，由于行政和财务问题，NIDM 在支持和加强州级培训机构方面没有取得完全成功。在州和地区两级，国家行政培训学院的灾害管理中心负责采取与能力建设和备灾相关的措施。灾害管理中心每年必须举办至少 20 个培训方案，并培训至少 500 名参与者。

除了以 NIDM、国家行政培训学院的灾害管理中心为代表的研究机构，目前印度各高等学府也在积极筹建灾害管理中心，如中央大学、州立大学、国家民防学院和国家消防学院等，鼓励师生积极参与到灾害管理的培训、研究和教育中去。表 8.3 展示了加入 IUINDRR-NIDM 的印度研究机构和高等院校及其在灾害管理领域制订的项目计划。

**表 8.3 印度灾害管理研究所和培训机构网络**

| 机构 | 项目 |
| --- | --- |
| 印度公共行政研究所 | 哲学硕士水平课程中的灾害管理模块（disaster management modules in master of philosophy level course） |
| 印度地质调查局 | 现场方法、滑坡和其他地质灾害的风险分析、采矿等的培训课程（training courses on field methodology, risk analysis of landslides and other geo - hazards, mining, etc） |
| 国家遥感机构 | 遥感地理信息系统在土地利用、环境影响评估、国家灾害管理风险分析等方面的培训课程（training courses on remote sensing-geographic information system applications in land-use, environment impact assessment, risk analysis for national disaster management, etc） |
| 国家行政学院 | 国际会计标准培训所有阶段的灾害管理单元（disaster management modules in all stages of international accounting standards training） |
| 德赫拉敦森林研究所 | 灾害管理、气候变化与灾害管理、森林火灾、虫害、国际会计准则、侵蚀等（disaster management, climate - change and disaster management, forest fire, pest attack, international accounting standards, erosion, etc） |
| 博帕尔灾害管理研究所 | 自然和化学灾害培训的设计和实施（training design and conduct on natural and chemical disasters） |
| 中央大学 | 灾害管理短期培训课程，灾害管理专业研究生和哲学硕士文凭课程（disaster management short - term training courses, disaster management specialization in postgraduate & master of philosophy diploma course） |

续表

| 机构 | 项目 |
| --- | --- |
| 国立大学 | 文凭课程，研究生课程的专业模块（diploma course, specialization module in postgraduate courses） |
| 泰瑞高等学校 | 灾害管理模块的培训和研究生课程（training and postgraduate courses with module on disaster management） |
| 塔塔社会科学研究所 | 灾害管理文科/理科硕士课程（master of arts/master of science course in disaster management） |
| 艾哈迈达巴德大学 | 针对官员、教师、研究生和研究生课程模块的灾害管理短期课程（short-courses on disaster management for officials, faculty, modules in graduate, postgraduate courses） |
| 印度生态与环境研究所 | 灾害管理、可持续发展等研究生课程（postgraduate courses in disaster management, sustainable development, etc） |
| 工厂咨询服务与劳工学院 | 安全认证文凭课程，短期课程（certification diploma course on safety, short-courses） |
| 国家消防学院 | 短期消防管理培训及证书（short training and diploma in fire management） |
| 中央大楼研究院 | 安全建筑短期课程，减灾科学硕士（short courses on safe buildings, master of science disaster mitigation） |
| 瓦迪亚研究所 | 滑坡，地震活动，冰川研究的短期课程（short courses on landslide, seismicity, glacier studies） |
| 潘特研究所 | 在 Sikkim 小组的短期课程，包括灾害管理问题和研究（short-courses at Sikkim unit, almora on disaster management issues, research studies） |

# 第9章 澳大利亚应急管理体系与实践及启示

## 9.1 澳大利亚应急管理体制

### 9.1.1 总体情况

澳大利亚于2018年4月启动了《国家减少灾害风险框架》(*National Disaster Risk Reduction Framework*)。该框架进一步完善了应急管理分类体系,降低了自然灾害相关风险①。在澳大利亚,灾害通常被分为四类:一是自然灾害,包括飓风、地震、水灾、暴风雨/雪等;二是人为因素引起的灾害,包括爆炸、火灾或化学物品泄漏和恐怖袭击;三是生物因素引起的灾害,包括昆虫传染、瘟疫或流行病;四是基础设施故障、空难、车祸等。

澳大利亚作为一个联邦制国家,其应急管理体系主要涵盖联邦政府、州和地方政府、社区三个层面。在联邦政府层面,联邦政府行使宪法赋予的职责,对外代表国家开展海外灾害应急救援,对内响应各州和地方政府的请求,协调国家物质资源、财政援助,指导和帮助事发地开展灾害管理和应急救援工作。在州和地方政府层面,州和地方政府对灾害应急管理负有主要责任,各州设有应急管理系统,并根据辖区内的政治、社会、经济、自然条件对灾害种类、特征和危害性进行评估,制订了一系列内容详细完备、可操作性强的应急管理规划、应急预案、操作手册和各种方案,并落实预防和处置救援中的各项职责任务。在社区层面,按照"充分准备"原则,各社区根据灾害种类和社区特色承担一线灾害管理职责,并针对本社区可能发生的灾害建立相应社区抗灾组织,制定社区灾害应急预案,开展社区灾害防范应对等工作。

---

① 资料来源:https://www.aph.gov.au/About_Parliament/Parliamentary_Departments/Parliamentary_Library/pubs/rp/rp1920/Quick_Guides/EmergencyManagementDisasterResilience。

### 9.1.2　分级管理构架

#### 1. 联邦政府层面

澳大利亚政府委员会（Council of Australian Governments，2020 年 5 月改为澳大利亚国家联邦改革委员会，National Federation Reform Council）是应急管理总体政策的制定者。现行的国家决策框架主要由警察和应急管理委员会（Ministerial Council for Police and Emergency Management，MCPEM）和澳大利亚应急管理委员会（Emergency Management Council，EMC）组成，负责具体应急政策的制定和实施。其中，澳大利亚应急管理委员会是澳大利亚最高应急管理咨询机构。委员会每年举行两次会议，就国家战略性应急管理问题提出咨询意见和指导。委员会主席由司法部部长担任，成员包括了各州和领地的行政人员、澳大利亚地方政府协会的首席执行官、新西兰民防和紧急情况管理部总监等。警察和应急管理委员会在澳大利亚应急管理委员会的支持下，总体上负责救灾政策的执行。澳大利亚应急管理架构如图 9.1 所示。

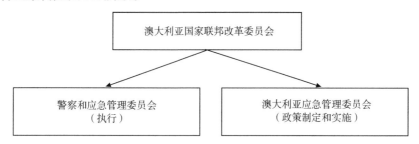

图 9.1　澳大利亚应急管理架构

澳大利亚于 1993 年成立了应急管理中心（Emergency Management Australia，EMA）[①]。直至 2001 年底，EMA 原隶属于国防部，是联邦政府主要的应急管理部门，负责管理和协调全国性的紧急事件管理。在灾害发生时，联邦政府通过 EMA，为各州和地方政府提供物质、财政援助及咨询服务等。从 2018 年起，EMA 在政府机制转型中，成为内政部下属的一个部门，为加强澳大利亚国家安全和应急管理提供支持。职责涵盖汇集政府制订的计划、构架和安排 、协调志愿和私营机构以处理所有紧急需求，包括预防、准备、响应和恢复等。EMA 以《国家抗灾战略》（*National Strategy for Disaster Resilience*）为指导方针，同时主导澳大利亚政府参与联合国全球蓝图（United Nation's global blue print）的工作，共同提升全

---

① 资料来源：https://www.homeaffairs.gov.au/about-us/our-portfolios/emergency-management/about-emergency-management。

球抵御自然灾害的能力。EMA 同时也是澳大利亚政府危机协调中心（Crisis Coordination Centre）的所在地。全灾害、24/7 危机协调中心提供整个政府的实时态势感知，以便在灾害和危机发生期间为国家决策提供信息。该中心还负责协调澳大利亚政府的实际紧急援助活动并管理国家安全热线。 在 EMA 现有构架下，2021 年 5 月 5 日，澳大利亚总理宣布成立国家恢复和复原局（National Recovery and Resilience Agency）。该机构整合了自然灾害响应、恢复和复原力方面的专业知识，与在灾害中受影响的政府、社区、行业合作。从 2021 年 7 月 1 日起，该机构在现有构架下，纳入减少国家灾害风险和恢复的职能。

应急管理中心所承担的职责包括以下几个方面（陈少云，2017）。

（1）不断改进国家应急管理的政策和制度，使之更加正规化。

（2）提供国家应急管理援助。

（3）提供应急管理的教育、培训并负责应急研究。

（4）提供并不断更新事故和灾害的预报信息。

（5）建立、协调并协助应急管理计划。

（6）和联邦政府有关部门合作提供应急援助物资。

（7）不断改进并提高国家民防能力。

（8）作为澳大利亚国际发展协作局 （Australian International Development Assistance Bureau，AIDAB））的代表，协助进行灾后物质和技术援助。

（9）协助澳大利亚的有关地区进行灾害发生前的准备工作。

应急管理中心发挥的作用包括以下几点。

（1）建立、协助和支持国家应急管理计划。

（2）就应急管理事务向联邦政府机构、州和地区、工业界和国际团体提供建议。

（3）作为 AIDAB 的代表，对澳大利亚的各个地区在应急管理方面的工作提供帮助。

（4）在发生灾害和紧急事件时，协助联邦政府做好物质和技术上的援助。

（5）建立、实施、总结国家应急管理政策。

（6）管理各州的援助项目。

（7）开展应急管理教育和训练。

（8）提供应急管理信息。

（9）建立与维护个人、工业界、团体组织和联邦、州、地区及国际组织间的应急联系渠道。

（10）促进公众对紧急事件的响应。

### 2. 州和地方政府层面

州和地方政府相关应急管理部门在应对特殊威胁与灾害时，承担着协调、领导、指挥、督察的职责，其核心职责是准备和应对这些威胁并做出应急预案，对突发公共事件做出应急反应和提供资源支持及安排。目前，澳大利亚所有 6 个州和 2 个领地已通过立法，建立委员会，提升警务、消防、救护、应急服务、福利机构等各方面的能力来保护人身、财产和环境安全（陈韵竹，2013）。以南澳大利亚为例，南澳大利亚应急管理理事会（The Emergency Management Council of South Australia，EMCSA）是南澳大利亚政府内阁的一个委员会。州应急管理委员会（State Emergency Management Committee，SEMC）向 EMCSA 报告，管理委员会由执行主席、州政府相关应急部门的部长及内阁成员主持。该委员会监督本州内的紧急情况及应急管理规划，并且得到咨询小组（advisory groups）的支持。州级应急组织管理系统如图 9.2 所示。

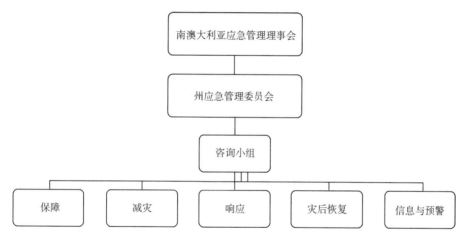

图 9.2　州级应急组织管理系统（以南澳大利亚为例）

（1）州应急中心（State Crisis Centre）。州应急中心由州总理府管理和内阁管理。在紧急状态下，州应急中心为总理或部长提供州级政策建议和指导。州应急中心与联邦应急协调中心及各部门分享信息并寻求必需的支持。

（2）州协调员和警察（State Coordinator and Police）。州协调员和警察是警方负责协调所有和紧急情况相关的机构。州警察局长作为本州协调员，负责管理并按照各州颁布的州应急管理法协调响应和恢复。

（3）州紧急中心（State Emergency Centre）。在紧急情况下，州急救中心统筹所有相关机构和支持人员协调州级响应。其职责主要包括：为突发急病和受伤者提供院前急救服务；为常规院前患者提供医疗服务等。州应急中心运作由所在州的警察支持。任何支持机构或职能支持小组可以通过联系州协调员要求激活州应急中心。

（4）州灾后恢复办公室（State Recovery Office）。州灾后恢复办公室是各州人社部（Department of Human Service）的下属机构，参与跨政府和非政府部门的相关工作，以确保灾后恢复安排的有效性。在紧急情况下，州灾后恢复办公室可协调州级的恢复工作、向州灾后恢复委员会提供管理和支持、并向本州内受灾地区的恢复提供支持与帮助。

（5）州火灾和紧急服务委员会（Fire and Emergency Services Commission, FECOM）。其在州政府应急管理中发挥战略领导作用，在整个州和全国范围内，与其他机构保持联系。

（6）区域应急管理委员会（Zone Emergency Management Committee, ZEMC）。在紧急状态下，它为各管理区的应急管理规划提供支持。ZEMC 运用全灾种的管理方法，涵盖预防至恢复的全过程。

（7）区域紧急支援团队（The Zone Emergency Support Team, ZEST）。其通过对当地资源的协调，对应急事件提供支持。

（8）控制机构 （Control Agencies）。控制机构负责紧急情况并对所有其他机构提出的需求做出回应（陈韵竹，2013）。

### 3. 社区层面

澳大利亚在全国范围内约有 700 个社区，它们虽然不是直接控制灾害响应机构，但在灾难预防、缓解及为救灾进行协调等方面承担着责任。社区中，有许多企业、社会组织和民众积极参与抗灾和应急救援处置行动。

企业在支持社区的处理应急事件的能力方面发挥基础性作用。特别是那些提供关键服务的企业，如电信、天然气、水和电，可以通过提高社区的韧性，降低面临的潜在风险并确保在紧急情况期间或灾后，提供稳定和持续的服务。

许多非政府和社区组织在第一线组织和人员进入应急状态时为州的应急管理安排提供支持。在应对社区的紧急情况时，个人可以及时向这些组织和机构寻求帮助。州政府继续与这些机构合作和组织，加强国家和各州的应急管理安排。

有效的应急管理也同时依赖于个人在预防、准备、应对并从紧急情况中恢复的每个阶段充分发挥他们的作用。个人可以通过访问政府资源，获得他们可能暴露于某种风险中的相关信息，参与政府机构和社区组织的应急管理安排，为保护生命和财产做好准备。对很多人来说，成为一名志愿者也是积极参与应急管理的有效方式。

# 9.2　澳大利亚应急管理机制

澳大利亚处理紧急情况通常分为四个阶段：预防（prevention）、准备（preparedness）、响应（response）和恢复（recovery），缩写为 PPRR。而有一些州和辖区将 PPRR 定义为三个阶段紧急情况的"之前"（before）、"期间"（during）和"之后"（after）[①]。

## 9.2.1　预防阶段

预防措施旨在消除危害或增强防御力。在澳大利亚，预防阶段由政府、非政府组织、企业、社区和个人共同参与，州和领地政府起主要作用。各州和领地政府在各自管辖范围内立法和颁布政策，各级政府机构跟进实施，并将其作为其日常功能的一部分。一般来说，在预防阶段主要的措施包括以下几方面。

（1）针对可能发生的灾害的控制程序，如建筑物防洪堤、森林大火预防计划以及安装自动喷水灭火系统。

（2）通过立法对土地的使用进行规划，对房屋的建筑过程进行监控。

（3）检疫和边境控制措施。

（4）公共卫生策略，如疫苗接种。

（5）提高社区教育和意识。

（6）有害物质安全保障措施。

（7）对于关键基础设施保护。

（8）保障人群拥挤处的公共健康与安全防护措施。

（9）确保公众可以获得最新的地质资料、地形图与地震和海啸的监控信息。

（10）实施特定的灾害和灾害风险研究。

## 9.2.2　准备阶段

准备阶段旨在当风险增加或灾害发生时确保资源和各种应急设施及服务的可用性，以及确保社区有能力采取适当的措施进行响应和恢复。一般来说，准备阶段采取的措施包括以下几方面。

（1）制订家庭应急计划并确保应急包可持续使用 72 小时。

（2）量身定制的响应和恢复计划。

---

① 资料来源：https://resilience.acoss.org.au/the-six-steps/leading-resilience/emergency-management-prevention-preparedness-response-recovery。

（3）对公众及时进行公共广播的安排。

（4）确保全国各应急系统的互通及互操作性。

（5）公众的预警系统，包括基于电话的警告系统、紧急警报等。

（6）储存和分发基本物品，如发电机和药品。

（7）定期测试改进相关管理程序。

### 9.2.3 响应阶段

响应措施一般涉及在预期的紧急情况发生期间和之后，使其影响降到最低，并确保受影响的个体能立即得到救济和支持。通常，对灾害的响应一般首先由各州和领地政府处理。全州相邻地区的援助，跨州或领地及澳大利亚政府的援助，是视灾害规模紧急情况而提供的。在一些紧急情况下，可能需要国家层面从一开始就安排援助，如当大规模的流行病威胁澳大利亚时，保护和保存生命是最重要的响应目标。预防和减轻损失，包括防止和减缓对关键基础设施及自然环境的破坏，也是响应目标之一。响应措施一般包括以下几点。

（1）风险评估。

（2）疏散人员或社区。

（3）提供医疗支持。

（4）寻找、营救和重新安置流离失所者或走失的人与动物。

（5）灾难受害者的检索和识别。

（6）遏制或消除危害带来的威胁（如消防、围堵危险材料、根除有害生物/疾病传播）。

（7）提供动物/牲畜福利（如提供饲料以及提供兽医服务）。

（8）评估损害、调查事件原因及总结。

### 9.2.4 恢复阶段

自然灾害发生后，首先由州和领地政府制定相应的救助标准，为受灾的个人提供援助，联邦政府不直接为个人和团体提供资金。当州和领地资源不足需要帮助时，联邦政府通过《自然灾害救济和恢复安排》（*Natural Disaster Relief and Recovery Arrangements*，NDRRA）提供资金，以帮助支付自然灾害救济和恢复所产生的开支，并由 EMA 代表澳大利亚政府管理[①]。根据 NDRRA 的规定，先由州或领地政府支付救灾和重建费用。如果开支超 240 000 澳元，需要上报 EMA 才能

---

① 资料来源：https://www.disasterassist.gov.au/disaster-arrangements/natural-disaster-relief-and-recovery-arrangements。

申请到 NDRRA 资金。具体的资金支出比例如下：以州财政收入的 0.225% 为第一预算控制线，第一预算控制线乘以 1.75 为第二预算控制线。各州的预算控制线由澳大利亚联邦统计局以书面形式通知各州或领地。如果所有符合要求的支出总额没有超过第一预算控制线，那么州或领地支付的资金将给予个人以减轻他们由自然灾害造成的直接困难和用于地区重建支出中的 50% 由联邦承担。如果超过第一预算控制线，联邦政府承担州或领地支出的第一预算控制线和第二预算控制线之间的前两类支出加上修复或重建被损坏的基础设施。为获得联邦政府的援助，各州和领地政府除了需要严格地界定救灾项目外，还必须公开承认接受联邦政府的救助，制订并实施自然灾害的减灾战略。在灾后三年内提交灾后评估报告，并于每年 1 月 31 日前提交详尽的开支预算。由此可见，澳大利亚在应急管理的权责划分上清晰明了，规定了严格的资金使用流程和界定标准，针对不同的资金用途，划分具体承担比例，并通过法律形式将具体的资金数额进行规定，实现了联邦和州、领地政府应对紧急情况的风险分摊，保证了应急财政资金的使用效率。

在澳大利亚，联邦政府通过 NDRRA 将所有财政资金支出项目明确地划分为 A、B、C、D 四大类，明确地将资金的用途定位于缓解直接由自然灾害造成的伤害。具体划分如下所示。

A 类措施是给予个人以减轻他们由自然灾害造成的直接困难，包括以下几点。

（1）紧急的粮食、衣物援助和临时住所的搭建。

（2）基本家具或财物的修理或更换。

（3）住房的必要维修，使其达到可居住状态。

（4）拆除或重建住房，以达到可居住状态。

（5）对住宅碎片进行清除，使其安全可居住。

（6）其他特定的直接援助措施（如保护受威胁的房子或者使受损的房子安全可居住）。

（7）为减轻灾害造成的直接损失而提供的个人财务咨询服务。

（8）与上述的任何形式援助有关的额外费用（如撤离、建立、运行疏散中心，重建中学等成本）。

B 类的措施是针对以下类型的援助。

（1）修复或重建被损坏的基础设施。

（2）为某些企业、初级生产者、自愿的非营利组织和个人提供贷款、补贴、捐助款，以减轻他们的经济负担。

（3）为保护广大民众的抗灾行动。

C 类措施是指社区重建计划，包括以下几点。

（1）社区重建基金。

（2）对于小企业的重建拨款。

（3）对于初级产品生产者的恢复拨款。

其中，C 类措施的实施需要满足以下条件之一：①符合社区重建的需要或者由当地政府相关部长书面批准；②这项援助的实施已经由总理书面批准；③符合部长书面规定的任何其他条件。

D 类措施是指各州和领地府相关部门的部长认定的其他有利于减灾和重建的措施。在严重的紧急事件中，灾区重建所需资金超过了 NDRRA 的标准，总理可以批准由联邦政府和州、领地政府共同启动社会重建计划，包括以下几点。

（1）社区重建基金，用以恢复社区的网络运行和基础设施。这项措施的目的是实现灾区的恢复，并有利于未来的社区的恢复和发展。社区重建资金的使用，根据各灾害的特殊情况而各有不同，主要原则是用于对社区和个人的支持、心理咨询服务、经济重建和灾后的社会发展。

（2）为小企业提供的恢复援助拨款。对于小企业的资助，政府对于符合申请要求的小企业分别提供一次性10 000澳元的小额援助和一次性15 000澳元的大额援助，以及低息贷款。

（3）为初级生产者提供的恢复援助拨款。对于初级生产者的资助，也分为用于立即恢复而不需要损害评估的一次性小额援助，上限为 10 000 澳元，以及用于立即恢复但需要损害评估的一次性大额援助，上限为 15 000 澳元。

其他的措施还包括低息贷款和利息补贴。澳大利亚政府还为慈善机构和非营利组织在救灾和重建中的开支提供短期贷款。他们也可以申请重建拨款。澳大利亚政府和州、地方政府各承担 50%的资金。

## 9.3　澳大利亚应急管理法制

澳大利亚已建立了较为完备的、多层次的法律体系。

应急管理纲领性文件为《澳大利亚联邦政府灾害响应计划》（*The Australian Government Disaster Response Plan*，COMDISPLAN），是澳大利亚应急管理的纲领性法律。COMDISPLAN2020 从澳大利亚政府应急管理框架（Australian Government Crisis Management Framework，AGCMF）中获得授权,采用"全灾种"的应急管理方法。联邦、州和地方政府在此基础上制订了一系列的减灾计划、应急预案和灾后救助安排。《澳大利亚应急管理安排》（*Australian Emergency Management Arrangements*）就联邦、州和地方政府在紧急情况（包括灾害事件）发生后的应对措施，进行了总体性概述。该安排由澳大利亚应急管理委员会和相关机构和组织定期修改更新，以保持其长期的适用性。在州和地方政府层面，各州也根据当地的具体情况，制定了具有地域特征的法规条例，如《昆士兰灾难管理条例》《南澳灾难管理条例》《维多利亚灾难管理条例》等。

　　除上述法规外，澳大利亚还制定了应急手册。应急手册可细分为五个系列，涵盖了理论、实践和方法，如表 9.1 所示。第一个系列是基本原理，内容涉及灾害应急管理的概念、原则、安排、词汇和术语；第二个系列是应急管理方法，内容涉及灾害风险管理、减灾规划和应急方案的实施；第三个系列是应急管理实践，内容涉及灾害救助、灾害恢复、灾害医疗和心理服务、社区应急规划、社区服务、社区开发等；第四个系列是应急服务技术，内容涉及应急组织领导、操作管理、搜寻、营救、通信、地图等；第五个系列为应急培训管理，内容涉及预防、准备、响应、恢复各阶段培训及演练。这些技术手册内容丰富全面，既有理论，又有实践，既有方法，又有操作技能，针对性强。国家将这些手册分发到各州应急管理机构、社区组织、机关的政府部门及学校，对各州灾害管理有很强的指导性，也对提高全社会灾害意识有重要意义。

表 9.1　澳大利亚应急管理手册

| 系列 | 名称 | 涉及内容 |
| --- | --- | --- |
| 1 | 基本原理 | 灾害应急管理的概念、原则、安排、词汇和术语 |
| 2 | 应急管理方法 | 灾害风险管理、减灾规划和应急方案的实施 |
| 3 | 应急管理实践 | 灾害救助、灾害恢复、灾害医疗和心理服务、社区应急规划、社区服务、社区开发等 |
| 4 | 应急服务技术 | 应急组织领导、操作管理、搜寻、营救、通信、地图等 |
| 5 | 应急培训管理 | 预防、准备、响应、恢复各阶段培训及演练 |

# 9.4　墨尔本市应急管理实践

　　维多利亚州首府墨尔本是澳大利亚的文化、商业、教育中心，在 2011 年、2012 年和 2013 年连续 3 年的世界宜居城市评比中均摘得桂冠。墨尔本地区城市绿化面积比率高达 40%，以花园城市闻名。

## 9.4.1　墨尔本城市洪涝灾害管理问题

　　和很多城市一样，墨尔本在城市发展中面临城市防洪、水资源短缺和水环境保护等方面的挑战。具体来说，部分透水性能良好的自然土壤地表，被转换为硬化或水泥地面。这大大减少降雨向土壤的渗入，产生更多径流，导致雨水径流量、洪峰流量和流速增加。现有的排涝系统,如果之前没有充分规划,或未进行与新开发项目匹配的升级,将没有足够能力对增大的流量进行安全排泄。这就增加了区域的暴雨洪涝风险,引发城市洪涝问题。不透水的城市表面和传统的排水系统,将雨水径流直接迅速地排入河道,而非通过地下水缓慢排放或通过自然下垫面渗透。这导致维持天然水体及其生态系统的水文特性产生显著变化。这些水流条件改变,导致水质变坏、河形改变,受纳水体的生物多样性和生态功能发生退化。携带于雨水(尤其是初期雨水)中的城市面源污染物,如由建筑和交通等活动产生的泥沙颗粒及附着其上的重金属和有机物物质、垃圾及泄漏油污等污染物,进入河道水体后,对下游水体的水生态环境造成破坏。不透水的硬化地面取代植被,减少了维持土壤湿度的雨水下渗,也减少了从地表蒸发到大气中的水分。这导致地下水入渗回补的减少,影响河道潜流的形成。蒸发量减少可使气温增高,加剧城市热岛效应。深受洪涝灾害困扰的墨尔本,投入大量资金去升级或建设排水基础设施,通过硬化河道和河道裁直来提高过水能力,将雨水径流直接迅速地排离城市,投入大量资金建设跨流域的引水工程或大型海水淡化厂。墨尔本 2010~2014年 5 年间的城区洪涝保险赔付金额合计达到 20 亿澳元(折合人民币约 120 亿元);其新建的 Wonthaggi 海水淡化厂虽可提供每年 1.5 万立方米的淡水,提高了城市供水的安全性,但墨尔本市付出的代价是,无论是否实际取水,目前都要支付每天 180 万澳元的使用权费,以抵消工程建设投资和运营费用;墨尔本的母亲河亚拉河的水质虽在过去几十年的努力下得到显著改善,但监测数据表明,河道水质、下游汇入的飞利浦港湾水质,还是会受到城市雨水径流冲刷污染影响,下游部分城区河段水质较差,不适宜游泳活动。2012 年夏季,在经历了炎热的气温和携带污染物的城市径流汇入后,飞利浦港湾蓝藻暴发(娱竹,2015)。

### 9.4.2　水敏性城市设计

以墨尔本为首所倡导的水敏性城市设计(water sensitive urban design, WSUD)于 20 世纪 90 年代在澳大利亚兴起。当时城市的雨水分流体系基本完善,通过建设污水处理设施,城市点源污染的排放基本得到控制,但人们期待的生态城市河道并未如期呈现,城市雨水径流的面源污染等成为改善河道生态健康不能回避的问题。

自此,墨尔本在城市规划中,开始关注雨水径流水质控制。跨越多专业的WSUD 洪涝灾害管理体系逐步发展,被墨尔本的工程实践引入。WSUD 综合考虑了城市防洪、基础设施设计、城市景观、道路及排水系统和河道生态环境等,通过引入模拟自然水循环过程的城市防洪排水体系，达成城市发展与自然水环境和谐共赢。2000 年后，WSUD 在澳大利亚成为必须遵循的技术标准。

WSUD 的一个重要原则是源头控制，水量水质问题就地解决，不把问题带入周边，避免增加流域下游的防洪和环保压力，降低或省去防洪排水设施建设或升级的投资。其水质管理措施，如屋顶花园、生态滞蓄系统、人工湿地和湖塘，也能在不同程度上滞蓄洪水，进而减少排水设施的压力。绿色滨水缓冲带在保证泄洪的同时，能有效降低河道侵蚀，保持河道稳定性。雨水的收集和回用提供替代水源，降低了自来水在非饮用方面的使用。和景观融合的洪涝灾害管理设施设计可营造富有魅力的公共空间，提升城市宜居性。

目前澳大利亚要求，2 公顷以上的城市开发必须采用 WSUD 技术进行设计，其主要设计内容包括以下几点。

（1）控制径流量：开发后防洪排涝系统（河道、排水管网等）上、下游的设计洪峰流量、洪水位和流速不超过现状。

（2）保护受纳水体水质：项目建成后的场地初期雨水需收集处理，通过雨水水质处理设施使污染物含量达到一定百分比的消减，如一般要求总磷量低于 45%，总氮量低于 45% 和总悬浮颗粒（泥沙颗粒及附着其上的重金属和有机物物质等）低于 80%，然后方可排入下游河道或水体。水质处理目标要根据下游水体的敏感性程度来确定。

（3）雨水和洪水处理设施融入城市景观，力求功能和景观的融合，作为一种景观要素。

（4）增加雨水收集回用机会。

工程实践中采用的水量控制措施，主要包括透水铺装、下凹绿地、地下储水池及洪水滞蓄水库（人工湖、雨水公园）等；水质处理措施主要包括道路雨水口截污装置、植被缓冲带、排水草沟、生态排水草沟、泥沙过滤装置、泥沙沉蓄池、雨水花园、人工湖及人工湿地等。工程中要综合考虑当地水文气象和地形条件，结合城市规划、防洪排涝规划、景观布局等，合理选择布局上述 WSUD 措施或其组合。设计中一般需应用多种水文、水力和水质数学模型进行定量的分析计算，确保水量和水质控制目标的达成（何培根，2016）。

### 9.4.3 对洪涝灾害管理设计的监管

联邦政府主管部门制定了相应的洪涝管理和水环境保护管理条例。据此，州政府建立了完善的城市洪涝灾害管理监管体系，并在规划设计和建设管理方面颁布了诸多技术标准和导则。

墨尔本城市建设开发中，建设方在可行性研究阶段要提交关于雨水和洪水管理总体规划的项目书，供墨尔本水务局审查。总体规划要从源头上避免和控制城市发展对水环境的负面影响，如城市洪涝灾害、受纳水体水质等，并要符合区域长期规划。在随后的初步设计、详细设计、施工图设计等各阶段中，建设方及其委托的咨询设计公司都要和政府主管部门保持紧密联系，按要求将工程报告、设计图纸、计算书甚至数学模型提交墨尔本水务局审核备案。各阶段审核完成后，经主管部门发放许可文件批准，方可开展下一阶段工作。对高难度的复杂技术审核，水务局会要求建设方聘请第三方咨询公司，对设计提前进行独立工程审查。

施工前，建设方必须制订场地控制方案和设置相应设施以进行施工期洪涝灾害的管理。在施工期，墨尔本水务局会对场地排入周边河道水体的雨洪所可能携带的冲刷泥沙和施工机械泄漏油污等进行严格监管。

在旧城区改建工程中，由于受限于狭窄空间，当建设方的设计方案不能容纳足够的 WSUD 工程设施时，建设方要向墨尔本水务局提出申请。经审批后，建设方可在交付一定补偿金后得到豁免，补偿金最终由水务局用于相应流域下游的雨洪设施建设投资，以保证流域整体水量水质达标。

在上述过程中，主管部门的监管必须遵循相应法规和技术标准，建设方对主管部门的监管不当或失职行为，可提出行政申诉甚至启动法律起诉。例如，主管部门提供了不明确、不完整的信息，导致了设计或施工的拖延或返工，建设方将有权要求政府责任部门给予相应经济补偿（何培根，2016）。

## 9.5　澳大利亚应急管理启示及国际合作交流方向

### 9.5.1　应急管理启示

澳大利亚成立了一系列与应急管理有关的标准化委员会，自上而下统一规划设计本国的应急管理标准体系，以保证体系的整体性和系统性。澳大利亚拥有一部纲领性的法规，其内容可以应用到所有级别的突发事件类型和所有区域的突发事件类型的应对，形成了综合性、一体化的应急管理模式，在应对应急事件过程中起到了重要作用，提高了工作效率。我国已经制定了《国家突发公共事件总体应急预案》，但其规定较为概括化。通过借鉴澳大利亚《澳大利亚联邦政府灾害响应计划》，各级州政府的应急管理条例、应急管理手册，可以制定更具体的"预案""指南"或"手册"用以规范应急管理的基本流程。我国的应急管理部门可与澳大利亚相关政府部门和大学开展合作交流。

澳大利亚现有的 PPRR 机制进一步衍生出 AAPPRR 机制，增加两个 A

［anticipation（预测）与 assessment（评估）］。通过预测，将水平扫描（horizontal scanning）引入系统，并成为识别潜在危险的关键步骤。在国家、省市及地区，进一步提高薄弱点识别、风险目标识别的针对性和韧性建设（Rogers，2011）。再继续引入评估，进一步提升现有的预防和准备措施的主动性，从而进一步全面提升应急管理系统的有效性。这一机制进一步扩大了应急管理周期的韧性，对我国的应急管理也有一定的参考意义。

注重应急管理中的合作与参与。政府是主体，但不是唯一的参与者。在澳大利亚，当灾害发生时，许多企业、组织机构和民众参与抗灾行动。在每一个州或领地参与抗灾的有警察、正规消防队、急救队，更有多种形式的志愿者抗灾组织，如州应急服务中心、森林防火队、圣约翰急救队、冲浪救生俱乐部、营救服务站等。我国可借鉴澳大利亚经验，鼓励和规范社会各界开展应急救援志愿服务，充分发挥群众团体、社会组织、基层自治组织及公民在突发事件预防和处置等方面的作用，进一步推动全社会参与和支持应急管理工作，提升应急管理基础能力。我国拥有一支数量庞大且高素质的公务员队伍，因此，加强公务员日常培训中的应急能力提升，使之成为应急管理中的重要组成部分对我国应急管理系统的建设有重要的意义。

由于澳大利亚是联邦制国家，联邦政府职责是指导全国灾害管理战略规划，强化国家对内外应急管理职能，必要时支持、帮助州和地方政府；州和地方政府则全面负责灾害管理、处置和恢复等各项工作，灾害管理属地为主的特征明显。基于不同的体制与管理构架，同样是将属地原则作为工作原则，实现明确清晰的事权划分有助于中国各级政府在紧急情况的应对中发挥作用。根据收益原则划分应急管理责任，要根据需要制定可操作的量化标准，同时兼顾地方政府的财力。

政府是社会风险的最终承担者，但不应是唯一的承担者。个人、家庭和企业在应对紧急事件中，理应首先自救。建立较为成熟的社会性巨灾保险体系与政府共同承担救灾责任。同时，发挥各社会团体、基金会、志愿者在应急援助中的作用，协同各种社会力量。

### 9.5.2　国际合作交流方向

在应急教育及培训方面，澳大利亚政府成立了澳大利亚抗灾害韧性学院（Australian Institute for Disaster Resilience，AIDR）。它与政府、社区、研究、教育和私营部门合作，在澳大利亚国内及国际上交流分享知识和经验。澳大利亚的应急管理学院（Australian Emergency Management Institute）开设了为期 2 年的应急管理相关的学位课程（advanced diploma of public safety）。课程涵盖了社区的应急管理、灾后恢复中心的建设与管理、灾后重建的过程管理与服务、风险管理与预测、商业可持续性发展与维持等。同时，澳大利亚各州还有多所高校陆续开设了应急管理的相关课程，如表 9.2 所示。

表 9.2　澳大利亚应急管理高校及其应急管理相关课程

| 学校/地点 | 学位/证书 | 核心课程 |
| --- | --- | --- |
| 中央昆士兰大学/<br>昆士兰州 | 应急管理/<br>本科 | 应急服务与社区（emergency services and the community） |
| | | 社区安全与教育行动（community safety and education in action） |
| | | 公共健康灾害管理（public health disaster management） |
| | | 气候变化：风险与评估（climate change: risk and assessments） |
| | | 应急服务中的风险评估（evaluating emergency services risks） |
| | | 人力资源管理（human resources management） |
| | 应急及灾害管理/<br>证书 | 应急管理中的领导力（leadership in emergency and disaster management） |
| | | 应急与灾害管理研究（research for emergency and disaster management） |
| | | 适应性培养（building adaptive capacity） |
| 查尔斯特大学/<br>新南威尔士州 | 应急管理/<br>本科（远程） | 应急管理基础（introduction to emergency management） |
| | | 灾害识别与风险评估（hazard identification and risk assessment） |
| | | 应急决策制定（emergency decision making） |
| | | 应急管理计划制订（emergency management plan development） |
| | | 灾害响应分析（analysis of disaster response） |
| | | 澳大利亚本土文化，历史及当代问题（indigenous Australian cultures, histories and contemporary realities） |
| | | 地理信息系统原理（principle of geographic information systems） |
| | | 团队管理与领导力（team management and leadership） |
| | 应急管理/<br>硕士（远程） | 应急管理环境下的风险管理（risk management in the emergency management context） |
| | | 当代应急管理实务（contemporary practices in emergency management） |
| | | 操作命令（operational command） |
| | | 文献回顾（literature review） |

　　在经济全球一体化的格局下，随着我国"一带一路"倡议实施，进一步加强应急管理的国际交流合作，借鉴国际先进经验，进一步巩固和扩大应急管理国际合作范围，加大与相关国家、国际组织、研究机构、民间团体的各层次的沟通合

作，在反恐怖、核安全、跨境公共卫生事件、重特大自然灾害应对、涉外突发事件等方面建立信息互换交流、沟通合作机制，在合作中共赢。通过正确评价国际标准的有效性，借鉴澳大利亚在标准化工作的经验，构建一套适用我国的国际标准。积极参与到应急管理相关的国际标准制定中，提高我国技术标准方面的国际竞争力。重点选择我国应急管理和产业中具有技术优势或成功治理经验的领域，对外交流分享经验，提升我国的国际竞争力和影响力。

# 第10章　世界主要国家应急管理体系与实践对我国的启示

在对世界主要国家应急管理体制、机制、法制及教育培训等方面剖析的基础上，结合纽约、伦敦、东京等国际大型城市典型突发事件的应急管理实践，研究了这些国家的自然灾害、事故灾难等应急管理体系演化过程、特色和经验教训。本书的主要目的是借鉴世界主要国家应急管理体系建设和应急管理实践的有益做法，结合我国国情特色，发挥体制优势，推进我国应急管理体系和能力现代化，同时为"请进来"和"走出去"开展国际合作交流提供有效指引，提升应急管理国际合作交流成效。

## 10.1　借鉴应急管理前沿理念，打造安全韧性城市

自然环境变化及城市化快速发展带来城市物理环境和社会环境的剧变，使城市面对灾害风险的不确定性急剧增大，在应对灾害风险时的脆弱性加剧，进而需要从提高城市系统韧性和社会应对能力视角进行城市安全规划与建设，将城市安全与综合防灾系统纳入城市总体规划和建设，强化源头治理，从城市规划、建设、运营的全过程构建城市防灾体系，努力将城市建设成为既能有效预防灾害事故发生，又能在突发事件发生时有效应对，以及灾害发生后快速恢复的强韧性城市。

2010年3月，联合国国际减灾战略署（United Nations International Strategy for Disaster Reduction, UNISDR）发起"让城市更具韧性"运动，迄今全球已有3000多个城市参与。2013年5月美国洛克菲勒基金会启动了第一届"全球100韧性城市"项目，全球首批有32个城市入选，包括巴黎、伦敦、芝加哥、纽约、洛杉矶和新加坡等，总人口数超过7亿，形成"世界百强韧性城市关系网"。这两项运动都极大地推动了全球韧性城市建设。纽约市在参加"全球100韧性城市"项目后，发起了OneNYC计划（*One New York: The Plan for a Strong and Just City*），

开始实施《一个更强大、更具韧性的纽约》的城市建设规划，通过韧性城市建设，合理准备、缓冲和应对更多、更大的不确定性扰动。加拿大联邦/省/地区部长会议上批准并发布了《加拿大应急管理战略规划：迈向韧性的 2030 年》，明确联邦/省/地区政府及社会组织机构在应急管理工作中的分工和职责，到 2030 年实现加拿大在防灾减灾、应急准备、应急响应和应急恢复等方面安全韧性的提升。2011 年，英国发布了"管理风险和增强韧性"计划，包括构建"伦敦气候变化公司协力机制"、出台《英国气候影响计划》等。伦敦提出了构建"韧性伦敦"（London resilience）计划，"韧性伦敦"的构建也是从风险评估来做起，主要评估伦敦可能发生的重大灾害事故风险及应对能力和措施。当重大灾害事故发生时，城市可以快速决策响应减小损失。伦敦强调个人在应对突发事件的时候应该如何做，企业应该如何做，社区应该如何做，乃至整个城市应该如何做。新加坡也提出了构建"韧性城市"（resilient city）。新加坡的韧性城市一方面强调政府的领导作用，包括对长远趋势的预测、政府决策等，同时注重个人和社区的共同参与，包括协同合作调动多方资源、社区自我恢复、联合网络联动、多样性及创新性、监督与平衡等内容。

在我国，韧性城市建设虽处于起步阶段，但随着城市安全需求剧增，韧性城市建设也迫在眉睫。四川德阳、湖北黄石将城市韧性提升纳入城市发展规划，于 2014 年成为中国首批入选"全球 100 韧性城市"项目的两个城市。之后浙江海盐（2016 年）、浙江义乌（2017 年）也成功入围"全球 100 韧性城市"项目。在韧性城市建设方面，德阳主要从可持续发展的角度，加强环境保护和资源合理开发，而黄石的重点是在已废弃土地上增加植被以减少水土流失。海盐通过建立大规模的应急计划及公共服务的平等入口来加强城市韧性。义乌则主要通过建立组织系统以快速响应灾害。德阳、黄石、海盐、义乌都属于中小城市开展韧性城市建设。2017 年 9 月《北京城市总体规划（2016—2035 年）》公开发布，其中，第 90 条提出"加强城市防灾减灾能力，提高城市韧性"。2018 年 1 月上海发布了《上海市城市总体规划（2017—2035 年）》，提出建设更可持续的韧性生态之城，提出"加强基础性、功能型、网络化的城市基础设施体系建设，提高市政基础设施对城市运营的保障能力和服务水平，增加城市应对灾害的能力和韧性"。2019 年在《上海市推进城市安全发展的工作措施》中提出安全韧性的目标：到 2035 年上海基本实现城市安全治理体系和治理能力现代化，城市运行安全和安全生产保障能力显著增强。统筹发展和安全、建设安全韧性城市是国家"十四五"规划提出的重大任务，也是上海作为超大型国际化大都市的未来建设目标。2021 年 3 月《中华人民共和国国民经济和社会发展第十四个五年规划和 2035 年远景目标纲要》中更明确提出"十四五"期间城市规划和建设需"顺应城市发展新理念新趋势，建设韧性城市"，首次在国家层面提出建设韧性城市，使城市能够凭自身的能力抵御灾害，减轻灾害损失，并通过合理的资源调配使城市从灾害中快速恢复过来。因此，借鉴应急管理前沿理念，打造安全韧性城市是未来推进我国应急管理体系和治理能力现代化的重要工作。

## 10.2　加强区域联防联控，推动设立应急管理大区

美国联邦政府将全国划分为十个应急管理大区，分设 10 个区域办公室，负责本区域内灾害组织协调相关应急事务。在发生重大事故时，该办公室在 FEMA 与州之间发挥联络渠道作用，同时派官员到现场勘察。在事故处理后，对事故进行跟踪调查并审查经费使用情况，每个区域办公室都设立了区域应急响应协调中心。加拿大公共安全部门在全国设有 12 个地区办事处，分别位于 5 个大区：大西洋、魁北克、安大略、大草原地区以及不列颠哥伦比亚省和北部。俄罗斯紧急情况部在全国范围内设立了 8 个大区，负责 85 个州的灾害救援，每个大区和州都设有指挥控制中心。

我国幅员辽阔，自然灾害和事故灾难多发，各省市各行业应急救援力量和救援能力差别较大，面临重大自然灾害和事故灾难时，一个省市很难独立完成应对任务，往往需要周边省份进行紧急援助。"一方有难、八方支援"是我国的文化传统和体制优势。我国从 2002 年开始陆续成立华东、华南、西北、西南、东北、华北六大区域环境保护督察中心，承担相关区域的环境督查、环境案件协调等工作。在大气污染治理过程中，我国一直在推进开展区域联防联控，颁布了一系列文件和规划，如 2010 年发布的《关于推进大气污染联防联控工作改善区域空气质量的指导意见》、2012 年发布的《重点区域大气污染防治"十二五"规划》，通过区域联防联控极大地遏制了我国大气污染恶化的趋势，空气质量显著改善。针对自然灾害救援，2022 年应急管理部印发《"十四五"应急救援力量建设规划》，明确将建设完成国家应急指挥总部和华北、东北、华中、东南、西南、西北等六个国家区域应急救援中心。因此，基于建立大安全大应急框架，加强国家区域应急力量建设的指导思想，建议借鉴美国、加拿大、俄罗斯等国设立应急管理大区的做法，以及我国建设区域应急救援中心、设立区域环境保护督察中心和开展大气污染区域联防联控的经验，再结合中国人民解放军的战区划分，由应急管理部主导，将全国的应急管理划分为东部、南部、西部、北部及中部 5 个应急管理大区，每个应急管理大区下辖若干相邻省份，在每个大区都设立区域应急响应协调中心，在应急处置突发事件时，由区域应急响应协调中心负责区域内的应急资源协调。人

民军队一直是我国抗击重大灾害和事故灾难的主要力量，我国应急管理大区划分与军队战区划分可基本保持一致，这样确保军队能以最快的速度投入抢险救灾工作，建议必要时报请中央军委批准调动大区及周边区域的军队资源。借鉴战时联动思想，促进全方位协同联动，探索应急管理区域制度协同和工作联动的创新路径模式。

以上海为例，可将其纳入我国东部应急管理大区，与江苏、浙江、安徽、福建、江西六个省市组建区域应急响应协调中心，构建应急响应区域协同合作的三级应急管理运作机制。在大区内开展省际应急规划协同、应急信息共享、联合开展数据挖掘研判安全风险、应急预警联动、应急指挥体系协同、应急救援力量联合调度、危险化学品道路运输联合管控、安全生产联合执法、防汛防台抗旱合作、应急物资共用共享和协调、应急管理数字化协同、应急协同救灾常态化运行等方面的深度合作，建立应急管理日常工作信息交流机制与平台。在资源共享方面，统筹应急响应协调中心规划与建设，统筹应急管理智库共建共享，共同推进应急产业发展，探索应急管理研究项目合作和人才交流机制。在成果共建方面，完善应急管理责任体系和联动长效机制，联合发布统一的区域应急管理政策法规及标准规范，探索建立东部应急响应区域一体化应急管理成果汇编制度，将形成的工作机制、经验和成果进行复制和推广。

## 10.3　加强应急资源和权责整合，健全全灾种应急管理模式

FEMA 在美国联邦层面承担着全灾种及灾害管理全流程的政策制定，以及联邦救灾资源管理。FEMA 在 20 世纪 90 年代已经完成了对自然灾害多灾种管理的整合。"9·11" 事件之后，美国新组建的 DHS，把 FEMA 整合其中，并在 NRF中明确了 DHS 及 FEMA 在灾害管理和反恐中的领导者和协调者角色，但 DHS 和FEMA 的管理职能没有涵盖突发公共卫生事件、群体性事件等。加拿大应急管理体系强调全灾种应急管理方法，以处置各种形式的自然灾害和事故灾难。俄罗斯的应急管理模式具有鲜明特点，由紧急情况部对全国进行全灾种应急管理。澳大利亚应急管理的纲领性法律《澳大利亚联邦政府灾害响应计划》规定澳大利亚政府采用全灾种的应急管理方法。2003 年的 SARS 事件促使新加坡采取全灾种管理模式。日本的应急管理流程也是针对各类突发事件，从预防准备、监测预警、处置救援到灾后恢复重建的全灾种、全流程、全社会的管理。

2018 年我国再次对国务院进行机构改革，将国家安全生产监督管理总局的职

责、国务院办公厅的应急管理职责、公安部的消防管理职责、民政部的救灾职责、国土资源部的地质灾害防治、水利部的水旱灾害防治、农业部的草原防火、国家林业局的森林防火相关职责、中国地震局的震灾应急救援职责以及国家防汛抗旱总指挥部、国家减灾委员会、国务院抗震救灾指挥部、国家森林防火指挥部等 11 个部门的 13 项应急管理职责进行整合，成立了应急管理部，下属 22 个机关司局，还包括中国地震局、森林消防局、国家矿山安全监察局、消防救援局、国家安全生产应急救援中心五个部属单位。公安消防部队、武警森林部队转制后，与安全生产等应急救援队伍一并作为综合性常备应急骨干力量，由应急管理部管理。此次机构改革，通过应急力量资源的优化整合，实现应急工作的综合管理、全过程管理，这标志着我国应急管理进入了一个新发展阶段，新时代中国特色应急管理组织体制初步形成。我国应急管理体系的改革是秉承全灾种应急管理的理念，正在向全灾种管理模式转变。目前应急管理部的职责主要是自然灾害和事故灾难应急管理，较之前的应急管理职能急剧扩大，公共卫生和社会突发事件分别由国家卫生健康委员会和中央政法委员会负责，不在应急管理部管辖范围内。虽然新的应急管理体系已经确定，从中央到地方各级应急管理机构都已经设立并在运行中，但由于这次应急管理体系改革涉及管理部门和职能太多，不论是各级应急管理部门内部的顶层设计、规则制定、职责划分、业务流程优化等，还是加强与其他平级政府部门的协同管理，都面临很大挑战。2021 年 6 月修订通过的《中华人民共和国安全生产法》为例，将"三管三必须"（管业务必须管安全、管行业必须管安全、管生产经营必须管安全）写入了法律，就是为了加强应急资源和权责划分与整合，健全当前的应急管理模式。

　　以上海市应急管理局为例，在机构改革之前是上海市安全生产监督管理局，主要分管业务只有危险化学品安全监管，其他应急管理职能主要是综合监督管理而不是分管业务，目前其分管的职能急剧扩大到应对自然灾害和事故灾难等突发事件和综合防灾减灾救灾工作、负责安全生产综合监督管理和工矿商贸行业安全生产监督管理工作，其主要职责包括 18 项[①]，内设机构扩大到 16 个[①]，目前赋予上海市应急管理局的职能与其具备的应急管理能力和应急资源还不能完全匹配，其应急能力和应急资源还在不断整合、充实、提升之中，并且与上海市其他委办局开展应急协同管理还在不断磨合之中。上海市通过设立覆盖市、区、街道各个层面的城市运行管理中心组织架构，建设"一网统管"大数据管理决策平台，城市内各类海量数据实时汇集到平台，通过城市运行管理中心与应急管理部门、市政部门、公安部门等多部门联动，是上海实现全灾种应急管理模式的一种探索。

---

① 资料来源：http://yjglj.sh.gov.cn/xxgk/xxgkml/jgzn/jgzz/20190320/0037-32434.html。

因此未来我国应急管理体系的主要任务是不断健全目前的全灾种应急管理模式，使其体制、机制、法制更顺畅，应急资源和应急能力更能适应这种全灾种应急管理模式。

## 10.4　坚持安全关口前移，加强全过程应急管理

世界主要国家注重将灾害事件的预防与应急准备、监测与预警、应急处置与救援、灾后恢复与重建等职责统一起来，实现灾害预防、应对和恢复的综合性、全过程管理。同时加强关口前移，强调风险管理和源头管控的重要性，从以灾害管理为主向灾害管理与风险管理并重转变。各国尤其重视灾害和风险预测预警，力争应急管理关口前移。英国由内阁国民紧急事务秘书处制定"国家风险评估"工作规程，评估五年内的风险并绘制了 80 个危害和威胁风险矩阵，提升了政府部门的应急准备能力和决策能力。俄罗斯突发事件预警机制主要包括三个组成部分：监测系统、安全数据库和安全教育体系，其灾害事故监测和预报由许多机构和组织采取不同的方法和工具开展，包括全俄罗斯自然与人为突发事件预测和预报中心、自然和人为突发事件监测区域和地方中心、俄罗斯民防的监控网络和实验室、国家统一环境监测系统等。德国各州和地方的内政部门都设有信息监测中心，一天 24 小时不间断对各地灾情及时监测和预测。为了加强对自然灾害的预测预警，印度政府建成了一个集预报、监控和早期预警发布为一体的预测预警系统，该系统由气象警报系统、国家遥感预警系统、地震观测系统、干旱预警系统、洪涝预报系统和飓风警报系统组成。美国 DHS 制订了《全国响应计划》，强调综合全国力量应对所有重大危害，注重预防、准备、响应、恢复等环节全过程的管理。加拿大则于 2009 年便组建了灾难风险规避平台。在《加拿大应急管理战略规划：迈向韧性的 2030 年》中，把"注重对应急管理全过程各阶段的韧性建设与完善"作为其 5 个重要特点之一。新加坡于 2004 年构建了"全政府整合风险管理"框架，强调对突发事件的全过程进行管理，实现政府部门间信息有效沟通、服务无缝衔接。澳大利亚也强调运用全灾种的管理方法，涵盖预防至恢复的全过程。

我国应充分利用"数字政府"建设的有利时机，充分运用新一代互联网、物联网、大数据、云计算和智能传感、遥感、卫星定位、地理信息系统等技术，精确收集数据信息，借助人工智能技术，构建信息平台、预测预警系统，科学预测突发事件的发展态势，包括对灾害的持续动态跟踪、监测，预测重点防御对象及高风险区域，提出适应城市安全新常态的防灾减灾措施，实现从"防御"到"适应"的转变。实时监测监控和信息接报贯穿于常态化和非常态化的应急管理中。

城市的自然信息和非自然信息，包括温度、湿度、气压、风速、风向、降雨量、气体液体浓度等都是实现应急管理信息化的基础。随着物联网技术的应用，城市中各种各样的信息采集点，包括安防系统、交通系统、气象系统和公安系统的实时监控，为准确、快速地获取多方面信息提供了保障，推动应急管理从传统的"经验预测"转变到"技术监测指导的风险评估"。对于事故易发高发重点领域，我国各级政府应严守安全底线，加强监测监控，以更大力度补齐短板弱项，本着"宁可十防九空"的理念，加强事前备灾能力建设，尽早发现隐患苗头，坚持安全关口前移，强化源头管控，加大事前安全投入，强化应急资源储备，尽最大可能把灾害风险化解在萌芽之时、成灾之前，实现从注重灾后救助向注重灾前预防转变、从应对单一灾种向综合减灾转变、从减少灾害损失向减轻灾害风险转变。从安全风险识别开始，再进行安全风险评估和风险分类，进而提出安全风险控制策略和风险控制措施，不断分析和评估风险，动态调整控制策略和措施，对安全风险进行全过程管理（赵来军，2015）。

## 10.5 加大先进技术研发与应用，加快发展智慧应急

根据 2008~2017 年 23 本安全科学领域国际知名期刊论文发表统计，2008 年产出论文量为 1384 篇，2017 年达到 2730 篇，增长近两倍，安全科学研究呈现稳步增长趋势。其中，美国以 5421 篇论文量居于首位，中国以 2552 篇论文量排名第二。全球安全科学研究机构论文发表量前三名分别为：美国德州农工大学（266 篇）、荷兰代尔夫特理工大学（253 篇）、挪威斯塔万格大学（229 篇）。我国研究机构论文量排序前三名的依次为中国科学院（155 篇）、清华大学（141 篇）、电子科技大学（128 篇）。按论文主题对上述 23 本安全科学领域国际知名期刊进行检索分析，按发表论文数量多少排序分别为：可靠性与定量建模分析、职业安全与灾害风险管理、道路交通安全、火灾爆炸与过程安全、伤害与统计分析、有害物质处理等。这些主题概括为两大部分：安全管理软科学和安全技术硬技术。德国、美国、日本等发达国家的应急救援装备普遍先进，如纽约应急处置指挥中心配备了最先进的通信设备和抢险救援装备。美国、欧洲国家、日本等将新一代信息技术和物联网技术综合运用在自然灾害和事故灾难的风险评估与预防、监测监控、预测预警、应急处置与救援、综合保障等应急管理全过程，通过技术赋能，将应急管理全过程打通集成，全面提升对各类灾害事故应急管理的智慧化水平。例如，基于信息技术赋能，可以实现跨区域、跨层级、跨部门高效协同，英国 CCS

的抗灾力指南、中央警报系统（central alarm system，CAS）、覆盖欧盟全部成员国的"112"应急联动系统。新一代信息技术为智能化的主动感知提供了手段，结合物联网、数据分析、人工智能，可实现有效的主动感知与预测预警的智能联动。新加坡高度重视应急学科的科研和创新，不仅具备自主创新能力，还积极开展国际合作。

我国正在进行智慧城市、韧性城市、平安中国建设，应以此为契机加快构建智慧应急体系，用先进的公共安全管理理念与技术，结合大数据、云计算、人工智能等新兴技术，开展城市的全方位物联网监测、评估与精细化管理，提升城市对公共安全事件的抵御、吸收、适应、恢复、学习的能力，如综合运用物联网、5G、人工智能、云计算、深度学习等新技术，构建互联互通、全时全域、多维数据融合的国家级/区域级/省级/市级的应急信息共享平台。通过人机结合的智能研判决策，加强"灾害链"管控，做到应急响应过程无缝隙切换、指挥决策零延迟、事态进展实时可查可评估，提升应急管理水平。例如，综合采用卫星遥感、导航定位、无人机、物联网、大数据、人工智能等新技术，加强暴雨和洪水滚动监测智能预报预警，提高对水利工程、河湖监控能力和智慧调度水平，及时应对不确定性扰动，为洪涝灾害形成之前、应对之中和灾后恢复重建提供决策依据。在近几年疫情防控过程中，通过综合应用 5G、物联网、GPS 等先进技术，长三角区域内实现上海"随申码"、江苏"苏康码"、浙江"健康码"、安徽"安康码"业务互认及数据共享，在全国率先实现健康码全覆盖，人员运行轨迹的全程跟踪，大大提高了应急管理的智能水平。但我国在应急管理智能装备的研发和应用方面还需要不断加强。一是要加快完善装备产品技术标准体系及装备配备标准，逐步为应急救援队伍配备标准化、系列化、通用化的装备；二是根据各地地理条件、气候环境等因素科学配备装备，如为高层建筑消防安全，则应配备具有一定跨距的举高消防车；三是充分发挥机器人、无人机、卫星、遥感等高科技装备在自然灾害和事故灾难应对中的应用。

## 10.6　调动全社会力量参与，形成"大应急"新格局

2011 年日本大地震后，美国政府总结自身应急管理工作和日本政府地震应对中存在的问题，正式树立了"全社会参与"的理念，要求政府、企业、社区、非政府组织和城市居民等全社会力量各尽其责、团结一致地有序应对突发事件。德国应急管理最大的特色是各种专业志愿者应急管理队伍大量参与，并且数量庞大、专业技术突出、分布广泛、响应迅速，全国有 180 万人是具有专业化应急救援知

识和技能的志愿者。加拿大 2019 年颁布的《加拿大应急管理战略规划：迈向韧性的 2030 年》中，五大核心内容也着重强调注重全社会各方力量的参与协作。日本不断提高基层单位应对突发事件能力，提升群众防灾的意识和自救互救能力，构建了全社会参与的应急管理机制，尤其坚持学校教育与社区教育相结合，通过在中小学设置应急课程、设立固定"防灾日"、建设社区防灾体验中心等具体措施，切实增强全社会的应急意识、提高其应急能力，促使政府、非正式组织、志愿者乃至每一位普通民众，都成为防灾抗灾的中坚力量。新加坡在应急管理中也特别强调全社会力量参与，在政府部门和民间积极培养应急队伍以期做到"全面防卫"。第三届联合国世界减灾大会通过了全球减灾领域新的行动框架《2015—2030 年仙台减轻灾害风险框架》，明确提出鼓励建立企业、学术界、志愿者市民团体、媒体等协作机制，减少灾害风险。

　　目前，我国应急管理特点是处于中心地位的政府对社会力量进行掌控，以实现应急救援的有序性。其实，社会应急救援力量是"全灾种、大应急"体系的重要组成部分，是扩大救援覆盖面、提高应急能力的重要支撑，是降低运行成本、提高救援效能的重要方式。目前，我国政府与社会力量在应急管理中的地位还很不对等，社会力量只是有限"参与"，起到配合作用，"政府—企业—公众"多方联合共治的态势尚未形成体系，需要进一步完善政府主导、企业合作、社会力量有效参与的应急管理组织体系，尤其加强对企业、公众、志愿者、社区等社会力量的应急文化、专业技能的培训和平时的应急演练。尤其值得借鉴德国建设专业化的应急救援志愿者队的做法，通过立法形式，明确应急救援志愿者的地位、职能、合法权益和保障措施等，充分发挥志愿者的作用。另外，由于应急救援具有很大的危险性和很强的专业性，通过有组织、有计划的系统培训，提升应急救援志愿者专业知识和专业技能非常重要，否则可能志愿者不但无法有效完成救援任务，还可能将自己陷入险境。

　　在政府不擅长、不到位或需要放松管制的领域，志愿者及志愿服务组织、社区自治组织及企业等社会力量能够发挥灵活、非强制、更具亲和力等优势，有利于沟通政府与民间的关系，更好地传达国家法律与政策精神，缓和对立情绪、紧张关系和矛盾，整合、放大应急工作的社会资源。以地震为例，地震灾害后若不及时对受灾群体身心应激症状加以干预，将会造成不可挽回的影响（赵来军，2013）。汶川大地震后，志愿者与诸多媒体、民间组织和专业社工机构，建立了大地震心理干预专题官方网站，编写出针对医生、军人、教师、学生等不同群体的灾后心理重建及其他注意事项的普及手册等，在心理干预重建工作中扮演着重要角色。

　　目前，我国企业、社会力量的发动和参与应急治理的广度、深度及组织水平都需要大幅提高，需加快构建全社会共同参与的应急管理工作格局，以激活社会组织力量，让他们大量参与应急治理工作，成为政府领导下的全社会应急机制的重要组成部分，是实现城市治理现代化的重要保障。

## 10.7　强化应急资金保障，完善灾害保险制度

在美国，总统宣布灾难和紧急状态出现后，其他相应的经济救助计划也随之启动，保险公司会及时评估遭受损失情况，受影响的个人可向政府和保险公司申请各类补助和救济。在灾后重建时会根据灾情及时提供救灾资金，进行灾后重新规划、恢复重建及各种灾后保险赔偿等。发生重大自然灾害后，加拿大政府通过《灾难资金援助安排》为各省和地区的资金需求提供支持。英国通过全国性公共法令《2020 应急基金法》为本国应急管理提供资金保障。日本出台了《灾害救助法》为灾民提供生活必要的资金及物资。印度灾害救援和灾后重建所需的巨额资金主要由中央政府和邦政府负责提供，中央政府的财政委员会负责对救灾所需资金进行全面评估并提出建议，由邦政府下辖的灾害救济基金和中央政府下辖的国家灾害应急基金分别负责提供。澳大利亚政府通过《自然灾害救济和恢复安排》为自然灾害救济和恢复提供资金支持，并设立第一预算控制和第二预算控制制度。如果所有符合要求的支出总额没有超过第一预算控制线，州或领地支付给个人及用于地区重建总支出中的 50%由联邦承担。如果超过第一预算控制线，联邦政府承担州或领地支出的第一预算控制线和第二预算控制线之间的前两类支出，并加上修复或重建被损坏的基础设施。澳大利亚在应急管理的权责划分上清晰明了，规定了严格的资金使用流程和界定标准，针对不同的资金用途，划分具体承担比例，并通过法律形式将具体的资金数额进行规定，实现了联邦和州、领地政府应对紧急情况的风险分摊，保证了应急财政资金的使用效率。

我国应进一步改善应急资金支出结构。在制定政府财政预算时，有必要提高对事前预防能力建设的重视程度，增加对防灾、减灾的宣传、教育投入，对应急管理技术和设备的研发制造投入，对应急救援人员的培养投入，提高社会整体应急管理能力，提高预防和预测突发事件的能力，避免突发事件造成的损失，从而从根本上降低应急管理的成本。

由于常常受到地震、台风等各种自然灾害的侵袭，日本开展了较为全面的自然灾害研究和风险管理体系建设，自然灾害保险已有较长历史，形成了相对成熟的体系。日本的自然灾害保险制度发展多年，形成了政府公益性保险与商业保险相结合的保险体系。从总体上看，日本商业保险基本覆盖了各种常见自然灾害，

具体责任在不同的保险产品和保险合同中有所区别。政府的政策性保险强调公益性，保障人民的基本利益，参与个人地震保险和农业保险。我国应该鼓励在发生一般性小灾时由公民和保险公司解决；当发生巨灾时，再由政府予以更多支持。在个人和农业自然灾害保险中强调保险的公益性，这样，可以推行强制保险让更多人得到保障，另外也可以分担保费，降低费率，使人民能够得到更多利益。

## 10.8　加强政校合作，推动应急管理学科建设和人才培养

美国、加拿大、德国等发达国家的应急管理部门与高校等科研机构在应急管理领域的合作非常广泛。美国的应急管理学科起源于 1979 年 FEMA 组建的国家应急管理学院和国家应急训练中心，开始建立培训型应急教育课程体系，后来逐渐从实践培训开始进入高等教育领域，1983 年美国北得克萨斯大学设置了全美第一个应急管理本科专业。目前美国建立了完整的应急管理培养模式，应急管理专业的学生需要自然科学与人文科学作为专业基础。马里兰大学应急管理专业设置了社会学导论、心理学导论、生物学概论、自然科学导论、统计学导论、信息时代的伦理学等课程。美国的应急管理专业研究方向包括公共安全与应急管理（凯佩拉大学）、紧急危机和风险管理（乔治华盛顿大学）、公共政策与灾难管理（乔治亚州立大学）、应急管理学（北达科塔州立大学、马里兰大学）、火灾应急管理学（俄克拉何马州立大学）、生物安全与防灾预备（路易斯大学）、环境与能源灾难的政策研究（德拉华大学）、应急管理预案与规划研究（北得克萨斯大学）等。加拿大若干高校也致力于应急管理领域的教育和培训，如约克大学不仅提供灾难和应急管理的本科培养和研究生培养，也具有颁布应急管理证书的资质，瑞尔森大学和不列颠哥伦比亚司法学院等机构还提供应急管理线上教育，促进该学科普及。同时，加拿大政府一直与加拿大公共服务学院合作，完善政府人员培训。美国的斯塔万格大学、荷兰的代尔夫特理工大学、挪威的斯塔万格大学是全球安全科学研究机构中高水平论文发表数量最多的三所大学，应急管理研究走在国际前列。日本的京都大学防灾研究所、东京大学地震研究所、防灾科学技术研究所都是应急管理研究的权威机构，研究能力在国际上享有盛名，同时培养了大量应急管理人才。

我国一直高度重视应急管理人才培养和应急管理学科建设，专门设置了安全科学与工程一级学科。我国 1981 年开始安全类硕士学位研究生教育，1986 年以来实现了安全类本、硕、博三级学位教育。我国开展安全工程本科教育的高校有

100 多所, 开展硕士学位教育的有 50 多所, 开展博士学位教育的有 20 所。中国矿业大学、中国科学技术大学、河南理工大学、中南大学、西安科技大学、清华大学、北京理工大学、北京科技大学、南京工业大学、中国石油大学等学科排名靠前。另外中国消防救援学院、华北科技学院、中国安全生产科学研究院是应急管理部直属高校和研究机构, 防灾科技学院是中国地震局直属高校。加强我国应急管理部门与科研院所之间的合作, 在大学建立应急管理学院、研究院之类的研究机构, 加强应急管理学科建设。这样既可以开展全日制学历教育, 培养更多的应急管理专业化人才, 也可以承担更多应急管理研究项目, 同时以此为依托建设应急管理智库, 为政府提供更多的专业化咨询服务。有一些高校依托公共管理学科较早成立了应急管理学院, 如 2009 年暨南大学依托公共管理学院成立了我国第一个应急管理学院。2020 年习近平总书记在十九届中央政治局第十九次集体学习讲话时指出: "要加强队伍指挥机制建设, 大力培养应急管理人才, 加强应急管理学科建设。"[①] 国家的号召, 促使我国应急管理学科自 2020 年以来快速发展。2020 年教育部公布了首批 "应急安全智慧学习工场 (2020)" 暨应急管理学院建设名单, 西北大学、华北科技学院、防灾科技学院、集美大学、太原理工大学、西安科技大学、中国矿业大学等 19 所试点高校集结了国内应急管理专业教育优质资源, 以国家需求为其发展导向, 培养应急管理人才, 加强应急管理学科建设, 由此拉开了国内高校应急管理学院全面建设的序幕。2020 年国务院学位委员会办公室在北京大学、清华大学、中国人民大学、上海交通大学、复旦大学、华南理工大学、浙江大学、南京大学、山东大学、西安交通大学、中南大学、厦门大学、四川大学等 20 所高校试点应急管理二级学科, 要求以公共管理一级学科为支撑, 结合自身学科特色优势, 聚焦 2~3 个应急管理领域或方向, 高水平开展应急管理学科建设。自 2020 年开始, 西北大学、中国矿业大学、南方科技大学、北京邮电大学、中国科学院大学、北京师范大学、南京工业大学、上海交通大学、西华大学、山东科技大学等高校陆续建立应急管理学院, 以打造应急管理科研高地、培育社会急需的应急管理人才。依托应急管理相关科研院所, 开展各层面的应急管理培训, 让政府官员、专业队伍、企业、志愿者、社会公众等参加应急管理文化、应急知识和应急技能培训, 提高应急意识和应对突发事件技能。2021 年 6 月, 23 所院校发起成立应急管理本科专业高校联盟, 研讨应急管理专业建设路径、应急管理人才培养方案、推进应急管理产学研合作的可行路径等。

---

① 资料来源: http://www.xinhuanet.com/politics/leaders/2019-11/30/c_1125292909.htm。

## 10.9　加强法治建设，推动应急法律法规和标准与时俱进

　　发达国家都非常注重及时更新法律法规和体系标准，善于汲取总结重大灾害教训和总结经验，及时建立或修订相关法律法规和体系标准。为解决应急管理指挥分散的问题，美国 1979 年成立了 FEMA，在"9·11"事件之后，总结自身在灾难应对中的经验教训，又再次对应急管理的体制进行重构和改进，成立 DHS，以统合情报、安全、紧急应变等全美国内安全事务。2003 年 FEMA 连同其他 22 个联邦机构一起并入 2002 年成立的 DHS，员工总人数高达 17 000 人。经过持续的改进，美国已基本建立起一个比较完善的应急管理组织体系，形成了联邦、州、县、市、社区五个层次的管理与响应机构，比较全面地覆盖了各个领域。依法应急是加拿大应急管理的一个重要特点，法制健全是加拿大应急管理的重要优势，联邦、省、市都有各自的应急管理的法律法规，内容涉及面广，具体详细，易于操作。从横向和纵向两个维度，对自然灾害和突发事件的规范管理都做出了明确规定，使防灾、减灾、救灾工作有法可依，使各级组织和相关责任人责权明确。英国在突发事件法律性文件和应对指南上更新频繁，能够结合不同时期突发事件的特点进行编制，并规范处置流程。德国的应急管理法律法规不但健全，而且非常详尽和严谨，对政府管理权限、应急处置措施和程序、政府责任、公民权利和义务等方面都有明确的法律界定，同时可以起到限制滥用行政权力的作用。澳大利亚已建立了较为完备、多层次的法律体系，并且澳大利亚应急管理委员会和相关机构定期对相关法律进行修改更新，以保持其适用性。日本是自然灾害高发国家，经过长期的发展和完善，日本已经形成了相对完善的灾害管理法律体系，除了作为日本防灾管理根本法律的《灾害对策基本法》外，还相继出台了一系列有关防灾救灾的专门法。

　　随着国内外安全管理形势的不断发展，我国相继制定、修改了很多法律法规和标准，直接涉及应急管理的法律有以《中华人民共和国突发事件应对法》为主的 7 部法律和 10 多部行政法规，这些法律和行政法规"专门性强、综合性弱"的特点较为突出，需要进一步优化整合，以适应将防灾减灾工作上升为国家应急管理工作层次的需求。同时，需要对现有法律、制度、措施、规划等及时更新和完善。2006 年 1 月 8 日国务院发布的《国家突发公共事件总体应急预案》，标志着我国应急预案框架体系初步形成。但是，由于安全形势发展快，应急管理部分法律法规往往落后于管理实践。例如，《危险化学品安全管理条例》是国务院为加强危险化学品的安全管理，预防和减少危险化学品事故，保障人民群众生命财产安

全，保护环境专门制定的国家法规。国务院于 2002 年 1 月 26 日第一次发布实施，直到 2011 年 2 月 16 日国务院才再修订通过。同时，相关部门在制定法律法规过程中要有前瞻性，预先考虑到未来的情况，以便更好地服务社会。我国应急管理部成立后，应急管理体制与机制都发生了根本性改变，需要全面建设应急管理法律制度体系，加快应急管理法律法规修订工作，推进应急预案和标准体系建设。随着国家应急管理体制的调整，各省市、各行业的应急管理下位法也应该及时进行调整，以适应新的管理体制要求，否则导致各地区行政管理工作与法律法规和标准的冲突，非常不利于形成无缝隙化的应急管理机制。加强法制建设，推动我国应急法律法规和标准与时俱进，对推进国际应急治理体系和治理能力现代化非常关键。

# 参 考 文 献

安娜. 2013. 中俄应急管理体系的比较及其影响因素研究[D]. 大连：大连理工大学硕士学位论文.

陈丽. 2010. 德国应急管理的体制、特点及启示[J]. 西藏发展论坛，（1）：43-46.

陈少云. 2017. 澳大利亚应急管理体系特征及启示[J]. 中国应急管理，（2）：73-74.

陈韵竹. 2013. 先进公共危机管理体制借鉴与启示[J]. 中国管理信息化，16（8）：92-94.

程晓陶. 2003. 2002年8月欧洲特大洪水概述——兼议我国水灾应急管理体制的完善[J]. 中国水利水电科学研究院学报，（4）：3-10.

迟娜娜，邓云峰. 2004.俄罗斯国家应急救援管理政策及相关法律法规（一）[J]. 中国职业安全卫生管理体系认证，（5）：8-11.

丁留谦，李娜，王虹. 2018. 美国应急管理的演变及对我国的借鉴[J]. 中国防汛抗旱，28（7）：32-39.

董泽宇. 2011. 德国应急救援体系及其启示[J]. 中国应急管理，（11）：51-55.

杜凤君. 2013. 特大中心城市电力应急响应法律制度研究[D]. 上海：华东政法大学硕士学位论文.

封畦. 2006. 德国应急管理体系的启示[J]. 城市与减灾，（2）：17-19.

付辉. 2017. 加拿大灾难救援助响应队[J]. 中华灾害救援医学，5（3）：114.

顾林生. 2005. 东京大城市防灾应急管理体系及启示[J]. 防灾技术高等专科学校学报，（2）：5-13.

顾令爽，杨小林，刘涛，等. 2017. 日本防灾对策及应急管理体系对中国的启示[J]. 改革与开放，（15）：59-61.

国务院办公厅赴俄、日应急管理考察团. 2007. 俄罗斯、日本应急管理考察报告[J]. 中国应急管理，（2）：53-56.

韩永红. 2011. 应急行政组织机构的建立与完善[J].中国国情国力，（5）：32-34.

何培根. 2016. 水敏性城市设计——墨尔本城市现代雨洪管理经验实践[J]. 江苏建设，（4）：101-104.

黄云松，黄敏. 2009. 印度灾害应急管理政策与法律[J].南亚研究季刊，（4）：100-104，114.

黄杨森，王义保. 2020. 发达国家应急管理体系和能力建设：模式、特征与有益经验[J].宁夏社会科学，（2）：90-96.

贾过，郑荔. 2007. 德国 THW 的运作模式及启示[J]. 中国应急救援，（1）：26-28.

黎伟，蔡冠华. 2013. 美国应急预案体系对我国的启示[J]. 安全，34（11）：17-20.

黎昕，王晓雯. 2010. 国外突发事件应急管理模式的比较与启示——以美、日、俄三国为例[J]. 福建行政学院学报，（5）：17-21.

李格琴. 2013. 英国应急安全管理体制机制评析[J]. 国际安全研究，31（2）：124-135，159.

李思琪. 2021. 俄罗斯国家应急管理体制及其启示[J]. 俄罗斯东欧中亚研究，（1）：49-64，156.

李素艳.2011.加拿大应急管理体系的特点及其启示[J].理论探讨,(4):149-151.

李雪峰.2013.美国应急管理规程体系建设的启示[J].行政管理改革,(2):51-55.

李永祥.2022.印度的自然灾害与防灾减灾研究[J].原生态民族文化学刊,14(4):31-43.

李征.2020.日本突发事件危机管理探析[J].日本研究,(2):11-23.

林贝珊.2017.岛国的精实体制:浅谈新加坡的灾害管理[J].防灾科学,(2):105-124.

凌学武.2009.联邦制下的德国应急管理体系特点[J].福州党校学报,(5):42-45.

凌学武.2011.德国应急管理概览[J].吉林劳动保护,(9):44-45.

刘庆.2018.美俄应急管理部门的运作机制[J].中国领导科学,(3):122-125.

刘胜湘,许超.2015.德国联邦安全委员会的演变探析[J].德国研究,30(2):17-33,140-141.

刘胜湘,许超.2017.德国情报与安全预警机制探析[J].德国研究,32(1):4-27,141.

刘晓亮.2017.特大城市安全风险管理的国际经验和对上海的启示[J].科学发展,(9):47-56.

刘轩.2016.日本灾害危机管理的紧急对策体制[J].南开学报(哲学社会科学版),(6):93-103.

罗楠,何珺,张丽萍,等.2017.俄罗斯环境应急管理体系介绍[J].世界环境,(6):80-82.

马奔,王郅强,薛澜.2010.美国突发事件应急指挥体系(ICS)及其对中国的启示[C]//李平.地
方政府发展研究.汕头:汕头大学出版社:69-75.

马玉玲,和海霞,吴修远.2020.日本应对"海贝思"台风灾害分析及启示(上):灾害特征及
防范应对工作亮点[J].中国减灾,(1):58-61.

任金礼.2007.加强政府应急管理能力建设切实维护社会和谐稳定——赴新加坡学习考察报告
[J].山东警察学院学报,(2):117-120.

沈龙.2009.加拿大应对气候变化下的防灾减灾战略[J].全球科技经济瞭望,24(11):5-12.

宋志辉,马春燕.2016.印度灾害管理的经验与启示[J].南亚研究季刊,(1):91-96,6.

孙亮,顾建华.2008.美国政府对卡特里娜飓风的调查报告:联邦政府对卡特里娜飓风的响应:
经验与教训(一)[J].世界地震译丛,(1):68-81.

唐桂娟.2017.美国应急管理全社区模式的实施及对中国的启示[J].中国行政管理,(6):
142-146.

万鹏飞.2012.大伦敦应急管理体系建设及启示[J].北京规划建设,(1):120-127.

汪志红,王斌会,陈思玲.2012.国外突发事件应急管理体制的借鉴与思考[J].科技管理研究,
(16):209-212.

王德迅.2007.日本危机管理体制的演进及其特点[J].国际经济评论,(2):46-50.

王德迅.2013.日本危机管理体制研究[M].北京:中国社会科学出版社.

王德迅.2020.日本危机管理体制机制的运行及其特点[J].日本学刊,(2):1-7.

王菲.2011.纽约市应急管理体系研究及其启示[D].北京:北京大学硕士学位论文.

王江波,苟爱萍.2011.日本防灾基本计划及其启示[J].四川建筑,(6):39-41,44.

王曼琦,王世福.2018.韧性城市的建设及经验——以美国新奥尔良抗击卡特里娜飓风为例[J].
城市发展研究,25(11):145-150.

吴大明.2019.加拿大应急管理战略规划分析研究与启示[J].安全,40(8):17-21,27.

徐艳文.2015.加拿大的防震减灾措施[J].防灾博览,(4):60-63.

徐艳文.2016.加拿大应对雪灾的措施[J].防灾博览,(1):74-77.

杨少军,陶元兴.2009.加拿大应对重大气候灾害的经验和措施[J].全球科技经济瞭望,24(3):

26-30.

姚国章. 2006. 典型国家突发公共事件应急管理体系及其借鉴[J]. 南京审计学院学报,（2）: 5-10.

姚国章. 2008. 印度灾害管理信息化建设[J]. 信息化建设,（2）: 46-48.

姚国章. 2009a. 日本灾害管理体系: 研究与借鉴[M]. 北京: 北京大学出版社.

姚国章. 2009b. 印度灾害知识管理发展探析[J]. 中国应急管理,（7）: 53-56.

姚国章, 谢润盛. 2008. 加拿大应急管理框架[J]. 中国应急管理,（11）: 56-59.

佚名. 2005. 美国应急反应体系在卡特里娜飓风中暴露出的问题及启示[J]. 中国经贸导刊,（19）: 47-48.

游志斌. 2006. 当代国际救灾体系比较研究[D]. 北京: 中共中央党校博士学位论文.

游志斌, 薛澜. 2015. 美国应急管理体系重构新趋向: 全国准备与核心能力[J]. 国家行政学院学报,（3）: 118-122.

于魏华. 2015. 中外应急管理模式的比较与借鉴[J]. 中国管理信息化, 18（9）: 231-234.

于晓勇, 尚赞娣. 2011. 特大城市应急管理体系研究[J]. 城市发展研究, 18（3）: 9-12.

俞慰刚. 2008. 日本灾害处置的应急机制与常态管理[J]. 上海城市管理职业技术学院学报,（5）: 26-29.

娱竹. 2015. 雨洪管理的领军城市——维多利亚州首府墨尔本[J]. 中华建设,（2）: 58-61.

张树剑, 滕俊飞. 2019. 探析日本东京都建设统一联动的城市群防灾减灾体系经验[J]. 中国应急管理,（12）: 61-64.

张议丹, 郝艳华, 吴群, 等. 2009. 国内外突发公共卫生事件应急能力测评方法及应用现状研究[J]. 中国卫生事业管理,（250）: 220-222, 228.

张益萍. 2011. 中国与印度救灾资金管理使用的比较分析[J]. 中国减灾,（19）: 40-41.

赵成根. 2006. 国外大城市危机管理模式研究[M]. 北京: 北京大学出版社.

赵来军. 2013. 灾后心理援助多关注 PTSD 易感群体[N]. 中国社会报, 2013-04-24（3）.

赵来军. 2015. 特大型城市安全风险的全过程治理[J]. 探索与争鸣,（3）: 23-25.

中国安全生产科学研究院赴美考察团. 2006. 美国的应急管理体系（上）[J]. 劳动保护,（5）: 90-92.

钟开斌. 2012. 中外政府应急管理比较[M]. 北京: 国家行政学院出版社.

钟开斌. 2015. 群体性事件第三方调查——新加坡小印度骚乱的经验与启示[J]. 国家行政学院学报,（4）: 114-118.

朱启晗. 2018. 中美特大型城市政府的公共危机管理模式比较研究[D]. 苏州: 苏州大学硕士学位论文.

邹露. 2017. 德国国际危机管理机制与实践研究[D]. 北京: 北京外国语大学博士学位论文.

Hu Q, Knox C C, Kapucu N. 2014. What have we learned since September 11, 2001? A network study of the Boston marathon bombings response [J]. Public Administration Review, 74（6）: 698-712.

Lai A Y, Tan S L. 2015. Impact of disasters and disaster risk management in Singapore: a case study of Singapore's experience in fighting the SARS epidemic[J]. Resilience and Recovery in Asian Disasters, 18: 309-336.

Lin R J, Lee T H, Lye D C B. 2020. From SARS to COVID-19: the Singapore journey[J]. The

Medical Journal of Australia, 212 (11): 497-502.

Pal I, Ghosh T. 2018. Risk Governance measures and actions in Sundarbans delta (India): a holistic analysis of post-disaster situations of cyclone aila[C]//Pal I, Shaw R. Disaster Risk Governance in India and Cross Cutting Issues. Berlin: Singapore: 225-243.

Pal I, Shaw R. 2018. Disaster governance and its relevance[C]//Pal I, Shaw R. Disaster Risk Governance in India and Cross Cutting Issues. Berlin: Singapore: 3-22.

Pereira D. 2008. Crisis management in the homefront[J]. Presentation at Network Government and Homeland Security Workshop, (7): 1-10.

Prashar S, Shaw R. 2018. A Participatory Approach to Enhance Disaster Risk Governance: The Case of Delhi, India[C]// Pal I, Shaw R. Disaster Risk Governance in India and Cross Cutting Issues. Berlin: Singapore: 261-293.

Rogers P. 2011. Development of resilient Australia: enhancing the PPRR approach with anticipation, assessment and registration of risks[J]. Australian Journal of Emergency Management, 26 (1): 54-58.

Sek K S, Tan A T, Yip A W, et al. 2020. Singapore's experience in ensuring continuity of outpatient care during the COVID-19 pandemic[J]. International Journal of Clinical Practice, 74(10): 1-2.